うかる！

2024－2025年版

Financial Planner Level 3 Quick Attack Workbook

フィナンシャル バンク インスティチュート編

FP3級
速攻問題集

JN005638

日本経済新聞出版

CFP®、CERTIFIED FINANCIAL PLANNER®、およびサーティファイド ファイナンシャル プランナー® は、米国外においては Financial Planning Standards Board Ltd.（FPSB）の登録商標で、FPSB とのライセンス契約の下に、日本国内においては NPO 法人日本 FP 協会が商標の使用を認めています。

AFP、AFFILIATED FINANCIAL PLANNER およびアフィリエイテッド ファイナンシャル プランナーは、NPO 法人日本 FP 協会の登録商標です。

日本 FP 協会 3 級ファイナンシャル・プランニング技能検定学科試験
日本 FP 協会 3 級ファイナンシャル・プランニング技能検定実技試験（資産設計提案業務）
2023 年 1 月 許諾番号 2301F000129

一般社団法人金融財政事情研究会 ファイナンシャル・プランニング技能検定 3 級実技試験（個人資産相談業務）
一般社団法人金融財政事情研究会 ファイナンシャル・プランニング技能検定 3 級実技試験（保険顧客資産相談業務）
2023 年 3 月 許諾番号 2303K000002

はじめに

　投資をはじめてみたい、住宅ローンはどのように組むべきか、子どもの教育費はいくら用意しておけばいいのだろう……こういった悩みや不安の解決を手助けするのが、ファイナンシャル・プランナー（FP）です。

　FP3級はその入門資格として位置付けられ、キャリアアップを目指すビジネスパーソンや就職活動をひかえた学生、家計を見直すために学びたい人など、幅広い方々がチャレンジしています。

　本書は、FP試験対策の研修を数多く行ってきた弊社の経験を活かして作ったオリジナル問題集です。初めて学ぶ方、独学で試験にチャレンジする方でも、合格に必要な知識を無理なく、無駄なく、身につけられるよう、以下のような工夫を盛り込んでいます。

- ●最新の出題傾向を徹底分析し作成したオリジナル問題を収録
- ●各章ごとの重要項目を章末に整理して記載
- ●すべての選択肢に詳細な解説文付き
- ●模擬試験は学科試験に加え、実技試験を2パターン収録
- ●スマホ学習に最適な厳選用語集等、ダウンロードコンテンツを用意

　本書と同時発売の『うかる！ FP3級 速攻テキスト 2024-2025年版』をあわせて活用すれば、さらにしっかりと知識を定着させることができます。

　読者の皆様が、本書を最大限に活用して、短期間で合格を勝ち取られることを心からお祈りしております。

2024年4月

フィナンシャル バンク インスティチュート株式会社

CEO 山田 明

目　次

本書の特長と使い方

本書は 2024 年 4 月 1 日現在の法令に基づき作成しています。

1 学びやすい構成

学科分野は「左ページ＝オリジナル問題、右ページ＝解答＆解説」となっています。わからなかった部分の解説を、すぐに確認できます。

2 詳しくわかりやすい解説

学習者のつまずきポイントや理解しづらい点を的確に解説しています。対面で多くの学習者に教えてきた著者だからこそできるわかりやすさです。

3 重要用語は赤で表記

解答や解説の重要用語を赤で示しています。なぜその解答になるのかを考えながら学習しましょう。赤シートで隠せるので直前の復習にも便利。

正誤問題

問題　次の各文章のうち、正しいもの及び適切なものには○、誤っているもの及び不適切なものには×をつけなさい。

経済・金融の基礎

1　国内で生産された財やサービスの付加価値の合計額から物価変動の影響を取り除いた指標を名目GDPという。

2　景気動向指数のCI（コンポジット・インデックス）は、景気の現状や景気の山や谷といった景気の転換点をとらえる指標である。

解答、解説

P190-199

1　GDPとは1年間で使われたお金の合計額のことです。実質GDPと名目GDPがあり、実質GDPは物価変動の影響を取り除いたGDPのことです。名目GDPは物価変動を加味して計算したものです。⇒ ×

2　問題文はDI（ディフュージョン・インデックス）の説明です。CI（コンポジット・インデックス）は、景気に敏感な指標の量的な動きを合成した指標で、景気変動の大きさ（強弱）やテンポ（量感）を把

---

4 ☑で効率的に学習

知識を確実に身につけるためには、問題を何度も解くことが大切です。□欄は3つ設けました。3回正解するまで繰り返し学習しましょう。

5 テキストですぐ確認

『うかる！ FP3級 速攻テキスト』へのリンク（該当するページの案内）を示しています。

6 実力アップの確認問題

正誤問題（○×問題）、3答択一問題（3択問題）で試験の形式に慣れた後、総合確認問題に挑んでみましょう。難易度は若干高めです。

7 実技対策もバッチリ

実技試験分野の **FP協会** **金財・個人** といったアイコンは、それぞれの実技試験で出題されやすいパターンであることを示しています。

8 過去問1回分収録

2023年9月に実施された3級試験を収録しました。実技試験は金財・FP協会それぞれの試験を掲載し、詳細な解説付きです。

9 スマホ学習対応

スマホで読める用語集と、オリジナル学科試験をダウンロードできます。詳しくは「スマホ学習用ファイルのダウンロード方法」（p344）を参照してください。

試験の概要

1. 試験の種類と内容

　3級には学科試験と実技試験があります。同日実施され、合否判定はそれぞれ行われます。学科試験あるいは実技試験合格者には一部合格証書が発行され、学科試験と実技試験の両方に合格すると、合格証書が発行されます。

	学科試験	実技試験	
		金財	FP協会
科　目	共通	「個人資産相談業務」「保険顧客資産相談業務」の中から選択	「資産設計提案業務」
出題形式	多肢選択式	多肢選択式	多肢選択式
合格基準	60点満点で36点以上	50点満点で30点以上	100点満点で60点以上

2. 試験日程等（予定）

　これまで、FP3級試験は年3回（9月、1月、5月）実施されていましたが、2024年4月の試験より、CBT（Computer Based Testing）方式へ完全に移行しました。CBT試験とは、テストセンター（受験会場）に設置されているコンピューターを使って実施する試験のことです。テストセンターは全国にあり、受検者は希望する会場・日時を事前に予約して受検することができます。このことにより、試験の通年受験が可能となりました（休止期間を除く）。

※詳細は、必ず試験実施機関のホームページ等を参照してください。

試験実施機関	金財	FP協会
ホームページ	https://www.kinzai.or.jp/	https://www.jafp.or.jp/
住所	〒160-8529 東京都新宿区荒木町2-3 TEL：03-3358-0771	〒105-0001 東京都港区虎ノ門4-1-28 虎ノ門タワーズオフィス5F TEL：03-5403-9890

ライフプランニングと資金計画

試験対策のポイント

- FP業務の関連法規に関する問題は毎回出題
- 社会保険（医療保険、雇用保険、介護保険、労災保険等）と公的年金（国民年金や厚生年金）からの出題が多い
- 医療保険では退職後の医療保険に関する問題、雇用保険では高年齢雇用継続給付などが比較的多く出題
- 公的年金では、老齢基礎年金、特別支給の老齢厚生年金、老齢厚生年金の基本と受給要件はしっかり押さえよう
- キャッシュフロー表の6つの係数の意味と使い方も重要

出題傾向

	R4年9月	R5年1月	R5年5月	R5年9月	R6年1月
1．FPの基礎と関連法規	1	1	1	1	1
2．ライフプランと資金計画	4	3	3	3	3
3．社会保険制度	2	2	3	3	2
4．公的年金制度		1	1	1	1
5．国民年金と厚生年金の老齢給付	2	1	1		1
6．障害年金と遺族年金		1	1	1	1
7．年金の請求手続きと税金					
8．企業年金等	2	1		1	1

※表中の数字は、出題数を示しています

正誤問題

問題 次の各文章のうち、正しいもの及び適切なものには○、誤っているもの及び不適切なものには×をつけなさい。

FPの基礎と関連法規

1 司法書士の資格がないファイナンシャルプランナーであっても、無償であれば顧客の遺言書の作成等の業務を行うことができる。
□□□

2 ファイナンシャル・プランナーが顧客と投資顧問契約を締結した場合、その契約に基づいて投資助言等を行うのであれば、金融商品取引業者としての登録を受ける必要がない。
□□□

3 生命保険募集人の登録を受けていないファイナンシャル・プランナーが、生命保険の加入を検討している顧客に対し、保険金額の設定の目安として、必要保障額を試算した。
□□□

ライフプランと資金計画

4 減債基金係数は、現在保有している資金を一定の利率で複利運用しながら毎年一定金額を一定の期間にわたり取り崩していくときに、毎年いくら受け取れるかを計算する際に使用する。
□□□

date
／　／　／

解答・解説

P016-018

1 司法書士や弁護士資格などがない者は、無償であっても遺言書の作成などの法律事務を行うことはできません。なお、遺言書についての一般的な説明を行うことはできます。　⇒ ✕

2 ファイナンシャル・プランナーが顧客に対して資産運用に対する具体的な投資助言や代理業務等を行う場合、金融商品取引業者としての内閣総理大臣の登録を受けなければなりません。　⇒ ✕

3 生命保険募集人の登録を受けていないファイナンシャル・プランナーであっても、将来の必要保障額を試算したり、保険商品の説明を行うことは可能です。なお、保険の募集、勧誘、販売を行うことはできません。　⇒ ◯

〈FP業務の関連法規のポイント〉

弁護士関連業務、税理士関連業務、公的年金の請求手続きなどの社労士の業務、投資顧問業などの金融商品取引業関連業務等については、FPは有償・無償を問わず、一般的な説明はできますが、具体的な手続きや相談に応じることはできません

P020-037

4 問題文は資本回収係数の説明です。減債基金係数は、一定期間後に目標額を得るためには毎年いくらずつ積み立てればよいかを計算する場合に使用する係数です（将来の目標額×減債基金係数＝毎年の積立額）。　⇒ ✕

5 一定期間後に目標金額を貯めるために、今の金利で運用した場合、現在いくらあればいいのかを計算する場合、終価係数を用いる。

6 キャッシュフロー表は、今後のライフプランをもとに、将来の収支状況や貯蓄残高などの推移を表したものである。

7 「固定金利選択型」の住宅ローンでは、他の条件が同一であれば、固定金利の期間が長期のものほど、固定金利の期間が短期のものに比べ、当初に適用される金利水準は高くなる傾向がある。

8 フラット35（買取型）の融資対象は、居住用の新築住宅の建設資金や購入資金であり、中古住宅は対象とならない。

9 住宅金融支援機構のフラット35（買取型）の融資限度額は最高1億円である。

10 元利均等返済と元金均等返済では、借入金額や金利等の条件が同じであれば、総返済額は元金均等返済の方が大きくなる。

11 住宅ローンの返済方法のうち、元利均等返済は毎回の返済額を一定とする返済方法で、当初は利息部分の返済額が大きくなる。

12 日本学生支援機構の奨学金制度（貸与型）には、有利子の第一種奨学金制度と無利子の第二種奨学金制度がある。

13 可処分所得とは税込収入から所得税や住民税等の租税の合計、年金保険料等の社会保険料の合計及び生命保険料や損害保険料の合計を差し引いた所得である。

date
／／／

5 一定期間後に目標金額を受け取るために、現在いくらあればいいのかを計算する場合、現価係数を用います。 ⇒ ✕

6 キャッシュフロー表は、現在の収支状況や今後のライフプランをもとに、将来の収支状況や貯蓄残高などの推移を一覧表にしたものです。なお、キャッシュフロー表の収入金額は、通常、可処分所得を記入します。 ⇒ ◯

7 固定金利（期間）選択型では固定金利の期間が長いほど、金利が上昇しても金利負担が増えないので、通常、当初の金利水準は高めになっています。 ⇒ ◯

8 一定の条件を満たした中古住宅もフラット35（買取型）の融資対象になっています。 ⇒ ✕

9 フラット35（買取型）は、全期間固定金利タイプの住宅ローンで、融資額は、100万円以上8,000万円以下で、購入価額の100％以内となっています。なお、購入する住宅の価額に上限はありません。 ⇒ ✕

10 借入金額や金利等の条件が同じであれば、通常、総返済額は元利均等返済の方が大きくなります。 ⇒ ✕

11 元利均等返済は、毎回の返済額（元金部分と利息部分の合計）を一定とする返済方法で、返済当初は利息部分の返済額が大きくなります。なお、元金均等返済は毎回の返済額のうち、元金部分の返済額を一定とする返済方法です。 ⇒ ◯

12 貸与型のうち、第一種奨学金制度は無利子、第二種奨学金制度は有利子（ただし、在学中は無利子）です。なお、第一種奨学金制度は、第二種奨学金に比べて、判定基準が厳しくなっています。 ⇒ ✕

13 可処分所得＝年収（税込収入）－（所得税・住民税＋社会保険料）で計算します。生命保険料や損害保険料は差し引きません。 ⇒ ✕

14 □□□ 会社員等が加入する健康保険は業務上および業務外の病気やけが及び出産、死亡等に対して給付を行う。

15 □□□ 健康保険の任意継続被保険者となるためには、退職日の翌日から2か月以内に申請することで、最長で2年間加入できる。

16 □□□ 公的介護保険の対象者は、60歳以上の第1号被保険者と、40歳以上60歳未満の公的医療保険加入者である第2号被保険者である。

17 □□□ 公的介護保険の給付金は、第1号被保険者については、要介護状態または要支援状態となった原因を問わず給付される。

18 □□□ 労働者災害補償保険（労災保険）は、労働者の業務災害だけでなく、通勤災害に対しても給付を行う。

19 □□□ 労働者災害補償保険（労災保険）の保険料は労働者と事業主が折半で負担する。

20 □□□ 特別支給の老齢厚生年金の受給者が雇用保険の基本手当を受給する場合には、年金の受給が優先され、雇用保険は支給されない。

21 □□□ 健康保険の被保険者が、同一月に受けた同じ傷病について支払った医療費の合計額が自己負担限度額を超えた場合に、その超えた額が高額療養費として支給される。

date
/ / /

14 健康保険は業務外の病気やけがおよび出産、死亡等に対して保険の給付を行います。業務上の病気やけが等については、労災保険の対象になります。 ⇒ ✕

15 健康保険の任意継続被保険者となるためには、退職日の翌日から20日以内に申請しなければなりません。加入要件は健康保険の被保険者期間が2か月以上ある者で、加入期間は最長2年です。なお、任意継続被保険者の場合、保険料は全額自己負担になります。 ⇒ ✕

16 公的介護保険の対象者は、65歳以上の第1号被保険者と、40歳以上65歳未満の公的医療保険加入者である第2号被保険者です。 ⇒ ✕

17 公的介護保険の第1号被保険者は、要介護・要支援状態となった原因に関係なく給付を受けられます。なお、第2号被保険者の場合は、老化を原因とする特定疾病（脳卒中などの脳血管疾患や末期がんなど）により要介護・要支援状態となった場合のみ給付されます。事故で要介護・要支援状態になっても給付されません。 ⇒ ◯

18 労災保険は労働者の業務上の障害や疾病など（業務災害）または通勤途中の障害など（通勤災害）に対して給付を行います。 ⇒ ◯

19 労災保険の保険料は全額事業主負担で、労働者の負担はありません。なお、保険料率は業種により異なります。 ⇒ ✕

20 特別支給の老齢厚生年金の受給者が雇用保険の基本手当(失業保険)を受給する場合には、雇用保険の受給が優先され、特別支給の老齢厚生年金は支給されず、全額支給停止になります。 ⇒ ✕

21 高額療養費制度は、原則として同一月に受けた一定の傷病について支払った医療費の合計額が自己負担限度額を超えた場合が対象です。なお、医療費の中に入院時の食事代や差額ベッド代は含めることはできません。 ⇒ ◯

22
☐☐☐ 健康保険の傷病手当金は、同じ病気やけがにより仕事を連続して3日以上休業して、給料が支払われない場合に休業4日目より標準報酬日額の4分の3の金額が支給開始日から最長で通算1年6か月支払われる。

23
☐☐☐ 定年退職や自己都合退職（一般被保険者）の場合、雇用保険の基本手当の受給要件は、離職の日以前2年間に雇用保険の被保険者期間が通算して12か月以上あることである。

24
☐☐☐ 全国健康保険協会管掌健康保険（協会けんぽ）の被保険者が、産科医療補償制度に加入している医療機関で出産したときは、出産育児一時金として一児につき50万円が支給される。

25
☐☐☐ 労働者災害補償保険の対象となる業務上のけがで労災病院で治療を受けた場合の治療費のうち、1割は自己負担となる。

公的年金制度

26
☐☐☐ 国民年金は、日本国内に住所のある20歳以上65歳未満のすべての人が加入する国民皆年金制度となっている。

27
☐☐☐ 国民年金の第2号被保険者が、退職により第1号被保険者となった場合、保険料は第1号となった日の翌月末までに納付しなければならない。

28
☐☐☐ 国民年金の第2号被保険者の被扶養配偶者である18歳の専業主婦は、第3号被保険者に該当する。

29
☐☐☐ 国民年金の学生納付特例制度により保険料の納付が猶予された期間は、その期間に係る保険料の追納がない場合、老齢基礎年金の受給資格期間には算入されるが、老齢基礎年金の額には反映されない。

date
／　／　／

22 傷病手当金は、同じ病気やけがにより仕事を連続して3日以上休業し、給料が支払われない場合に、休業4日目から通算して最長で1年6か月支払われます。支給額は直前12か月間の標準報酬日額の3分の2です。　　　　　　　　　　　　　　　　　　⇒ ✕

23 問題文の通りです。なお、倒産や解雇による退職（特定受給資格者）の場合は、離職の日以前1年間に雇用保険の被保険者期間が通算して6か月以上あることが要件です。　　　　　　　　　　　⇒ ○

24 協会けんぽ等の健康保険の加入者が、産科医療補償制度に加入している医療機関で出産したときは、出産育児一時金として一児につき50万円が支給されます。なお、産科医療補償制度に加入していない医療機関で出産したときは、48万8,000円です。　　　　⇒ ○

25 労働者災害補償保険（労災保険）の対象となる業務災害によるけがで治療を受けた場合の治療費は、全額が労災保険より支払われるので、自己負担はありません。　　　　　　　　　　　　　　　⇒ ✕

P062-068

26 国民年金は、日本国内に住所のある20歳以上60歳未満のすべての人が加入する国民皆年金制度です。　　　　　　　　　　　⇒ ✕

27 国民年金の第1号被保険者となった場合、保険料の納付期限は第1号となった日の翌月末までです。　　　　　　　　　　　　⇒ ○

28 国民年金の被保険者は、原則として20歳以上60歳未満の者なので、第2号被保険者に扶養される、いわゆる専業主婦であっても、20歳未満の者や60歳以上の者は第3号被保険者ではありません。

　　　　　　　　　　　　　　　　　　　　　　　　　⇒ ✕

29 学生納付特例制度により保険料の納付が猶予された期間は、老齢基礎年金の受給資格期間には算入されますが、追納しない限り、老齢基礎年金の額には反映されません（追納期間は10年以内）。　⇒ ○

30 免除された国民年金保険料は、年金を受給するまでであれば、過去10年前までさかのぼって追納することができる。

31 厚生年金保険料は事業主と被保険者である会社員が労使折半で負担する。

32 育児休業中の厚生年金保険料は、被保険者分は免除されるが、事業主負担分は免除されない。

国民年金と厚生年金の老齢給付

33 老齢基礎年金を受給するためには、原則として、保険料納付済期間、保険料免除期間及び合算対象期間をあわせて20年以上の期間が必要である。

34 1961年（昭和36年）4月2日以後に生まれた男性の場合、特別支給の老齢厚生年金を受給することはできない。

35 厚生年金の被保険者期間が20年以上ある者に、扶養している65歳未満の配偶者や18歳の3月末日までの未婚の子がいる場合、老齢厚生年金を受給するときに加給年金が加算される。

36 老齢基礎年金と老齢厚生年金は同時に繰下げ受給しなければならない。

37 老齢厚生年金の受給要件は、65歳以上で老齢基礎年金の受給資格期間を満たしており、厚生年金保険の被保険者期間が1年以上ある者である。

date
／　／　／

30 免除された国民年金保険料は、年金を受給するまでであれば、過去10年前までさかのぼって追納することが可能です。追納することで年金額が増えます。なお、保険料が未納の場合は、原則、過去2年分の保険料を追納できます。　⇒ ○

31 厚生年金保険料は事業主と被保険者である会社員が労使折半（半分ずつ）で負担します。なお、厚生年金保険料の中に国民年金保険料が含まれており、別途、国民年金保険料を納める必要はありません。　⇒ ○

32 育児休業中や産休中の厚生年金保険料や健康保険料等の社会保険料は、原則、被保険者・事業主ともに免除されます。　⇒ ×

P070-085

33 老齢基礎年金を受給するためには、原則として、保険料納付済期間、保険料免除期間及び合算対象期間（カラ期間）をあわせて受給資格期間が10年以上あることとなっています。　⇒ ×

34 1961年（昭和36年）4月2日以後に生まれた男性、および1966年4月2日以後生まれの女性の場合、特別支給の老齢厚生年金を受給することはできず、原則、65歳から老齢基礎年金と老齢厚生年金を受給することになります。　⇒ ○

35 厚生年金の加入期間が20年以上ある者に、要件を満たした65歳未満の配偶者または18歳の3月末日までの未婚の子がいる場合には、老齢厚生年金に加給年金が加算されます。　⇒ ○

36 繰下げ受給を行う場合は、同時に繰り下げる必要はなく、例えば老齢厚生年金のみ繰り下げて、老齢基礎年金は65歳から受給することも可能です。なお、繰上げ受給する場合は同時に繰り上げなければなりません。　⇒ ×

37 老齢厚生年金の受給要件は、65歳以上の者で老齢基礎年金の受給資格期間（10年以上）を満たし、厚生年金保険の被保険者期間が1か月以上ある者です。　⇒ ×

38 在職老齢年金では、老齢厚生年金の基本月額と総報酬月額相当額の
□□□ 合計が50万円以下であれば、年金は全額支給される。

障害年金と遺族年金

39 遺族厚生年金を受給することができる遺族の範囲は、死亡した被保
□□□ 険者等によって生計を維持されていた配偶者、子、父母、兄弟姉妹
である。

40 妻が死亡した場合、支給要件を満たしている夫に遺族基礎年金が支
□□□ 給される。

41 遺族厚生年金に中高齢寡婦加算を上乗せして受給できるのは、夫が
□□□ 死亡したときに子のいない40歳以上60歳未満の妻である。

企業年金等

42 国民年金基金には国民年金保険料を免除されている者は加入できな
□□□ い。

43 確定拠出年金では、加入者自らが自己責任で掛金の運用指図を行い、
□□□ その運用結果次第で将来の年金給付額が変動する。

44 個人型確定拠出年金（iDeCo）には、国民年金の第3号被保険者（専
□□□ 業主婦）は加入できるが、公務員は加入できない。

45 個人型確定拠出年金（iDeCo）の掛金を加入者が拠出した場合、生
□□□ 命保険料控除の対象となる。

date
／　／　／

38 問題文の通りです。なお、老齢厚生年金の基本月額と総報酬月額相当額の合計が50万円以上の場合、超えた金額の2分の1相当額の厚生年金が支給停止になります。支給停止の対象となるのは老齢厚生年金のみで、老齢基礎年金は全額支給されます。　　　　⇒ ○

P088-093

39 遺族厚生年金は、その被保険者によって生計を維持されていた一定の条件を満たした配偶者（夫の場合は55歳以上）および子、孫、55歳以上の父母や祖父母が対象で、その中で優先順位が高い者のみに支給されます。兄弟姉妹は対象外です。　　　　⇒ ✕

40 妻が死亡した場合、子（18歳の3月末日まで）があるなどの条件を満たしていれば、夫にも遺族基礎年金が支給されます。　　⇒ ○

41 夫が死亡したときに子がいない妻には遺族基礎年金が支給されないため、その救済方法として、遺族厚生年金を受給する権利がある妻に対して、妻が40歳から65歳になるまで遺族厚生年金に中高齢寡婦加算が上乗せ支給されます。　　　　　　　　　　⇒ ✕

P097-103

42 国民年金保険料を免除されている者や、付加年金や厚生年金に加入している者は、国民年金基金に加入できません。　　　　⇒ ○

43 確定拠出年金の掛金の運用指図は加入者自身が行い、運用リスクも加入者自身が負うため、運用状況に応じて将来の年金額が変動します。　　　　　　　　　　　　　　　　　　　　　　　⇒ ○

44 個人型確定拠出年金（iDeCo）には、国民年金の第3号被保険者（いわゆる専業主婦）や公務員も加入できます。　　　　　　⇒ ✕

45 加入者本人が拠出した確定拠出年金の掛金は、全額が小規模企業共済等掛金控除の対象になります。企業型確定拠出年金の掛金に個人がマッチング拠出（追加拠出）した場合も、全額が小規模企業共済等掛金控除の対象です。　　　　　　　　　　　　⇒ ✕

3答択一問題

問題 次の各文章の（　　　）内にあてはまる最も適切な文章、語句、数字またはそれらの組合せを１～３の中から選びなさい。

ライフプランと資金計画

1 下図は、住宅ローンの（ ① ）返済方法をイメージで表したものであり、図中のPの部分は（ ② ）部分を、Qの部分は（ ③ ）部分を示している。

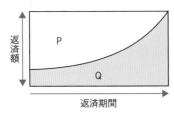

1. ①元金均等　②利息　③元金
2. ①元利均等　②元金　③利息
3. ①元利均等　②利息　③元金

---

2 個人のバランスシートでは、資産の額は（ ① ）で記載し、生命保険は（ ② ）の額を記載する。

1. ①時価評価　②解約返戻金
2. ①購入価額　②保険金
3. ①時価評価　②保険金

---

3 Aさんの年収が800万円で、所得税40万円、住民税25万円、社会保険料総額80万円、生命保険料18万円、地震保険料10万円のときのAさんの可処分所得の金額は（　　　）である。

1. 627万円
2. 655万円
3. 735万円

date
／　／　／

解答・解説

P020-037

1 元利均等返済は、元金と利息部分の合計額が毎回一定となる返済方法です。返済当初は利息部分の返済額が多くなり、徐々に元金部分の返済額が大きくなります。
通常、残高等の条件が同じであれば、元利均等返済の方が元金均等返済より返済額の総額は多くなります。　　　　　　　　　　⇒ **3**

2 個人のバランスシートでは、有価証券などの資産や負債の額はその時点での時価評価額を記載し、生命保険はその時点での解約返戻金の額を記載します。　　　　　　　　　　　　　　　　　　⇒ **1**

3 可処分所得＝年収－（所得税・住民税など＋社会保険料）より、
800万円－（40万円＋25万円＋80万円）＝655万円　　⇒ **2**

4 日本政策金融公庫が行う教育一般貸付の融資限度額（海外留学等は除く）は、通常、学生1人あたり（ ① ）以内で、返済期間は（ ② ）以内である。また、金利は（ ③ ）となっている。

1. ①200万円　②15年　③変動金利
2. ①300万円　②18年　③変動金利
3. ①350万円　②18年　③固定金利

5 元金200万円を、利率（年率）2％で複利運用しながら5年間にわたって毎年均等に取り崩して受け取る場合、毎年の受取金額は（　　　　）である

<資料>
利率（年率）2％、期間5年の各種係数
現価係数：0.906　減債基金係数：0.192　資本回収係数：0.212

1. 38万4,000円　　**2.** 40万8,000円　　**3.** 42万4,000円

6 財形住宅融資の融資額は、財形貯蓄残高の（ ① ）までで、最高（ ② ）であり、購入価額の90％以内である。

1. ①5倍②3,000万円　　**2.** ①10倍②4,000万円　　**3.** ①10倍②5,000万円

7 店舗併用住宅について、フラット35（買取型）の融資を受ける場合、居住用の床面積の割合が全体の（　　）以上あることが要件である。

1. 50%　**2.** 80%　**3.** 90%

date
／　／　／

4

〈教育一般貸付〉

融資額	学生1人あたり350万円（海外留学資金や自宅外通学、大学院の場合は450万円）以内
使用目的	入学金や授業料、受験時の交通費や宿泊費、通学費、教材費、敷金や家賃の支払いや国民年金保険料の支払いなど
金利	固定金利
条件	子どもの人数に応じて親（世帯）に対する年収制限がある（本人の学力は融資条件ではない）
返済期間	18年以内（ひとり親家庭などは金利の優遇制度がある）
窓口	日本政策金融公庫

※国の教育一般貸付と日本学生支援機構の奨学金制度は同時に利用可能です ⇒ 3

5 元金を一定利率で運用しながら一定期間で取り崩して受け取る場合の受取金額を算出する場合は、元金に資本回収係数を乗じて計算します。
200万円×0.212＝42万4,000円

なお、2％で複利運用しながら5年間にわたって42万4,000円受け取るために、現在いくら必要かを計算する場合、「年金現価係数」を用います。 ⇒ 3

6 財形住宅融資の融資額は、財形貯蓄残高の10倍までで、最高4,000万円です。ただし、購入価額の90％以内の金額となっています。

⇒ 2

7 自宅と店舗が一緒になっている店舗併用住宅では、居住用の床面積の割合が全体の2分の1（50％）以上あれば、フラット35（買取型）の融資の対象になります。 ⇒ 1

8
□□□ 労災保険の休業補償給付は、原則として給付基礎日額の（ ① ）相当額が、負傷や傷害などによる療養により労働することができず賃金が支払われなくなった（ ② ）から支給される。

1. ①67% ②4日目 **2.** ①60% ②3日目 **3.** ①60% ②4日目

9
□□□ 後期高齢者医療制度の対象者は、（ ① ）以上の者（障害認定者は65歳以上の者）で、医療費の自己負担割合は原則、（ ② ）となっている。

1. ①70歳 ②1割
2. ①75歳 ②1割
3. ①75歳 ②2割

10
□□□ 雇用保険の高年齢雇用継続基本給付金は、原則として、60歳到達時点に比べて賃金額が（ ① ）未満に低下した状態で就労している65歳未満の者に対して、最大で60歳以後の賃金の（ ② ）が支給される。

1. ①65% ②10%
2. ①75% ②15%
3. ①85% ②20%

11
□□□ 雇用保険の基本手当を受給するためには、倒産、解雇および雇止めなどの場合を除き、原則として、離職の日以前（ ① ）に被保険者期間が通算して（ ② ）以上あることなどの要件を満たす必要がある。

1. ①1年間 ②6か月
2. ①2年間 ②6か月
3. ①2年間 ②12か月

date
／　／　／

8 労災保険の休業補償給付は、原則として、給付基礎日額の60％相当額が、負傷や傷害などで療養して賃金が支払われなくなった日の4日目（休業4日目）から支給されます。なお、その他に特別支給金が20％上乗せ支給されます。　　　　　　　　　⇒ **3**

9 後期高齢者医療制度の対象者は75歳以上の者（障害認定者は65歳以上の者）で、医療費の自己負担割合は原則として1割です。なお、75歳以上であっても、単身世帯では年収200万円以上の者、75歳以上の者が2人以上いる複数世帯では年収合計が320万円以上の場合、自己負担割合は2割負担、現役並み所得者に該当する場合は、3割負担です。　　　　　　　　　　　　　　　　　　⇒ **2**

10 高年齢雇用継続基本給付金とは、原則として5年以上雇用保険に加入している者が60歳になったときに比べて、その後の賃金額が75％未満に低下した状態で働いている場合、その者に対して65歳になるまで給付されるものです。60歳時点の賃金の61％以下に低下した場合、60歳以後の賃金の15％が支給されます。　　　⇒ **2**

11 基本手当の受給要件は、定年や自己都合退職（一般受給資格者）の場合、離職日以前の2年間に、被保険者期間が通算して12か月以上あることです。なお、倒産や解雇などにより退職した場合（特定受給資格者）は、離職日以前の1年間に、通算6か月以上の被保険者期間があれば基本手当を受給できます。　　　　　⇒ **3**

12 雇用保険の教育訓練給付金のうち、一般教育訓練に係る教育訓練給付金の額は、教育訓練施設に支払った教育訓練経費の（①）相当額であるが、その額が（②）を超える場合の支給額は、（②）となる。

1. ①10%　②10万円
2. ①20%　②10万円
3. ①20%　②20万円

---

13 全国健康保険協会管掌健康保険に任意継続被保険者として加入することができる期間は、任意継続被保険者となった日から最長で（①）で、保険料は（②）である。

1. ①1年間　②全額自己負担
2. ①2年間　②全額自己負担
3. ①2年間　②労使折半

公的年金制度

14 国民年金の第3号被保険者とは、（①）被保険者に扶養されている配偶者で20歳以上（②）未満の者をいう。

1. ①第1号　②60歳
2. ①第2号　②65歳
3. ①第2号　②60歳

date
／　／　／

12 厚生労働大臣指定の一般教育訓練の受講を終了した者には、教育訓練施設に支払った教育訓練経費の20％（上限額は10万円）が支給されます。 ⇒ **2**

13 任意継続被保険者制度は、健康保険の被保険者期間が2か月以上ある者が、退職日の翌日から20日以内に申請することで、最長2年間、引き続き健康保険に加入できる制度です。
退職後なので保険料は全額自己負担になります。 ⇒ **2**

P062-068

14 国民年金の第3号被保険者とは、会社員や公務員などの第2号被保険者に扶養されている国内に住所のある配偶者で20歳以上60歳未満の者をいいます。第3号被保険者については第2号被保険者が支払う保険料の中に第3号被保険者の保険料が含まれているので、国民年金の保険料負担は不要です。 ⇒ **3**

15 老齢基礎年金を繰上げ受給すると、年金額は繰り上げた月あたり
□□□ （ ① ）減額され、繰下げ受給すると、繰り下げた月あたり（ ② ）
増額となる。

1. ①0.4%　②0.7%
2. ①0.4%　②0.5%
3. ①0.7%　②0.5%

16 老齢基礎年金を繰上げ受給した場合の最大減額率は（ ① ）、繰下
□□□ げ受給した場合の最大増額率は（ ② ）である。

1. ①24%　②42%
2. ①24%　②84%
3. ①30%　②84%

17 月額400円の付加保険料を納付した国民年金の（ ① ）被保険者が、
□□□ 65歳から老齢基礎年金を受給する場合、付加保険料を納付した期間
の月数に（ ② ）を乗じて得た額が付加年金として支給される。仮
に付加保険料を120月納付し、65歳から老齢基礎年金を受給する場
合、年額（ ③ ）の付加年金を受給できる。

1. ①第1号　②200円　③24,000円
2. ①第2号　②300円　③48,000円
3. ①第3号　②400円　③24,000円

date
／　／　／

15 老齢基礎年金の受給開始年齢は、原則として65歳ですが、請求により繰上げ受給（年金額が繰り上げた月あたり0.4%減額になる）や繰下げ受給（年金額が繰り下げた月あたり0.7%増額になる）が可能です。なお、62歳から繰上げ受給する場合、3年（36か月）繰上げとなるので、36か月×0.4%＝14.4%年金額が減額されます。

⇒ **1**

間違えやすいポイント　繰上げ受給する場合、老齢基礎年金と老齢厚生年金を同時に行います。

16 老齢基礎年金を繰り上げる場合、年金額は繰り上げた月あたり0.4%減額されますが、最大減額になるのは60歳から繰上げ受給した場合です。5年繰り上げると60か月（12か月×5年）繰り上げることになり、60か月×0.4%＝24%減額されます。
繰下げ受給する場合、年金額は繰り下げた月あたり0.7%増額になりますが、最大増額になるのは75歳から繰下げ受給した場合です。10年繰り下げると120か月（12か月×10年）繰り下げることになり、120か月×0.7%＝84%増額になります。

⇒ **2**

17 付加年金は第1号被保険者独自の年金で、付加保険料（400円）を納付した期間の月数に200円を乗じた額が付加年金として老齢基礎年金に上乗せして支給されます。したがって、付加年金は120月×200円＝24,000円支給されます。

⇒ **1**

間違えやすいポイント　付加年金には国民年金の第2号被保険者や第3号被保険者は加入できません。

障害年金と遺族年金

18 障害基礎年金の障害等級1級に該当する場合の年金額は、障害等級
□□□ 2級の年金額の（　　）倍である。

1. 1.2倍　　　　**2.** 1.25倍　　　　**3.** 1.5倍

---

19 遺族厚生年金の年金額は、被保険者が死亡した時点で算出した老齢
□□□ 厚生年金の報酬比例部分の額の（　　）相当額である。

1. 2分の1　　　**2.** 3分の2　　　**3.** 4分の3

---

20 障害年金における障害認定日とは、障害の原因となった傷病の初診
□□□ 日から（　　）を経過した日、または、それまでに傷病が治った
ときは、治った日のことである。

1. 6か月　　　　**2.** 1年　　　　**3.** 1年6か月

---

21 夫が死亡したときに、子のいない30歳未満の妻の遺族厚生年金の受
□□□ 給期間は（　　）となっている。

1. 5年　　　　**2.** 10年　　　　**3.** 20年

企業年金等

22 個人型確定拠出年金（iDeCo）の掛金は、国民年金基金に同時に加
□□□ 入している場合は合算で月額（　　）までである。

1. 2万3,000円
2. 5万1,000円
3. 6万8,000円

date
／　／　／

P088-093

18 障害等級1級に該当する場合の障害基礎年金の額は、障害等級2級の額の1.25倍です。　⇒ **2**

19 遺族厚生年金の額は、被保険者が死亡した時点で算出した老齢厚生年金の報酬比例部分の額の4分の3相当額です。　⇒ **3**

20 障害基礎年金や障害厚生年金において、障害認定日とは障害の原因となった傷病の初診日から1年6か月を経過した日、または、その期間内に傷病が治ったときは、治った日（症状が固定した日：治療を続けても症状が良くならないので治療を終了した日）のことをいいます。　⇒ **3**

21 夫が死亡したときに、子のいない30歳未満の妻には、遺族厚生年金は5年間、支給されます。　⇒ **1**

P097-103

22 個人型の確定拠出年金（iDeCo）の掛金は、国民年金基金に同時に加入している場合、合算で月額6万8,000円までです。　⇒ **3**

23 企業型確定拠出年金（企業型DC）において、マッチング拠出により加入者が拠出した掛金は、その（　1　）が（　2　）として所得控除の対象となる。

1.（1）2分の1相当額　　　（2）社会保険料控除
2.（1）全額　　　　　　　（2）社会保険料控除
3.（1）全額　　　　　　　（2）小規模企業共済等掛金控除

---

24 個人型確定拠出年金（iDeCo）の老齢給付金を60歳から受給するためには、60歳到達時の通算加入者等期間が（　　　）以上なければならない。

1. 10年　　　　**2.** 15年　　　　**3.** 20年

23 企業型確定拠出年金（企業型DC）において、個人が企業の掛金に追加して拠出した掛金（マッチング拠出により拠出した掛金）や、個人型確定拠出年金で加入者が拠出した掛け金は、全額が小規模企業共済等掛金控除の対象です。 ⇒ **3**

24 個人型確定拠出年金（iDeCo）の老齢給付金を60歳から受給するためには、60歳到達時の個人型（iDeCo）の通算加入者等期間が10年以上なければなりません。加入期間が10年に満たない場合、受給開始年齢は加入期間に応じて遅くなります。

なお、企業型確定拠出年金も同じく、通算加入期間が10年以上ないと60歳から受給できません。 ⇒ **1**

総合確認問題

問題 次の各文章の正誤を判断し、または（　　）内にあてはまる最も適切な文章、語句、数字などの組合せを選びなさい。

1
□□□ 税理士資格を有しないファイナンシャル・プランナーが、顧客の要請により、その顧客の確定申告書を作成する行為は、無償であれば税理士法に抵触しない。

2
□□□ 弁護士資格を有しないファイナンシャル・プランナーが、財産管理の相談を受けた顧客の求めに応じ、その顧客の任意後見人となることは、弁護士法に抵触する。

3
□□□ 住宅ローンのフラット35（買取型）の借入金利は、契約時点の金利が適用される。

4
□□□ フラット35（買取型）において、融資率（フラット35の借入額÷住宅の購入価額）が50％を超える場合は、借入金利が高く設定される。

5
□□□ 住宅ローンのフラット35（買取型）において、一部繰上げ返済を行う場合、返済金額は（　1　）以上から可能で、その際の繰上げ返済手数料は（　2　）である。

1. (1) 50万円　　(2) 必要
2. (1) 100万円　　(2) 必要
3. (1) 100万円　　(2) 不要

6
□□□ 同一条件であれば、住宅ローンの返済において、返済額圧縮型の方が返済期間短縮型よりも返済する利息の軽減効果が大きい。

date
／　／　／

1
P018
有償・無償を問わず、顧客の税務書類の作成や税務相談を受ける行為は税理士業務にあたります。　　　　　　　　　　　⇒ ×

2
P018
弁護士資格がない者でも、成年後見制度における任意後見人になることは可能です。なお、任意後見人になるのに資格は不要で、誰でもなることができます。　　　　　　　　　　　　　　⇒ ×

3
P031
住宅ローンのフラット35（買取型）の借入金利は、融資実行時点の金利が適用されます。なお、金利は金融機関ごとに異なります。　　　　　　　　　　　　　　　　　　　　　　　⇒ ×

4
P031
融資率（フラット35の借入額÷住宅の購入価額）が90％を超えると、借入金利が高く設定されます。　　　　　　　　　⇒ ×

5
P031
一部繰上げ返済を行う場合、返済金額は100万円以上から可能で、その際の繰上げ返済手数料は不要です。なお、インターネット経由（住・MY Note）で返済する場合は10万円以上から可能です。
　　　　　　　　　　　　　　　　　　　　　　　　⇒ 3

6
P034
通常、返済期間短縮型の方が返済額圧縮型よりも、返済する利息の軽減効果が大きくなります。　　　　　　　　　　　⇒ ×

7
□□□ クレジットカードを紛失した個人のカード会員は、その事実をカード会社等へ所定の届出を行った場合、原則として、当該カード会社が届出を受けた日の60日前以降のカードの利用代金の支払債務が免除される。

8
□□□ 日本学生支援機構の奨学金制度（貸与型）を利用する場合、第一種奨学金と第二種奨学金の判断基準は、親の年収であり、学生本人の学力は考慮されない。

9
□□□ 貸金業法の総量規制により、個人が貸金業者による個人向け貸付けを利用する場合、原則として、年収の2分の1までとなっている。

10
□□□ 健康保険の出産手当金は、標準報酬日額の3分の2の額が、原則、出産日前42日間、出産日以後56日間、合計で98日間支給される。

11
□□□ 雇用保険の保険料は、全額事業主負担となっており、労働者の負担はない。

12
□□□ パート社員が雇用保険の被保険者となるための要件として、31日以上の雇用見込みがあり、かつ1週間の労働時間が20時間以上あることが要件となっている。

13
□□□ 雇用保険の教育訓練給付金のうち、一般教育訓練に係る教育訓練給付金の額は、教育訓練経費の20％相当額であるが、その額が10万円を超える場合は、10万円が支給される。

14
□□□ 自己都合退職の場合、雇用保険の基本手当は7日間の待期期間後、更に1か月間の待期期間がある。

date
／　／　／

7
P037

クレジットカード（署名済み）を紛失した場合、すみやかにカード会社等に届け出れば、届出日よりさかのぼって60日以内のカードの利用代金の支払いが免除されます。　⇒ ○

8
P036

第一種奨学金と第二種奨学金の判断基準は、親の年収および学生本人の学力を踏まえて判定されます。　⇒ ×

9
P037

個人が消費者金融などで借入れできる金額（銀行の住宅ローンや車のローン、事業用資金の借入れは除く）は、年収の3分の1までとなっています。　⇒ ×

10
P045

健康保険の出産手当金は、標準報酬日額の3分の2の額が、原則、出産日前42日間、出産日の翌日以後56日間、合計で原則98日間支給されます。　⇒ ○

11
P053

雇用保険の保険料は、事業主と労働者の両方が負担します。なお、労災保険の保険料は全額事業主負担です。　⇒ ×

12
P054

学生以外のパート社員や派遣労働者が雇用保険の被保険者となるためには、31日以上の雇用見込みがあり、かつ1週間の労働時間が20時間以上あることが要件です。　⇒ ○

13
P058

一般教育訓練給付は厚生労働大臣の指定する教育訓練を終了した場合、教育訓練経費の20％（上限10万円）が支給されます。　⇒ ○

14
P056

自己都合退職（一般受給資格者）の場合、雇用保険の基本手当は7日間の待期期間後、更に2か月間の待期期間があります。なお、倒産や解雇による退職の場合（特定受給資格者）の待期期間は7日間のみです。　⇒ ×

15 雇用保険の介護休業給付は、配偶者や父母を介護するために休業した場合、休業前の賃金の67%相当額が最高で180日間支給される。

□□□

16 公的介護保険の第1号被保険者が、公的介護保険の保険給付の対象となる介護サービスを受けた場合の自己負担割合は、その者の合計所得金額の多寡にかかわらず、1割である。

□□□

17 介護保険制度において、介護サービスを受けるためのケアプラン作成費は無料である。

□□□

18 国民年金の第1号被保険者によって生計を維持されている配偶者で20歳以上60歳未満の者は、国民年金の第3号被保険者となる。

□□□

19 国民年金の第1号被保険者が死亡し、その遺族である妻が寡婦年金と死亡一時金の両方の受給要件を満たす場合、その妻は（　　　　）。

□□□

1. いずれか一方の受給を選択する
2. 両方を受給することができる
3. 死亡一時金のみを受給することができる

20 国民年金の第1号被保険者は、原則、出産予定日の前月から4か月間国民年金保険料が免除される。

□□□

21 国民年金基金に加入している者は、国民年金の付加保険料を納付することができない。

□□□

date
/　/　/

15
P058
介護休業給付は、配偶者や父母（配偶者の父母も含む）などを介護するために休業した場合、休業前の賃金の67％相当額が最高で93日間支給されます。93日以内であれば3回に分割して取得することも可能です。　　　　　　　　　　　　　　　　　　⇒ ✕

16
P050
第1号被保険者が介護サービスを受けた場合の自己負担割合は、原則1割ですが、年金収入等の所得が一定額以上ある場合は所得に応じて、2割または3割負担になります。　　　　　　　　⇒ ✕

17
P050
介護サービスを受けるためにケアマネジャーに依頼するケアプラン作成費は無料です。また、自分で作成することも可能です。
　　　　　　　　　　　　　　　　　　　　　　　　　　⇒ 〇

18
P064
国民年金の第2号被保険者によって生計を維持されている配偶者で20歳以上60歳未満の者が、国民年金の第3号被保険者となります。
　　　　　　　　　　　　　　　　　　　　　　　　　　⇒ ✕

19
P091
国民年金の第1号被保険者が死亡し、その遺族である妻が寡婦年金と死亡一時金の両方の受給要件を満たす場合、どちらか一方を選択します。　　　　　　　　　　　　　　　　　　　　　　⇒ 1

20
P066
国民年金の第1号被保険者が出産する場合、原則、出産予定日の前月から4か月間国民年金保険料が免除されます。　　⇒ 〇

21
P103
国民年金基金と付加年金は第1号被保険者が老齢基礎年金に上乗するために任意に加入するものですが、同時に加入することはできません。なお、付加年金は国民年金の第1号被保険者のみが加入できる年金なので、厚生年金の加入者や第3号被保険者（専業主婦・主夫）も付加年金に加入することはできません。　　　　　⇒ 〇

22 □□□ 国民年金基金の掛金の額は、加入員の選択した給付の型や加入口数によって決まり、加入時の年齢や性別によって異なることはない。

23 □□□ 国民年金基金の掛金は、その全額が社会保険料控除の対象となる。

24 □□□ 国民年金保険料を免除されている者は、国民年金基金に加入できない。

25 □□□ 確定拠出献金の老齢給付金の受取開始時期は、60歳から70歳の間で選択可能である。

26 □□□ 確定拠出年金の個人型年金の老齢給付金を一時金で受け取った場合、当該老齢給付金は、一時所得として所得税の課税対象となる。

27 □□□ 企業型確定拠出年金（企業型DC）のない一定の中小企業では、事業主が個人額型DC（iDeCo）に加入している従業員の掛金に掛金を上乗せして拠出できる。

28 □□□ 個人型確定拠出年金（iDeCo）に加入対象者は、60歳未満の厚生年金の被保険者および60歳未満の国民年金の被保険者である。

29 □□□ ファイナンシャル・プランナーは、顧客の依頼を受けたとしても、公正証書遺言の証人となることはできない。

30 □□□ 住宅金融支援機構と民間金融機関が提携した住宅ローンであるフラット35の融資金利は固定金利であり、その利率は取扱金融機関がそれぞれ独自に決定している。

date　／　／　／

22
P102
国民年金基金の掛金の額は、加入口数などによって決まり、加入時の年齢や性別によっても異なります。なお、掛金の上限は月額6万8,000円です。　　　　　　　　　　　　　　　　　　　　⇒ ✕

23
P102
国民年金基金の掛金は、その全額が社会保険料控除の対象です。
　　　　　　　　　　　　　　　　　　　　　　　　　　　⇒ ◯

24
P102
国民年金保険料を免除されている者や国民年金保険料の滞納者は、国民年金基金に加入できません。　　　　　　　　　　　　⇒ ◯

25
P100
個人型確定拠出年金（iDeCo）や企業型確定拠出年金（企業型DC）の老齢給付金の受取開始時期は60歳から75歳の間で自由に選択可能です。　　　　　　　　　　　　　　　　　　　⇒ ✕

26
P101
確定拠出年金の個人型年金の老齢給付金を一時金で受け取った場合、退職所得となります。　　　　　　　　　　　　　　　⇒ ✕

27
P099
企業型DCのない一定の中小企業では、事業主が、個人額型確定拠出年金（iDeCo）に加入している従業員の掛金に掛金を上乗せして拠出できます。これをiDeCoプラスといいます。　　　　⇒ ◯

28
P099
個人型確定拠出年金（iDeCo）は厚生年金の被保険者の場合、65歳未満まで加入できます。なお、国民年金の第1号被保険者や第3号被保険者の場合、加入年齢は60歳未満のままですが、国民年金の任意加入者は65歳未満まで加入できます。　　　　　　　⇒ ✕

29
P018
相続人の利害関係者（家族など）でなければ、FPも公正証書遺言作成時の証人になることが可能です。　　　　　　　　　　⇒ ✕

30
P031
フラット35は、住宅金融支援機構と民間金融機関が連携して行う固定金利型の住宅ローンです。借入金利は金融機関ごとに決めるので、利用する金融機関によって異なります。　　　　　　　⇒ ◯

31 住宅を取得する際に全期間固定金利住宅ローンのフラット35（買取型）を利用するためには、当該住宅の建設費または購入価額が消費税相当額を含めて1億円以下である必要がある。

32 国内に住所を有する60歳以上75歳未満の者は、厚生年金保険の被保険者である者を除き、国民年金の任意加入被保険者となることができる。

33 障害基礎年金の受給要件として、初診日の前日において、初診日の属する月の前々月までの国民年金の被保険者期間のうち、保険料納付済期間が（　　）以上あることがある。
1．3分の1　　　　2．2分の1　　　　3．3分の2

34 国民年金保険料が免除や猶予されている場合、過去10年以内の期間の保険料を追納することができる。

date　／　／　／

31

P031 フラット35では建設費や購入価額に関する制限はなく、1億円以上の住宅などであっても融資対象になります。 ⇒ ✕

32

P065 国民年金加入者は、年金額を増やしたい者は65歳になるまで、10年の受給資格期間を満たしていない場合は、70歳になるまで任意加入できます。 ⇒ ✕

33

P089 障害基礎年金を受給するには、初診月の前々月までの被保険者期間のうち、保険料の納付済期間（免除期間を含む）の合計が、3分の2以上あることが必要です。 ⇒ **3**

34

P066 保険料を免除されたり、学生納付特例制度等により猶予された場合、過去10年前までの保険料を追納することができます。追納することで年金額が増えます。 ⇒ ◯

キャッシュフロー表	現在の収支状況や今後のライフプランをもとに、「将来の収支状況」や「貯蓄残高」を一覧表にしたもの
フラット35の適用金利	長期固定金利で、融資実行時点での金利が適用される（金利は金融機関によって異なる）
元利均等返済	毎回の返済額（元金と利息の合計）が一定な住宅ローンの返済方法で、返済当初は利息部分の返済が多い
元金均等返済	毎回の返済額のうち、元金部分の返済額が一定な住宅ローンの返済方法
傷病手当金	同じ病気やけがで連続して3日以上休業し、給料が支給されない場合に、健康保険から支給される保険金。休業4日目から、標準報酬日額の3分の2が支給される
出産育児一時金	健康保険の被保険者またはその配偶者が、産科医療補償制度に加入している病院で出産した場合、1児につき50万円が支給される制度
任意継続被保険者	退職した会社員が、務めていた会社の健康保険に2年間加入する制度。退職日の翌日（資格喪失日）から20日以内に申請しなければならない
介護保険の被保険者	第1号被保険者は65歳以上の者、第2号被保険者は40歳以上65歳未満の公的医療保険の加入者

リスク管理

試験対策のポイント

●生命保険と損害保険の問題がほぼ半数ずつ出題
●保険契約者保護機構とクーリング・オフに関する出題に注意
●生命保険関係では、基本的な保険の仕組みや定期保険、終身保険、定期付終身保険、養老保険などの商品内容や税制が問われる
●個人年金保険では、確定年金、有期年金、夫婦年金、変額個人年金などの違いが重要
●損害保険では、火災保険、自動車保険、賠償保険などの基本的な商品性が出題の中心

出題傾向

	R4年9月	R5年1月	R5年5月	R5年9月	R6年1月
1．保険の基礎知識	2		1	2	1
2．生命保険の基礎		1	2		1
3．生命保険の種類	2	2	2	2	2
4．生命保険と税金		1	1		1
5．損害保険	3	3	4	3	3
6．損害保険と税金	1			1	1
7．第3分野の保険と特約		3			1

正誤問題

問題 次の各文章のうち、正しいもの及び適切なものには○、誤っているもの及び不適切なものには×をつけなさい。

保険の基礎知識

1 □□□ 生命保険の保険料は、大数の法則や収支相等の原則に基づいて、予定死亡率、予定利率、予定事業費率の3つの予定基礎率を用いて算出される。

2 □□□ 国内で事業を行う生命保険会社が破綻した場合、生命保険契約は、原則として生命保険契約者保護機構による保護の対象となり、高予定利率契約の場合を除き、契約した保険金額の90%まで補償される。

3 □□□ 国内で営業するすべての保険会社は原則として、保険契約者保護機構に加入するが、共済や少額短期保険業者は加入対象ではない。

生命保険の基礎

4 □□□ 生命保険契約における責任開始日とは、保険会社の承諾を前提として、「申込書の提出」、「告知または診査」、「第一回目の保険料の支払い」の3つすべてが完了したときであり、この3つの完了後に保険事故が発生した場合に保険金は支払われる。

5 □□□ 生命保険契約において、保険料の払込みがなく、保険料の払込猶予期間が経過した場合に、解約返戻金の一定の範囲内で保険会社が保険料を立て替え、契約を有効に継続させる制度を契約者貸付制度という。

date / / /

解答・解説

P116-120

1 生命保険の保険料は、大数の法則や収支相等の原則に基づいて、予定死亡率、予定利率、予定事業費率の3つの予定基礎率を用いて算出されます。　⇒ ○

2 国内で事業を行う生命保険会社が破綻した場合、生命保険契約は、原則として生命保険契約者保護機構による保護の対象となりますが、高予定利率契約の場合を除いて、破綻時点で保険会社が積み立てていた責任準備金の90%まで補償されます。　⇒ ✕

3 共済（JA共済やこくみん共済など）や少額短期保険業者は保険契約者保護機構の加入対象ではありません。したがって、保険契約者保護機構の補償の対象になりません。なお、少額短期保険業者とは、少額かつ短期の掛捨ての保険のみの引き受けを行う業者で、保険期間の上限は生命保険が1年、損害保険が2年、引き受けできる保険金の上限は総額で1,000万円までとなっています。　⇒ ○

P122-132

4 保険会社の承諾を前提として、「申込書の提出」、「告知または診査」、「第一回目の保険料の支払い」の3つすべてが完了したときが、保険会社の責任開始日です。それ以後の保険事故について保険金が支払われます。　⇒ ○

5 問題文は自動振替貸付制度の説明です。なお、契約者貸付制度とは契約している保険の解約返戻金の一定範囲内で保険会社から融資を受けることができる制度のことです。　⇒ ✕

6 契約転換制度により、現在加入している生命保険の責任準備金等を利用して新たな契約に転換する場合、転換後の保険料は転換時の保険料率で再計算される。

7 生命保険契約を失効した場合でも復活させることはできるが、その際の保険料率は復活時の保険料率が適用される。

8 保険会社は告知義務違反などの事実を知ってから1年以内であれば契約を解除できる。

生命保険の種類

9 終身保険は満期保険金はないが、長期間保険料を払い込んでから解約した場合、解約返戻金が支払われるため、貯蓄性もある。

10 定期保険は、被保険者が保険期間中に死亡または高度障害状態になった場合に保険金が支払われ、保険期間満了時には満期保険金が支払われる。

11 養老保険は、被保険者が保険期間中に死亡または高度障害になった場合には死亡保険金が支払われ、被保険者が満期まで生存していた場合には死亡保険金と同額の満期保険金が支払われる保険である。

12 終身年金保険は、被保険者が生きている限り年金が支払われ、保険料は一般的に年齢等他の条件が同じであれば、女性の方が男性より高い。

date
/ / /

6 契約転換制度を利用して、現在加入している生命保険契約を新たな契約に転換する場合、転換後の保険料は、転換時の年齢や保険料率が適用されて算出されます。また、新たに告知または医師の診査が必要となりますが、保険料は新規に契約するより安くなります。

⇒ ○

7 生命保険契約を復活させる場合、保険料率は失効前と同じです。なお、復活させるには、失効中の保険料を払い込みや医師の診査または告知が必要です。 ⇒ ✕

8 保険会社は、告知義務違反を知ってから1か月以内でなければ契約を解除できません。1か月以内に解除しなければ、保険契約は有効となります。なお、保険法上、告知義務違反を知らなかった場合でも、契約時から原則5年経過していれば、保険会社は契約を解除できません。 ⇒ ✕

P135-143

9 終身保険には満期保険金はありませんが、長期間保険料を払い込んでから解約した場合、解約返戻金が支払われるため、貯蓄性があります。ただし、短期間で解約した場合、元本割れすることもあります。

⇒ ○

10 定期保険には通常、満期保険金はありません。なお、保険料は掛捨てが中心で、比較的安くなっています。なお、一定期間生存していれば生存給付金が支払われるものもあります。 ⇒ ✕

11 養老保険とは、被保険者が保険期間中に死亡または高度障害になった場合は死亡保険金が、被保険者が満期まで生存していた場合には死亡保険金と同額の満期保険金が支払われる生死混合保険です。

⇒ ○

12 終身年金保険は、被保険者が生きている限り年金が支払われる保険です。終身年金保険の保険料は、一般的に年齢等他の条件が同じであれば、女性の方が長生きで多くの年金を受給できるため、男性より高くなっています。 ⇒ ○

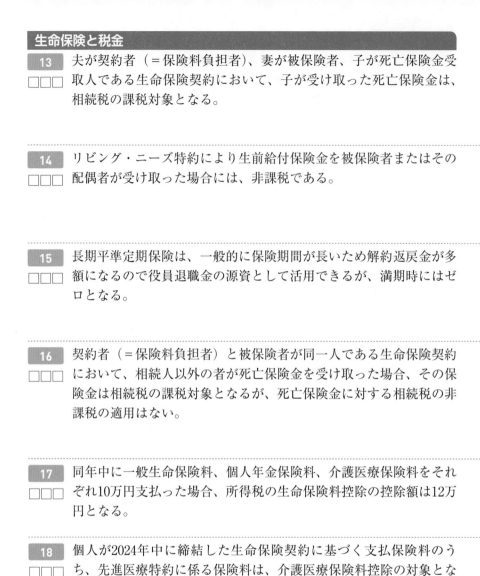

13 夫が契約者（＝保険料負担者）、妻が被保険者、子が死亡保険金受取人である生命保険契約において、子が受け取った死亡保険金は、相続税の課税対象となる。

14 リビング・ニーズ特約により生前給付保険金を被保険者またはその配偶者が受け取った場合には、非課税である。

15 長期平準定期保険は、一般的に保険期間が長いため解約返戻金が多額になるので役員退職金の源資として活用できるが、満期時にはゼロとなる。

16 契約者（＝保険料負担者）と被保険者が同一人である生命保険契約において、相続人以外の者が死亡保険金を受け取った場合、その保険金は相続税の課税対象となるが、死亡保険金に対する相続税の非課税の適用はない。

17 同年中に一般生命保険料、個人年金保険料、介護医療保険料をそれぞれ10万円支払った場合、所得税の生命保険料控除の控除額は12万円となる。

18 個人が2024年中に締結した生命保険契約に基づく支払保険料のうち、先進医療特約に係る保険料は、介護医療保険料控除の対象となる。

date
／　／　／

13 問題文のように契約者（＝保険料負担者）、被保険者または死亡保険金の受取人がすべて異なる場合は、契約者（＝保険料負担者）から受取人へ保険金の贈与があったとみなされ、子が受け取った死亡保険金は贈与税の対象になります。　　　　　　　⇒ ✕

14 リビング・ニーズ特約による生前給付保険金、入院給付金、手術給付金などの給付金を被保険者や配偶者が受け取った場合は、非課税です。なお、リビング・ニーズ特約とは余命6か月と診断された場合に保険金の全部または一部を生前に受け取れる特約です。　⇒ 〇

15 長期平準定期保険は、一般的に保険期間が長いため解約返戻金が多額になるので、役員退職金の源資になりますが、一定時期を過ぎると解約返戻金は減少していき、満期時にはゼロになります（満期保険金はありません）。　　　　　　　　　　　　　　⇒ 〇

16 契約者（＝保険料負担者）と被保険者が同一の生命保険の死亡保険金を、相続人以外の者が受け取った場合も、相続人が受け取った場合と同様、相続税の対象となります。ただし、死亡保険金に対する相続税の非課税枠（500万円×法定相続人の数）の適用はありません。　　　　　　　　　　　　　　　　　　　　　⇒ 〇

17 2012年1月以後、同じ年に一般生命保険料、個人年金保険料、介護医療保険料をそれぞれ10万円支払った場合、所得税の各控除額の上限は4万円となり、控除額の合計は12万円となります。⇒ 〇

18 個人が2012年以降に生命保険契約を締結した場合や新たに特約を付けた場合、先進医療特約などの特約の保険料は、介護医療保険料控除の対象となります。例外として、傷害特約の保険料は控除の対象になりません。　　　　　　　　　　　　　　　　　　⇒ 〇

損害保険

19 損害保険において一部保険とは、保険金額が保険価額を下回っている保険のことをいう。

□□□

20 借家人が、軽過失により借家を焼失させ、同時に隣家も延焼させた場合、借家人は家主に対しては損害賠償責任を負わないが、隣家に対しては「失火の責任に関する法律（失火責任法）」により、損害賠償責任を負う。

□□□

21 損害保険契約において、保険会社が損害に対して支払う保険金の限度額を保険価額という。

□□□

22 自動車保険の対人賠償保険では、自動車事故により他人を死傷させ、法律上の損害賠償責任を負った場合、自賠責保険から支払われる金額を超える部分に対して保険金が支払われる。

□□□

23 自動車保険の人身傷害補償保険では、自動車事故で死傷および後遺障害を負った場合に、自分の過失部分を除いた損害額について、示談を待たずに自己側の保険会社から保険金から支払われる。

□□□

24 自動車保険の車両保険では、一般に、被保険自動車が洪水により水没したことによって被る損害は、補償の対象となる。

□□□

25 自動車保険のリスク細分型保険では、年齢、性別、運転歴、使用目的などによって保険料が異なる。

□□□

date
／　／　／

19 一部保険とは、保険金額が保険価額（保険の対象となっているものを金銭で評価した最大額）を下回っている保険のことをいいます。一部保険では、損害額が保険金額の範囲内であっても、保険金額の実際の価額に対する割合で保険金が減額されて支払われます（比例てん補という）。　⇒ ○

20 借家人が、軽過失により借家を焼失させ、同時に隣家も延焼させた場合、借家人は家主に対しては債務不履行により損害賠償責任を負います。
一方で、隣家に対しては「失火の責任に関する法律（失火責任法）」により、損害賠償責任を負いません。ただし、隣家を延焼させた原因が爆発による場合は、失火責任法の適用はなく、損害賠償責任を負います。　⇒ ✕

21 保険価額とは、保険事故が起こったときの損害の最高見積額（保険の対象となっているものを金銭で評価した最大額）のことです。なお、保険会社が支払う保険金の最高限度額は保険金額です。　⇒ ✕

22 自動車保険の対人賠償保険では、自賠責保険から支払われる金額を超える部分に対して保険金が支払われます。　⇒ ○

23 人身傷害補償保険では、自動車事故で死傷および後遺障害を負った場合に、自分の過失部分は減額されずに、自分の過失分も含めた実際の損害額の全額（保険金額が上限）について、示談を待たずに自己側の保険会社から保険金から支払われます。　⇒ ✕

24 車両保険では車の衝突や自損事故による損害以外に、火災、盗難、洪水による損害も補償されます。　⇒ ○

25 自動車保険のリスク細分型保険では、年齢、性別、運転歴、使用目的などによって保険料が異なり、通常、通勤用は保険料が高く、レジャー用は安くなる。　⇒ ○

26 個人賠償責任保険において、友人から借りたカメラを誤って壊した
□□□ 場合は保険金の支払いの対象となる。

27 個人賠償責任保険では、被保険者が飼っている犬が他人にけがをさ
□□□ せ、法律上の損害賠償責任を負った場合、補償の対象となる。

28 自動車保険の対物賠償保険では、自動車事故により他人の自動車を
□□□ 破損させた場合だけでなく、他人の建物を破損させ、法律上の賠償
責任を負った場合も原則、補償の対象となる。

29 地震保険は住居用として使用される建物とその家財を対象としてお
□□□ り、店舗併用住宅は対象とならない。

30 地震保険は単独では加入できず、火災保険に付帯する必要がある。
□□□

31 自動車保険の車両保険では、盗難による被害は補償されない。
□□□

32 自動車損害賠償責任保険（自賠責保険）では、対人賠償が補償の対
□□□ 象となるが、対物賠償は補償の対象とならない。

33 スーパーマーケットを経営する企業が、店舗内に積み上げられてい
□□□ た商品が倒れ、顧客の頭にぶつかってケガをさせ、顧客に対して法
律上の損害賠償責任を負うことによって被る損害は、施設所有（管
理）者賠償責任保険の補償の対象となる。

第三分野の保険と特約

34 海外旅行傷害保険では、地震、噴火またはこれらによる津波を原因
□□□ とするけがは補償の対象とならない。

26 借りている物、預かっている物を壊した場合は、個人賠償責任保険の対象になりません。業務上（仕事中）の賠償事故や自動車事故による場合なども対象外です。　　　　　　　　　　　　⇒ ✕

27 個人賠償責任保険では、ペットが他人にけがをさせた場合やベランダから物を落として、通行人にけがをさせた場合などは補償の対象となります。　　　　　　　　　　　　　　　　　　　　⇒ ○

28 自動車保険の対物賠償保険では、自動車事故により他人の自動車や建物など他の財物に損害を与え、法律上の賠償責任を負った場合に保険金が支払われます。　　　　　　　　　　　　　　　⇒ ○

29 店舗併用住宅も地震保険の補償の対象です。なお、居住用部分のない店舗や事務所は対象外です。　　　　　　　　　　　　⇒ ✕

30 地震保険は単独では加入できず、火災保険とセットで加入しなければなりませんが、既に火災保険に加入しているときは、途中で火災保険に付帯することもできます。　　　　　　　　　　　　⇒ ○

31 車両保険では、自分の車が盗難にあった場合も補償されます。その他洪水による被害も補償され、特約を付ければ地震・噴火・津波による被害も補償されます。　　　　　　　　　　　　　　⇒ ✕

32 自賠責保険は、他人の身体に傷害を与えた場合の対人賠償が補償対象で、対物賠償や自損事故は補償の対象外です。　　　　　　　⇒ ○

33 施設所有（管理）者賠償責任保険は、施設の所有者や管理者が、その施設の構造上の欠陥や管理不備が原因で発生した事故における損害賠償によって被る損害を補償する保険です。　　　　　　⇒ ○

P171-177

34 海外旅行傷害保険では、地震、噴火および津波による傷害や細菌性食中毒やウイルス性食中毒についても特約なしで補償されます。なお、治療費は実費が支払われます。　　　　　　　　　　　　⇒ ✕

35 傷害保険では、事故発生日から180日以内に後遺障害が生じた場合、後遺障害保険金が支払われる。

36 家族傷害保険の対象となる被保険者には、生計を一にする配偶者等の同居の親族は含まれるが、生計を一にする別居の未婚の子は対象外である。

37 国内旅行傷害保険では、家を出発して最寄り駅に着くまでの間の事故による傷害は補償されない。

38 所得補償保険は、国内外を問わず、病気やけがで仕事ができなくなった場合、その間の所得を補償する保険である。

39 所得補償保険では、収入が不動産の賃貸収入や株式等の配当所得等の不労所得のみの場合は補償の対象にならない。

40 特定三大疾病保障保険では、被保険者が保険期間中に特定疾病以外の原因により死亡した場合でも死亡保険金は支払われる。

41 がん保険の入院給付金の支払限度日数は通常、無期限となっている。

42 リビング・ニーズ特約とは、余命6か月と診断された場合に、原則として死亡保険金の全部または一部を生前に受け取ることができる特約で、特約保険料は必要ない。

43 医療保険等に付加される先進医療特約では、申込み時点において厚生労働大臣により承認されている先進医療が対象となる。

date / / /

35 傷害保険では、事故発生日から180日以内に後遺障害が生じた場合、後遺障害保険金が支払われます。 ⇒ ○

36 家族傷害保険の対象となる被保険者には、生計を一にする配偶者等の同居の親族や生計を一にする別居の未婚の子も含まれます。
⇒ ×

37 国内旅行傷害保険や海外旅行傷害保険では、旅行で家を出発してから、家に帰ってくるまでの間に被った傷害が補償されます。 ⇒ ×

38 所得補償保険は、事故などの発生場所にかかわらず、けがや病気で働けなくなった期間の所得を補償する保険です。また、通院か入院かは問わず補償されます。 ⇒ ○

39 所得補償保険では、収入が不動産の賃貸収入や株式等の配当所得等の不労所得のみの場合は補償されません。なお、専業主婦の場合は特約を付ければ、家事の費用に対して補償されます。 ⇒ ○

40 特定三大疾病保障保険では、被保険者が保険期間中に特定疾病（がん、急性心筋梗塞、脳卒中）以外の原因により死亡した場合でも、生前に保険金を受け取っていない場合には同額の死亡保険金が支払われます。なお、一度保険金を受け取ると保険契約は終了します。
⇒ ○

41 がん保険の入院給付金は、入院日数に応じて支払われ、通常、支払い限度日数は無期限です。 ⇒ ○

42 リビング・ニーズ特約とは、余命6か月と診断された場合に、死亡保険金の全部（上限額まで）または一部を生前に受け取ることができる特約で、特約保険料は必要ありません。また、受け取る保険金は非課税です。 ⇒ ○

43 先進医療特約では、申込み時点で承認されていなくても、治療を受ける時点において厚生労働大臣に承認されていれば先進医療特約の対象となります。 ⇒ ×

3答択一問題

> **問題** 次の各文章の（　　）内にあてはまる最も適切な文章、語句、数字またはそれらの組合せを1～3の中から選びなさい。

保険の基礎知識

1
□□□
自動車保険、火災保険については、損害保険契約者保護機構により保険会社の破綻後（　　）以内に発生した保険事故の場合は、保険金の100％が補償される。

1. 1か月　　　　**2.** 3か月　　　　**3.** 6か月

2
□□□
生命保険契約を申し込んだ者がその撤回を希望する場合、原則として、保険契約の申込日またはクーリング・オフに関する書面を交付された日のどちらか遅い方の日から起算して（　①　）以内であれば（　②　）により申込みの撤回等ができる。

1. ①6日　②口頭
2. ①7日　②書面
3. ①8日　②書面

生命保険の基礎

3
□□□
一般に、月払い契約の生命保険の保険料払込猶予期間は、払込期月が2024年10月である場合には、2024年11月1日から（　　）末日までである。

1. 2024年11月　　　**2.** 2024年12月　　　**3.** 2025年1月

date
／　／　／

解答・解説

P116-120

1 自動車保険、火災保険については、損害保険契約者保護機構により保険会社の破綻後3か月以内に発生した保険事故の場合は、保険金の100％が補償されます。なお、破綻後3か月を経過した後の事故の場合は、保険金の80％が補償されます。　⇒ **2**

自賠責保険と地震保険は、保険事故の発生時期にかかわらず、損害保険契約者保護機構により、保険金の100％が補償されます。

---

2 生命保険契約を撤回できる期限は、原則として、保険契約の申込日またはクーリング・オフに関する書面を交付された日のどちらか遅い方の日から数えて8日以内です。また、書面に加え、保険会社のホームページやEメール等の電磁的記録により申込みの撤回ができます（口頭ではできません）。ただし、保険会社が指定した医師の診査が終わっている場合や、契約期間が1年以内の短期の保険、加入が義務付けられている保険（自賠責保険など）は契約解除できません。　⇒ **3**

P122-132

3 月払い契約の生命保険の保険料払込猶予期間は、払込日の月の翌月の初日から月末までです。したがって、払込期月が2024年10月の場合、2024年11月1日から11月末日までが保険料払込猶予期間です。なお、年払いまたは半年払い契約の保険料払込猶予期間は、払込日の月の翌月の初日から翌々月の応当日（契約日と同じ日）までです。　⇒ **1**

4 ソルベンシー・マージン比率は、その値が大きいほどリスクに対して損害保険会社の保険金の支払余力があるとされ、（　　　　）を上回っている場合には、保険金の支払い余力があるとされる。

1. 100%　　　　**2.** 200%　　　　**3.** 300%

5 現在契約している生命保険の以後の保険料の払込みを中止し、その時点での解約返戻金をもとに、元の契約の（ ① ）を変えないで、一時払いの定期保険に変更したものを（ ② ）という。

1. ①保険期間　②延長保険
2. ①保険期間　②養老保険
3. ①保険金額　②延長保険

6 生命保険契約において、保険料の払込みがないまま払込猶予期間を経過した場合に、その契約の（ ① ）の一定範囲内で保険会社が自動的に保険料を立て替えて支払う制度を（ ② ）制度という。

1. ①責任準備金　②復活
2. ①責任準備金　②自動振替貸付
3. ①解約返戻金　②自動振替貸付

date
／　／　／

4 ソルベンシー・マージン比率は、保険会社の保険金の支払余力を見る指標で、200％以上あれば、損害保険会社の保険金の支払余力があるとされています。なお、200％未満の場合は、金融庁から是正措置命令（経営改善命令）が発動されます。 ⇒ **2**

 ソルベンシー・マージン比率は、100％ではなく、200％が健全性の基準です。

5 現在契約している生命保険の以後の保険料の払込みを中止し、その時点での解約返戻金をもとに、元の契約の保険金額を変えないで、一時払いの定期保険などに変更したものを延長（定期）保険といいます。延長（定期）保険では、通常、変更前より保険期間は短くなります。また、現在契約している生命保険の以後の保険料の払込みを中止し、その時点での解約返戻金をもとに、元の契約の保険期間を変えないで、保障額を下げた一時払いの保険に変更したものを払済保険といいます。 ⇒ **3**

 払済保険や延長（定期）保険に変更した場合、元の保険の特約はすべて消滅します。

6 保険会社が解約返戻金の一定の範囲内で保険料を立て替え、保険料を自動的に支払う制度を、自動振替貸付制度といいます。自動振替貸付制度により支払われた保険料は、契約者の生命保険料の控除の対象になります。 ⇒ **3**

7 生命保険の保険料は純保険料と付加保険料で構成されており、このうち（　　　）は、保険会社の事業を運営するために必要な費用や代理店手数料などに充当される。

1. 純保険料　　　2. 付加保険料　　　3. 費差益

生命保険の種類

8 あらかじめ年金の支払期間が定められている個人年金保険のうち、被保険者の生死に関係なく年金受取人または遺族等に年金が支払われるのが（①）であり、その年金の支払い期間中に被保険者が生存していれば年金が支払われるのが（②）である。

1. ①確定年金　②有期年金
2. ①有期年金　②終身年金
3. ①終身年金　②確定年金

生命保険と税金

9 所得税において、2022年に新たに契約し支払った一般の生命保険料の控除額の上限は（①）であり、個人年金保険料および介護医療保険料と合わせて上限（②）まで控除できる。

1. ①30,000円　②70,000円
2. ①40,000円　②120,000円
3. ①50,000円　②100,000円

10 契約者（保険料負担者）と死亡保険金受取人が同一人である場合、死亡保険金に対する税金は（　　　）の課税対象となる。

1. 相続税　　　2. 贈与税　　　3. 所得税（一時所得）

date
／　／　／

7 生命保険や損害保険の保険料は純保険料と付加保険料で構成されており、このうち付加保険料は、保険会社の事業を運営・維持するなどの費用に、純保険料は保険金や給付金を支払う財源に充てられます。なお、純保険料は予定死亡率と予定利率に基づき算出され、付加保険料は予定事業費率に基づいて算出されます。　⇒ **2**

P135-143

8 あらかじめ年金の支払い期間が定められている個人年金保険のうち、被保険者の生死に関係なく年金受取人または遺族等に年金が支払われるのが確定年金であり、その年金の支払い期間中に被保険者が生存している場合のみ年金が支払われるのが有期年金です。　⇒ **1**

P146-155

9 生命保険料控除には、一般生命保険料控除、個人年金保険料控除および介護医療保険料控除があります。

2012年（平成24年）1月1日以後に契約した医療保険等については、介護医療保険控除の対象になります。一般生命保険や個人年金保険も2012年1月1日以後に契約した場合や2011年12月31日以前の契約であっても、契約の更新、特約の付加等を行った場合は新制度が適用され、控除額の上限はそれぞれ4万円、一般生命保険料控除、個人年金保険料控除、介護医療保険料控除の合計で上限12万円までが控除されます。なお、2011年12月31日以前に契約した一般生命保険、個人年金保険の控除額の上限は各5万円、合計10万円のままです。　⇒ **2**

10 契約者（保険料負担者）と死亡保険金受取人が同一人である生命保険の死亡保険金は、所得税（一時所得）の対象になります。　⇒ **3**

11 契約者を法人、死亡保険金の受取人を役員・従業員の遺族、満期保険
□□□ 金の受取人を法人とする（①）は、法人の支払った保険料の（②）
が損金算入され、ハーフタックス・プランと呼ばれる。

1. ①定期保険　②2分の1
2. ①養老保険　②2分の1
3. ①終身保険　②9分の1

損害保険

12 自動車損害賠償責任保険（自賠責保険）で支払われる保険金の被害
□□□ 者1人あたりの支払い限度額は、死亡事故の場合で（①）、傷害事
故の場合は（②）、後遺障害がある場合は程度に応じて75万円から
（③）である。

1. ①3,000万円　②60万円　　③3,000万円
2. ①3,000万円　②120万円　④4,000万円
3. ①4,000万円　②120万円　③3,000万円

13 火災保険に地震保険を付帯する場合、付帯できる保険金額は、建物
□□□ の場合（①）、家財の場合は（②）を上限として、主契約である
火災保険の保険金額の（③）の範囲内である。

1. ①3,000万円　②1,000万円　③30％～80％
2. ①5,000万円　②1,000万円　③30％～50％
3. ①5,000万円　②3,000万円　③50％～80％

date
／　／　／

11 契約者を法人、死亡保険金の受取人を役員・従業員の遺族、満期保険金の受取人を法人とする養老保険は、ハーフタックス・プランと呼ばれ、法人の支払った保険料の2分の1が損金算入（費用となる）、残り2分の1が資産計上されます。 ⇒ **2**

P156-165

12 自賠責保険で支払われる保険金額は、以下のとおりです。 ⇒ **2**

〈**自賠責保険の保険金額（限度額）**〉

死亡事故の場合	被害者1人あたり最高3,000万円
傷害事故の場合	1人あたり120万円 後遺障害がある場合はその程度により75万円〜4,000万円（常時介護が必要な後遺障害の場合のみ4,000万円）

13 地震保険は単独では加入できず、火災保険と地震保険をセットで加入することになります。その場合の保険金額は、建物の場合は5,000万円、家財の場合は1,000万円を上限として、主契約である火災保険の保険金額の30％〜50％の範囲内となっています。なお、有価証券や現金、30万円を超える貴金属や絵画等は地震保険では補償されません。 ⇒ **2**

間違えやすいポイント

地震保険では、補償内容が同じであれば、どこの保険会社であっても保険料は同じです。

14 海外旅行傷害保険は、旅行で家を出発してから（ ① ）に帰るまでに被ったけがなどについて保険金が支払われるが、（ ② ）を原因とする場合についても特約なしで保険金が支払われる。

1. ①日本　②危険なスポーツ
2. ①家　　②細菌性食中毒
3. ①日本　②細菌性食中毒

15 普通傷害保険では、国内外を問わず日常生活に起こる事故による障害が対象となるが、地震・噴火・津波による傷害の場合や心臓発作などの内部疾患、（　　）により通院した場合は保険料は支払われない。

1. 細菌性食中毒
2. スポーツ中のけが
3. 通勤途中の転倒事故によるけが

損害保険と税金

16 地震保険料控除の上限額は、所得税では（ ① ）を限度として、年間保険料の全額が、住民税では（ ② ）を限度として、保険料の2分の1が控除される。

1. ①5万円　②2万5,000円
2. ①7万円　②5万円
3. ①10万円　②5万円

17 歩行中に交通事故でけがをし、加害車両の運転者が加入していた自動車保険の対人賠償保険から受け取った保険金は、所得税において、（　　）とされる。

1. 一時所得　　　**2.** 雑所得　　　**3.** 非課税所得

14 海外旅行傷害保険は、旅行で家を出発してから家に帰るまでに被ったけがなどについて保険金が支払われます（日本国内での傷害なども対象）。また、細菌性食中毒やウイルス性食中毒を原因とする場合や地震・噴火またはこれらによる津波を原因とする場合についても特約なしで保険金が支払われます。また、けがによる治療費については、定額ではなく、実費（支払った費用）が支払われます。

⇒ 2

15 普通傷害保険は、国内外を問わず、家庭内や通勤途中での事故による傷害などに対応する保険です。しかし、地震・噴火またはこれらによる津波を原因とする場合や心臓発作などの内部疾患の場合、細菌性食中毒やウイルス性食中毒、熱中症、靴ずれなどについては、保険金は支払われません。

⇒ 1

P168-169

16 地震保険料控除は、所得税では保険料の全額（最高5万円まで）、住民税は保険料の2分の1（最高2万5,000円まで）控除されます。

⇒ 1

17 被害者が受け取る賠償責任保険の保険金は非課税です。損害保険では、被保険者や一定の親族および被害者が受け取る損害保険の保険金は非課税になります。

⇒ 3

18 がん保険は告知のみで加入できるが、(　　　) 間程度の待機期間（免
□□□ 責期間）がある。

1. 60日　　　**2.** 90日　　　**3.** 120日

---

19 普通傷害保険において、一般に、(　　　) は補償の対象となる。
□□□

1. 国内旅行中の飲食による細菌性食中毒
2. 海外旅行中に階段を踏み外して転倒したことによる骨折
3. 脳梗塞により意識を失って転倒したことによる骨折

date
／　／　／

18 がん保険は告知のみで加入できますが、通常、90日間程度（3か月間）の待機期間（免責期間）があり、その間にがんと診断されても、診断給付金は支払われません。 ⇒2

19 普通傷害保険は国内外を問わず、職場や旅行中などの日常生活で起こる「急激かつ偶然の外来の事故」による傷害に対応する保険です。ただし、細菌性やウイルス性の食中毒、心臓発作や脳梗塞などの内部疾患、熱中症、その他戦争や地震、噴火、津波などによる傷害は対象になりません。 ⇒2

> **問題** 次の各文章の正誤を判断し、または（　　　）内にあてはまる最も適切な文章、語句、数字などの組合せを選びなさい。

1 国内の銀行で申込みをした生命保険契約の場合、預金保険機構の補償の対象とされる。
□□□

2 加入が義務付けられている保険の場合、保険契約の申込み日から8日以内であっても契約を解除することができない。
□□□

3 生命保険の保険料の算定において、一般に、予定利率を高く見積もるほど、保険料が高くなる
□□□

4 生命保険の保険料のうち、将来の死亡保険金を支払うための財源となる純保険料は、予定死亡率および（　　　　　）に基づいて計算されている。
□□□

1. 予定利率　　**2.** 予定生存率　　**3.** 予定事業費率

5 保険法の規定によれば、保険契約者に告知義務違反があった場合、保険者は原則として保険契約を解除できるが、この解除権は、保険者が解除の原因があることを知った時から（　①　）行使しないとき、または契約締結の時から原則（　②　）を経過したときは消滅する。
□□□

1. ①1か月間　②5年
2. ②2か月間　②3年
3. ③3か月間　②10年

date
／／／

解答・解説

1
P119
国内の銀行や証券会社の窓口において加入した生命保険や個人年金保険も、保険会社で加入した場合と同様、生命保険契約者保護機構の補償の対象です。　⇒ ×

2
P120
加入が義務付けられている保険（自賠責保険など）や契約期間が1年以内の短期契約の保険の場合、保険契約の申込み日から8日以内であっても契約を解除すること（クーリング・オフ）ができません。その他、保険会社が指定した医師の診査が終了している場合も契約を解除できません。　⇒ ○

3
P124
生命保険の保険料の計算において、一般に、予定利率を高く見積もるほど、見込める運用益が増えるので、その分、保険料は安くなります。　⇒ ×

4
P124
将来の死亡保険金を支払うための財源となる純保険料は、予定死亡率および予定利率に基づいて計算されます。また、保険を運営・維持するための財源となる付加保険料は、予定事業費比率に基づき計算されます。　⇒ 1

5
P127
保険会社が保険契約の解除の原因があることを知った時から1か月以内に契約の解除を行使しないとき、または契約締結の時から原則、5年を経過したときは、契約の解除権は消滅します。　⇒ 1

間違えやすいポイント　生命保険では、予定死亡率や予定事業費率が高くなるほど、保険料も高くなります。

6 ☐☐☐ 保険業法では、生命保険募集人は、保険契約の締結に際し、保険契約者または被保険者が保険会社等に対して重要な事実を告げるのを妨げ、または告げないことを勧めてはならないとしている。

7 ☐☐☐ 入院特約が付加されている終身保険を払済保険や延長定期保険に変更した場合、その入院特約は消滅せずに保険期間満了まで有効である。

8 ☐☐☐ 生命保険の保険料の払込み方法を一時払いにした場合、保険料を支払った年度のみ生命保険料控除の適用を受けることができる。

9 ☐☐☐ 収入保障保険の被保険者が死亡し、保険金受取人が保険金を死亡時に一括で受け取る場合の受取額は、保険金を年金形式で受け取る場合の受取総額と比べて多くなる。

10 ☐☐☐ 保険期間の経過に伴い保険金額が増加していく逓増定期保険は、保険金額が増加するに従って、保険料も高くなる。

11 ☐☐☐ 定期保険特約付終身保険（更新型）では、定期保険特約の保険金額を同額で自動更新すると、更新後の保険料は、更新前と変わらない。

12 ☐☐☐ 食品の製造販売を営む企業が、販売した食品が原因で顧客が食中毒を起こし、法律上の損害賠償を請求されることにより被る損害に備える場合には、受託者賠償責任保険への加入が適している。

13 ☐☐☐ 地震保険の保険料の割引制度には、「免震建築物割引」「耐震等級割引」「耐震診断割引」「建築年割引」の4種類の割引があり、所定の要件を満たせば、重複して適用を受けることができる。

date
／　／　／

6
P127
生命保険募集人は、保険契約の締結に際し、保険契約者などが保険会社等に対して重要な事実を告げるのを妨げたり、告げないことを勧めてはなりません。　　　　　　　　　　　　　　　　⇒ ○

7
P131
終身保険を払済保険や延長定期保険に変更した場合、元の終身保険の特約はすべて消滅します。　　　　　　　　　　　　　　　⇒ ✕

8
P128
保険料の払込み方法が一時払いの場合、保険料を支払った年度のみ生命保険料控除の適用を受けることができます。なお、前納払いの場合は、保険料払込期間にわたって、毎年、生命保険料控除の適用を受けることができます。　　　　　　　　　　　　　　　⇒ ○

9
P138
収入保障保険は遺族の生活保障として、遺族が保険金を受け取るもので、一括で受け取る（一時金として受け取る）ことも、年金として受け取ることもできます。一時金で受け取る場合の受取額は、年金形式で受け取る場合の受取総額と比べて少なくなります。　⇒ ✕

10
P136
逓増定期保険や逓減定期保険および長期平準定期保険では、保険期間中の保険料は一定です。　　　　　　　　　　　　　　　⇒ ✕

11
P137
定期保険特約付終身保険（更新型）では、保険金額を同額で自動更新すると、保険料は再計算され、更新するたびに上がっていきます。　　　　　　　　　　　　　　　　　　　　　　　　⇒ ✕

12
P165
製品の欠陥などにより賠償事故が発生した場合に、製造業者や販売業者の損害賠償金を補償する保険は、生産物賠償責任保険（PL保険）です。製造販売した弁当の食中毒による賠償金も補償の対象になります。受託者賠償責任保険は、ホテルなどが顧客から預かった物を紛失したり、壊したりした場合に備えて加入する保険です。　⇒ ✕

13
P161
地震保険の保険料の割引制度は、要件を満たしていても重複して適用を受けることはできず、1つの割引制度のみ適用されます。　　　　　　　　　　　　　　　　　　　　　　　　　⇒ ✕

14 地震保険の補償の対象は居住用建物および生活用動産であり、1個
□□□ または1組の価額が20万円を超える貴金属、宝石、美術品等を補償
の対象とすることはできない。

---

15 自動車を運行中にハンドル操作を誤ってガードレールに衝突し、運
□□□ 転者がケガを負った場合、自動車損害賠償責任保険による補償の対
象となる。

---

16 個人賠償責任保険では、（　　　　　　　）は補償の対象となる。
□□□
1. 自動車の運転に起因する賠償事故
2. 他人からの借り物を使用中に破損させたことに対する賠償事故
3. 飼い犬が他人を噛んでけがを負わせた賠償事故

---

17 家族傷害保険契約に基づき、契約者（＝保険料負担者）と同居の子
□□□ がけがで入院したことにより契約者が受け取る入院保険金は、一時
所得となる。

---

18 特定（三大）疾病保障定期保険（特約）では、被保険者が、がん・
□□□ （　　　　　　　）・脳卒中により所定の状態に該当したとき、特定疾病保
険金が支払われる。

1. 急性心筋梗塞　　**2.** 動脈硬化症　　**3.** 糖尿病

---

19 医療保険の先進医療特約の対象となる先進医療とは、（　　　　　）
□□□ において厚生労働大臣が承認しているものである。

1. 契約時　　**2.** 責任開始日　　**3.** 療養を受けた時点

---

20 がん保険では、何度がんで手術を受けても手術給付金が支払われる
□□□ ものが一般的であり、入院給付金の支払い限度日数は180日程度と
なっている。

---

21 自動車事故により、事故の相手方の対人賠償保険より受け取った保
□□□ 険金は非課税である。

date
／　／　／

14 P161 地震保険の補償の対象は居住用建物および生活用動産であり、1個または1組の価額が30万円を超える貴金属、宝石、絵画や自動車は補償の対象ではありません。 ⇒ ✗

15 P162 自動車損害賠償責任保険は、車の運転中に他人の身体や生命に傷害を与えた場合に保険金が支払われる保険で、自損事故による損害や他人の物への損害は対象外です。 ⇒ ✗

16 P164 個人賠償責任保険では、仕事中の賠償事故、借り物や預かっている物および家族の物に対する賠償事故、自動車事故は補償の対象外です。ペットが他人にけがを負わせた場合は対象です。 ⇒ **3**

17 P169 被保険者本人や一定の範囲の親族が受け取る損害保険の保険金や入院保険金は原則、非課税です。 ⇒ ✗

18 P177 特定（三大）疾病保障定期保険（特約）では、被保険者が、がん・急性心筋梗塞（しんきんこうそく）・脳卒中により死亡したときなどに、特定疾病保険金が支払われます（保険金は非課税）。それ以外の理由で亡くなった場合も同額の保険金が支払われます。 ⇒ **1**

19 P176 先進医療特約の対象となる先進医療とは、療養を受けた時点において厚生労働大臣が承認しているものです。契約時に承認されている先進医療だけではありません。 ⇒ **3**

20 P173 がん保険では、手術を受けるたびに手術給付金が支払われるものが一般的です。入院給付金の支払い限度日数は通常、無期限です。 ⇒ ✗

21 P169 自動車保険の対人賠償保険より受け取った保険金は非課税です。 ⇒ ○

生命保険契約者保護機構	すべての生命保険契約が保護の対象で、保険会社が破たんした場合、原則として、責任準備金の90%が補償される
ソルベンシー・マージン比率	大災害などのリスクに対する保険会社の保険金の支払い余力を見る指標。200%以上あれば支払い余力があり、健全性が高い
保険会社の責任開始日	保険会社に保険金などの支払い義務が発生する日のこと。「申込書の提出」「告知または診査」「第一回目の保険料の支払い」がすべて完了した日
養老保険	保険期間中に被保険者が死亡または高度障害になった場合に死亡保険金が、満期まで生存していた場合に死亡保険と同額の満期保険金が支払われる保険
一部保険	損害保険の保険金額が保険価額を下回っている保険
特定（三大）疾病保障保険（特約）	がん、急性心筋梗塞、脳卒中の三大生活習慣病にかかり所定の状態と診断されれば生存期間中でも死亡保険金と同額の保険金を受け取ることができる保険
リビング・ニーズ特約	余命6か月と診断された場合に、死亡保険金の全部または一部を生前に受け取ることができる特約。特約保険料は必要なく、受け取った保険金は非課税

金融資産運用

試験対策のポイント

- ●債券投資、株式投資、投資信託などの有価証券に関する出題が中心
- ●債券投資では最終利回りなどの利回り計算、債券と金利との関係、債券の特性や個人向け国債の商品性に関する問題が多い
- ●株式投資では基本的な売買の仕組みやPER、PBR、ROEなどの投資指標が問われる
- ●投資信託では投資信託の運用方法、外貨建MMFや外貨預金（TTBとTTS）に関する問題が目立つ
- ●金融商品の税制面（NISAなど）に関する出題も必須項目

出題傾向

	R4年9月	R5年1月	R5年5月	R5年9月	R6年1月
1．経済・金融の基礎	2	2	1	2	2
2．銀行等の貯蓄型商品		1			1
3．債券	2		2	2	1
4．株式	1	2	3	1	2
5．投資信託	1	2	2	1	
6．外貨建て金融商品	1	1		1	1
7．有価証券の税金	1	1	1	1	1
8．ポートフォリオ運用とデリバティブ	1	1	1	1	1
9．金融商品等に関する法律	1			1	1

正誤問題

> **問題** 次の各文章のうち、正しいもの及び適切なものには○、誤っているもの及び不適切なものには×をつけなさい。

経済・金融の基礎

1 国内で生産された財やサービスの付加価値の合計額から物価変動の影響を取り除いた指標を名目GDPという。

2 景気動向指数のCI（コンポジット・インデックス）は、景気の現状や景気の山や谷といった景気の転換点をとらえる指標である。

3 景気動向指数において、有効求人倍率は、先行指数（先行系列）に採用されている。

4 短期金融市場には、インターバンク市場とオープン市場があり、インターバンク市場の代表的な金利が無担保コール翌日物である。

5 一般的に景気の拡大局面においては市場の金利は上昇し、景気の後退局面においては市場の金利は低下する。

6 一般的に、物価と金利は連動しており、物価上昇時（インフレ時）には金利は上昇する傾向がある。

date / / /

P190-199

1 GDPとは1年間で使われたお金の合計額のことです。実質GDPと名目GDPがあり、実質GDPは物価変動の影響を取り除いたGDPのことです。名目GDPは物価変動を加味して計算したものです。⇒ ✕

2 問題文はDI（ディフュージョン・インデックス）の説明です。CI（コンポジット・インデックス）は、景気に敏感な指標の量的な動きを合成した指標で、景気変動の大きさ（強弱）やテンポ（量感）を把握するのに適した指標です。 ⇒ ✕

3 有効求人倍率は一致指数（一致系列）に採用されています。一致指数とは景気の動きとあわせて動く景気指標のことです。なお、先行指数（系列）には東証株価指数（TOPIX）や機械受注などがあります。 ⇒ ✕

4 問題文の通りです。短期金融市場は、1年未満の短期資金を調達・運用する市場の総称で、金融機関のみが参加できるインターバンク市場と金融機関以外の一般の事業会社も参加できるオープン市場があります。 ⇒ ○

5 一般的に景気が良くなってくる（景気拡大）と、資金需要が高まり、市場の金利は上昇します。一方、景気が悪くなってくる（景気後退）と、資金需要が少なくなるので、市場の金利は下がります。 ⇒ ○

6 一般的に、物価が上がっているとき（インフレ時）には金利も上がり、物価が下がっているとき（デフレ時）は、金利も下がります。 ⇒ ○

7 □□□ 通常、日本から米国に資金が流入した場合、為替は円高・ドル安傾向となる。

8 □□□ 米ドル建て定期預金の満期時の為替レートが、預入時の為替レートに比べて円高・ドル安となった場合、円換算の運用利回りは上昇する。

銀行等の貯蓄型金融商品

9 □□□ スーパー定期預金は固定金利型の預金で、中途解約すると中途解約利率が適用される。

債券

10 □□□ 債券が新しく発行される場合の発行価格は、額面100円あたり100円となっており、100円より高い価格や安い価格で発行されることはない。

11 □□□ 個人向け国債は、「10年変動金利型」「5年変動金利型」及び「3年固定金利型」の3種類が発行されている。

12 □□□ 一般的に格付けの高い債券は、表面利率や償還期限などの条件が同じであれば、格付けの低い債券より、債券価格は高くなり、利回りは低くなる。

13 □□□ 債券のデフォルト・リスク（信用リスク）の目安となるのが格付けで、一般的に格付けがBB以下の債券はジャンク債またはハイ・イールド債と呼ばれる。

14 □□□ 一般的な固定利付債券では、通常、市中金利が上昇すると債券価格も上昇する。

date
/ / /

7 通常、日本から米国に資金が流入した場合、円を売ってドルを買うことになるので円安・ドル高傾向になります。 ⇒ ✕

8 米ドル建て定期預金の満期時の為替レートが、預入時の為替レートに比べて円安・ドル高になった場合には為替差益が発生するので、その分、円換算の運用利回りは上昇します。 ⇒ ✕

P202-206

9 スーパー定期預金は、固定金利型の預金で中途解約すると中途解約利率が適用されます。個人の場合、通常3年未満は単利型、3年以上は単利型と半年複利型の選択制になっています。 ⇒ ◯

P207-216

10 債券が新しく発行される場合の価格には、額面100円あたり100円で発行するパー発行、100円より高い価格で発行するオーバーパー発行、100円より安い価格で発行するアンダーパー発行の3つのケースがあります。 ⇒ ✕

11 個人向け国債は、「10年変動金利型」「5年固定金利型」及び「3年固定金利型」の3種類が発行されています。なお、3種類とも最低金利は0.05％です。 ⇒ ✕

12 一般的に格付けの高い債券ほど、他の条件が同じであれば信用力があり、価格が高くなるので、利回りは結果的に低くなる傾向があります ⇒ ◯

13 一般的に格付けがBB（ダブルB）以下の債券を投資不適格債（ジャンク債またはハイ・イールド債）と呼び、投機的な格付とされます。なお、格付けがBBB（トリプルB）以上の債券を投資適格債といいます。 ⇒ ◯

14 一般的に債券の価格は、市中金利とは逆の動きになり、市中金利が上がると債券価格は下がり（利回りは上昇）、市中金利が下がると債券価格は上がります（利回りは低下）。 ⇒ ✕

株式

15
□□□ 証券取引所に上場している同一銘柄の株式において、買い注文1,000株と売り注文1,000株の売買が成立すると、売買高（出来高）は1,000株となる。

16
□□□ 日経平均株価とは、原則として東京証券取引所に上場する国内全銘柄の中でJPX総研が選定する銘柄の終値に、その上場株式数を掛けた値の合計と基準時価総額を比較した指数である。

17
□□□ 株式の価格決定における価格優先の原則とは、売り注文の場合は値段の低い方の注文が優先され、買い注文の場合は値段の高い注文が優先されて取引が行われるという原則である。

18
□□□ 株式を売買した場合の受渡日は、現物取引も信用取引の場合も原則、約定日から起算して3営業日目である。

19
□□□ 米国のNYダウ平均株価は、米国の代表的な500銘柄の平均株価である。

投資信託

20
□□□ 証券投資信託のうち、投資信託法上、約款の中に株式を組み入れることができる旨が規定されているものは、実際に株式を組み入れていなくても株式投資信託として分類される。

21
□□□ 株式投資信託のインデックス運用とは、日経平均株価などの特定の指数をベンチマークとして、ベンチマークの値動きを上回る成果を出すように運用することをいう。

22
□□□ 投資信託のアクティブ運用の1つの手法であるバリュー投資とは、将来の成長性を重視して、成長が期待できる銘柄に投資する方法である。

P218-227

15 1,000株の買い注文と1,000株の売り注文の売買が成立して、売買高（出来高）は1,000株になります（2,000株ではありません）。

⇒ ○

16 問題文は東証株価指数（TOPIX）の説明です。日経平均株価とは、東京証券取引所のプライム市場に上場する代表的な225銘柄の平均株価（修正平均株価）です。

⇒ ×

17 価格優先の原則とは、例えば売り注文の場合は1,000円の売り注文より990円の売り注文の方が取引が優先され、買い注文の場合は1,000円の買い注文よりも1,010円の買い注文の方が取引が優先されることをいいます。

⇒ ○

18 株式の受渡日（決済日）は、原則として、現物取引も信用取引も約定日から数えて3営業日目（売買した日を含めて3営業日目）です。例えば金曜日に売却した株の売り代金は土、日を除くので翌週の火曜日に受け取ることができます。

⇒ ○

19 NY（ニューヨーク）ダウ平均株価は、米国の代表的な30銘柄の平均株価です。

⇒ ×

P230-239

20 証券投資信託のうち、投資信託約款（企画書）の中に株式を組み入れることができる旨が規定されていれば、実際に株式を組み入れて運用していなくても株式投資信託として分類されます。

⇒ ○

21 問題文はアクティブ運用の説明です。インデックス運用（パッシブ運用）とは、日経平均株価などのベンチマークの値動きに連動するように運用することをいいます。

⇒ ×

22 問題文はグロース投資の説明です。バリュー投資とは、株価が割安と判断される銘柄に投資する方法です。

⇒ ×

23 信託報酬とは、投資信託の運営・管理費用として顧客が負担するもので、毎日一定割合が信託財産から差し引かれるものである。

□□□

---

24 公社債投資信託には、株式を組み入れることが一切できない。

□□□

---

25 上場不動産法人（J-REIT）は、上場株式と同様に証券会社を通じて証券取引所で取引され、成行注文や指値注文も可能である。

□□□

---

26 先物やオプションを利用し、ベンチマークとなる指標の上昇に対して、2倍、3倍等の投資成果を目指すファンドを、ベア型ファンドという。

□□□

外貨建て金融商品

27 一般に、顧客が外貨を円に換える場合に適用される為替レートは、TTBである。

□□□

---

28 外貨建ての金融商品に投資した場合、外貨を円に戻すときの為替レートが投資したときよりも円高になっていた場合に為替差益が発生する。

□□□

---

29 外貨建てMMFは毎日決算が行われ、分配金は毎日再投資されている。

□□□

---

30 外貨建てMMFは格付けが高い外国の短期公社債や外国株式で運用されている。

□□□

---

31 為替予約をしていない外貨定期預金を満期時に円貨で払い戻した結果生じた為替差益は、一時所得として総合課税の対象となる。

□□□

date

／　／　／

23 信託報酬は、投資信託の運営・管理のために顧客が支払う費用で、毎日一定割合が信託財産から差し引かれます。　⇒ ○

24 株式を組み入れて運用することができない証券投資信託を公社債投資信託といいます。　⇒ ○

25 上場不動産法人（J-REIT）やETF（上場投資信託）は、証券取引所に上場して証券会社を通じて取引されており、上場株式と同様に成行注文（値段を指定しない注文）や指値注文（値段を指定する注文）も可能です。　⇒ ○

26 先物やオプションを利用し、ベンチマークとなる指標の上昇に対して、2倍、3倍等の投資成果を目指すファンドはブル型（レバレッジ型）ファンドです。ベア型（インバース型）はベンチマークとなる指標が下落した場合に大きな利益が出る仕組みのファンドです。　⇒ ✕

P242-246

27 一般に、顧客が外貨を円に換える（外貨を売って、円を買う）場合に適用される為替レートは、TTBです。　⇒ ○

28 外貨建て金融商品に投資した場合、投資をしたときより、外貨を売却して円に戻すときの為替レートが円安になっていた場合に、為替差益が発生し、円に換算したときの利回りは上昇します。　⇒ ✕

29 外貨建てMMFは毎日決算が行われ、分配金は毎月末にまとめて再投資されています。　⇒ ✕

30 外貨建てMMFは株式で運用することはできません。　⇒ ✕

31 為替予約をしていない外貨定期預金の満期時の為替差益は、雑所得として総合課税の対象となります。　⇒ ✕

有価証券の税金

32 上場株式に譲渡損失がある場合、確定申告することで翌年以後5年間にわたって損失を繰越控除できる。

33 新NISAでは、つみたて投資枠と成長投資枠を同じ者が併用することはできない。

34 新NISA口座の成長投資枠において生じた上場株式の譲渡損失は、特定口座や一般口座の上場株式等の譲渡益と損益通算できる。

35 新NISAでは生涯投資枠が設けられており、成長投資枠のみ投資している場合、投資枠の上限は1,800万円まで可能である。

36 追加型株式投資信託を基準価額1万200円（1万口当たり）で1万口購入した後、最初の決算時に1万口当たり600円の収益分配金が支払われ、分配落ち後の基準価額が1万円（1万口当たり）となった場合、元本払戻金は400円である。

ポートフォリオ運用とデリバティブ

37 相関係数とは、ポートフォリオに組み入れた各資産の価格変動の関連性の強弱を表す指標で、1に近づくほど、ポートフォリオ全体のリスクは低くなる。

38 オプション取引では、買い手が権利を放棄した場合、損失は当初支払ったオプション料に限定される。

date
／　／　／

P250-259

32 上場株式に譲渡損失がある場合、確定申告することで翌年以後3年間にわたって損失を繰越控除できます。 ⇒ ✕

33 新NISAでは、つみたて投資枠と成長投資枠を同じ者が同じ年に同時に利用する（併用すること）は可能です。1年間に投資できる上限額は、つみたて投資枠が120万円、成長投資枠が240万円、合計360万円です。 ⇒ ✕

34 新NISA口座の成長投資枠で生じた譲渡損失は、特定口座や一般口座内での譲渡益等と損益通算することはできません。また、譲渡損失を翌年以降に繰越控除することもできません。 ⇒ ✕

35 旧NISAでは投資期間が限定されていましたが、新NISAでは生涯投資枠が設けられ、生涯に渡ってNISAを利用できます。なお、生涯投資枠の上限金額は合計1,800万円で、つみたて投資枠では1,800万円まで投資できますが、成長投資枠では1,200万円が上限です。 ⇒ ✕

36 分配金が支払われた場合、分配落ち後の基準価額（1万円）が、当初の購入額（1万200円）を下回った場合、その差額が元本払戻金になります。したがって、1万200円と1万円の差額の200円が元本払戻金になります。なお、収益分配金（600円）のうち、残りの400円が普通分配金です。 ⇒ ✕

P261-265

37 相関係数は「1から−1」の間で変動しますが、相関係数が−1に近づくほど各資産が逆の動きになるため、ポートフォリオ全体のリスクは低くなります（リスクの軽減効果が高まります）。 ⇒ ✕

38 オプションの買い手が権利放棄した場合、損失は当初支払ったオプション料（オプションの購入代金＝プレミアム）に限定されます。 ⇒

39 オプション取引において、いつでも権利行使できるオプションを
□□□ ヨーロピアンタイプという。

金融商品等に関連する法律等

40 外国の金融機関の日本支店に預けている外貨預金は、預金保険制度
□□□ の対象となる。

41 金融サービスの提供に関する法律（金融サービス提供法）は、ゴル
□□□ フ会員権や国内商品先物取引などを除く金融商品の販売に係る契約
に対して適用される。

42 投資者保護基金は、金融商品取引業者（証券会社等）の経営破綻等
□□□ により、顧客から預託を受けていた有価証券・金銭の返還に支障が
出た場合、顧客1人につき、2,000万円を上限に金銭による補償を
行う。

43 金融商品取引法における「適合性の原則」とは、金融商品取引業者
□□□ 等は、顧客の知識、経験、財産の状況および金融商品取引契約を締
結する目的に照らして不適当と認められる勧誘を行ってはならない、
という考え方である。

44 消費者契約法が適用された場合、個人の契約者はその契約を取り消
□□□ すことができる。

45 金融サービス仲介業では、1つの登録により銀行業、貸金業、証券
□□□ 業、保険業のサービスの媒介や仲介が可能である。

date
／　／　／

39 いつでも権利行使できる（利益を確定できる）オプションをアメリカンタイプ、満期日のみ権利行使できるものをヨーロピアンタイプといいます。　⇒ ✕

P267-271

40 外国の金融機関の日本支店に預けている外貨預金も、日本の金融機関の海外支店に預けている外貨預金も、外貨預金はすべて預金保険制度の対象外です。　⇒ ✕

---

41 ゴルフ会員権や国内商品先物取引などは金融サービス提供法の規制の対象外です。なお、外国為替証拠金取引（FX取引）や金融デリバティブ取引、保険商品などには、適用されます。　⇒ ○

---

42 投資者保護基金は、証券会社が破綻した場合に顧客1人につき1,000万円を上限に、金銭による補償を行います。　⇒ ✕

---

43 「適合性の原則」とは、金融商品取引業者（証券会社等）は、顧客の知識、経験、財産の状況および金融商品取引契約を締結する目的に照らして不適当と認められる勧誘を行ってはならない、という考え方です。　⇒ ○

---

44 消費者契約法が適用された場合、個人の消費者は金融商品の購入の契約を取り消すことができます（契約時から5年以内）。　⇒ ○

---

45 金融サービス仲介業では、1つの登録により銀行業、貸金業、証券業、保険業のサービスの媒介や仲介が可能です。　⇒ ○

3答択一問題

 問題
次の各文章の（　　）内にあてはまる最も適切な文章、語句、数字またはそれらの組合せを1〜3の中から選びなさい。

経済・金融の基礎

1　GDPは（　①　）の経済活動で生み出された付加価値の合計で、（　②　）から年に4回発表される。

1. ①日本人　②日銀
2. ①国内　　②内閣府
3. ①国内　　②日銀

2　日銀の行う金融政策のうち、（　①　）を目的に市場から資金を吸収する手段の一つとして、（　②　）がある。

1. ①金融引締め　②売りオペ（売りオペレーション）
2. ①金融緩和　　②買いオペ（買いオペレーション）
3. ①金融引締め　②預金準備率の引下げ

3　日銀短観とは日銀が（　①　）に一度、業種別、規模別に企業にアンケートをとるもので、その中でも（　②　）が注目されており、業況が「良い」「さほど良くない」「悪い」のアンケート結果をもとに、「良い」と回答した割合から「悪い」と回答した割合を差し引いて発表される。

1. ①3か月　②業況判断DI
2. ①3か月　②CPI
3. ①6か月　②CI

4　総務省が公表する（　　　）は、全国の家計が購入する財およびサービスの価格等を総合的に示す指数である。

1. 景気動向指数　　　　**2.** 企業物価指数　　　　**3.** 消費者物価指数

date
／／／

解答・解説

P190-199

1 GDPとは国内総生産のことで、一定期間内に日本国内の経済活動で生み出された付加価値の合計（生産されたものの合計額）です。したがって、国外で日本人や日本企業が生み出した付加価値は含まれません。GDPは内閣府から年に4回発表されます。なお、GDPの伸び率を経済成長率といいます。　　　　　　　　　　⇒ **2**

2 日銀が政策的に市場から資金を吸収すると市場の資金が減少し、市場金利が上昇します。これを金融引締めといいます。金融引締めのための主な金融政策には売りオペ（売りオペレーション）などがあります。また、買いオペは市場に資金を供給する政策で、市場金利が低下します。これを金融緩和といいます。　　　　　　　⇒ **1**

3 日銀短観とは日銀が3か月に1度（3、6、9、12月）に業種別、規模別に企業にアンケートをとり発表するものです。その中でも業況判断DIが注目されており、業況が「良い」「さほど良くない」「悪い」のアンケート結果をもとに、「良い」と回答した割合から「悪い」と回答した割合を差し引いて発表されます。　　　　　　⇒ **1**

4 消費者物価指数（CPI）とは、家計が購入する物やサービス価格の総合的な水準を示す指数で、総務省が毎月発表します。　　⇒ **3**

銀行等の貯蓄型金融商品

5 200万円を年利2％、1年複利で3年間運用した場合、3年後の元
□□□ 利合計金額は（　　）になる。なお、税金は考慮しないこととし、
円未満切捨てとすること。

1. 209万7,932円

2. 212万円

3. 212万2,416円

債券

6 残存期間2年、表面利率（年率）1.2％の債券を、額面100円に対し
□□□ て101円で購入した場合の最終利回りは、（　　）となる。なお、％
表示における小数点以下第4位を四捨五入し、税金や手数料等は考
慮しないこととする。

1. 0.693％

2. 0.700％

3. 1.683％

P202-206

5 複利計算式は

$$満期時の元利合計 = 元本 \times \left(1 + \frac{年利率}{100}\right)^n$$ より

$$200万円 \times \left(1 + \frac{2}{100}\right)^3 = 212万2,416円$$

⇒ **3**

※nには、複利となる年数が入ります。半年複利の場合は年数の2倍の数字が入ります（この場合は3年の2倍の6年）。

※分子の年利率には、半年複利の場合は年利率を2で割った値を入れます（この場合は2%の2分の1の1%）。

〈3乗の計算をする場合の電卓の使い方〉

例えば2の3乗であれば、通常、2×を押して、次に「＝」を続けて2回押す。これで2の3乗になる。
電卓によっては、2×の次にもう一度「×」を押してから、次に「＝」を2回押す場合もある

P207-216

6

$$最終利回り (\%) = \frac{利率 + \dfrac{(償還価格 - 購入価格)}{残存期間}}{購入価格} \times 100$$ より

$$= \frac{1.2 + \dfrac{(100円 - 101円)}{2年}}{101円} \times 100 = 0.6930\cdots$$

※債券の償還価格は100円です。

⇒ **1**

7
□□□ オーバーパー発行の債券は償還時に （ ① ） が発生するため、利回りは利率よりも （ ② ） なる。

1. ①償還差益　②低く
2. ①償還差損　②高く
3. ①償還差損　②低く

8
□□□ 一般的に市場金利の変動によって、債券価格は変動するが、通常、（ ① ） や （ ② ） ほど価格変動が大きい。

1. ①短期債　②低クーポン債
2. ①長期債　②低クーポン債
3. ①長期債　③高クーポン債

株式

9
□□□ A社が下記の状況である場合、A社の株価収益率（PER）は （ ① ）、株価純資産倍率（PBR）は （ ② ） となる。

発行済株式数	1,000万株
純資産額	100億円
当期純利益	4億円
資本金	30億円
株価（時価）	1,200円

1. ①20倍　②1倍
2. ①30倍　②1.2倍
3. ①40倍　②2倍

date
／　／　／

7 オーバーパー発行（100円より高い価格で発行）の債券は、償還価格の100円との差額が損失（償還差損）となるので、その分、利回りは利率よりも低くなります。なお、アンダーパー発行（100円より低い価格で発行）の債券は、償還差益が発生するので利率より利回りの方が高くなります。　⇒ **3**

8 債券価格は市場金利の変動によって変動しますが、通常、長期債や低クーポン債ほど価格変動が大きくなります。
市場金利が低下すると債券価格は上昇しますが、長期債や低クーポン債ほど大きく上昇し、市場金利が上昇すると長期債や低クーポン債ほど大きく価格が下がります。　⇒ **2**

P218-227

9

$$株価収益率（PER）= \frac{株価}{1株あたり当期純利益}　より$$

　1株あたり当期純利益＝4億円÷1,000万株＝40円
　株価収益率（PER）＝1,200円÷40円＝30倍

$$株価純資産倍率（PBR）= \frac{株価}{1株あたり純資産}　より$$

　1株あたり純資産＝100億円÷1,000万株＝1,000円
　株価純資産倍率（PBR）＝1,200円÷1,000円＝1.2倍　⇒ **2**

投資信託

10
□□□
投資信託の（ ① ）は、原則として、投資家が投資信託を購入する際に（ ② ）販売会社が交付する投資信託の説明書で、投資信託の基本情報や投資方針、リスク、手数料や税金などの重要事項が記載されている。

1. ①運用報告書　　②販売後すみやかに
2. ①交付目論見書　②あらかじめまたは同時に
3. ①請求目論見書　②あらかじめまたは同時に

11
□□□
追加型株式投資信託を基準価額20,000円で1万口購入後、初めての決算で500円の収益分配金が支払われ、分配金を支払った後の基準価額が19,800円になった場合、収益分配金のうち、普通分配金は（ ① ）、元本払戻金（特別分配金）は（ ② ）である。

1. ①200円　②300円　　**2.** ①300円　②200円　　**3.** ①0円　②500円

外貨建て金融商品

12
□□□
個人が得た外貨預金の為替差益（為替ヘッジなし）は所得税法上、（ ① ）となり、外貨建てMMFの為替差益は、（ ② ）となる。

1. ①非課税　　　　②雑所得として総合課税の対象
2. ①利子所得として源泉分離課税の対象　②非課税
3. ①雑所得として総合課税の対象　　　　②申告分離課税

有価証券の税金

13
□□□
新NISA（つみたて投資枠と成長投資枠）で投資することができる年間投資枠の上限はつみたて投資枠が（ ① ）、成長投資枠が（ ② ）である。

1. ①40万円　②120万円
2. ①120万円　②240万円
3. ①120万円　②360万円

date
／　／　／

P230-239

10 投資信託の目論見書（もくろみしょ）には交付目論見書と請求目論見書の2種類あります。交付目論見書は、原則として、投資家が投資信託を購入する際にあらかじめ、または同時に販売会社が交付する投資信託の説明書で、投資信託の基本情報や投資方針、リスク、手数料や税金などの重要事項が記載されています。

なお、請求目論見書は、投資家から請求があった場合、ただちに交付すべきものです。　　　　　　　　　　　　　　　　　⇒ **2**

11 追加型株式投資信託の収益分配金は普通分配金と元本払戻金の合計です。また、購入時の基準価額（20,000円）より分配金を支払った後の基準価額（19,800円）が下がっている場合、その差額が元本払戻金になります。したがって、元本払戻金は20,000円－19,800円＝200円。

収益分配金は500円なので、差額の300円が普通分配金です。

なお、元本払戻金は非課税ですが、普通分配金は所得税と住民税が課税されます。　　　　　　　　　　　　　　　　　　　　⇒ **2**

P242-246

12 個人が得た外貨預金の為替差益は為替ヘッジ（為替予約）していない場合、所得税法上、雑所得として総合課税の対象になります。なお、為替ヘッジ（為替予約）がある場合、20.315％が源泉徴収されます。外貨建てMMFの為替差益は申告分離課税の対象になります。　　　　　　　　　　　　　　　　　　　　　　⇒ **3**

P250-259

13 新NISAの年間投資枠の上限は、つみたて投資枠が120万円、成長投資枠が240万円となっており、同時に投資する場合、年間で360万円まで投資可能です。つみたて投資枠では120万円を一括投資することはできず、累積投資契約による積立投資に限定されます。

　　　　　　　　　　　　　　　　　　　　　　　　　⇒ **2**

14 デリバティブ取引において、株式などの原商品を特定の価格（権利
□□□ 行使価格）で買う権利のことを（　　　）という。

1. コール・オプション　　**2.** プット・オプション　　**3.** 先物取引

---

15 A資産の期待収益率が2％、B資産の期待収益率が4％の場合に、
□□□ A資産を40％、B資産を60％の割合で組み入れたポートフォリオの
期待収益率は（　　　）となる。

1. 1.6%　　**2.** 3.0%　　**3.** 3.2%

---

16 オプション取引において、他の条件が同じであれば、一般に、満期まで
□□□ の残存期間が長くなるほど、プレミアム（オプション料）は（　　　）。

1. 高くなる　　**2.** 低くなる　　**3.** 変動しなくなる

---

17 金融機関が破たんした場合、「無利息・要求払い・決済サービスの
□□□ 提供」の条件を満たす決済用預金は預金保険制度により（　　　）
保護される。

1. 1,000万円まで　　**2.** 1億円まで　　**3.** 全額

---

18 金融サービスの提供に関する法律（金融サービス提供法）では、金
□□□ 融商品販売業者が金融商品の販売等に際し、顧客に対して重要事項
の説明をしなければならない場合に重要事項の説明をしなかったこ
と、または（　1　）を行ったことにより、顧客に損害が生じた場合の
金融商品販売業者等の（　2　）について定められている。

1. (1)断定的判断の提供等　(2)契約取消義務
2. (1)損失補てんの約束等　(2)契約取消義務
3. (1)断定的判断の提供等　(2)損害賠償責任

date
／　／　／

P261-265

14 株式などの原商品を特定の価格（権利行使価格）で買う権利のことを「コール・オプション」、売る権利のことを「プット・オプション」といいます。なお、先物取引とは、ある商品の特定の数量について、将来の特定の期限日にあらかじめ定められた価格で売買することを契約する取引のことです。　　　　　　　　　　　　⇒ **1**

15 ポートフォリオの期待収益率＝各資産の期待収益率×組入れ比率の合計
2％×0.4＋4％×0.6＝3.2％　　　　　　　　　　　⇒ **3**

16 オプション取引では、一般に、満期までの残存期間が長くなるほどプレミアム（オプション料）は高くなります。また、オプションの対象となる原商品（株式や債券など）の価格の変動幅（ボラティリティー）が大きくなるほど、プレミアムは高くなります。　　⇒ **1**

P267-271

17 「無利息・要求払い・決済サービスの提供」の条件を満たす決済用預金は、金融機関が破綻したときは、預金保険制度により全額保護されます。　　　　　　　　　　　　　　　　　　　⇒ **3**

18 金融サービス提供法では、金融商品販売業者が金融商品の販売等に際し、顧客に対して重要事項の説明をしなかった場合（説明義務違反）や断定的判断の提供等を行ったことにより、顧客に損害が生じた場合の金融商品販売業者等の損害賠償責任について定められています。　　　　　　　　　　　　　　　　　　　⇒ **3**

総合確認問題

> **問題** 次の各文章の正誤を判断し、または（　　　）内にあてはまる最も適切な文章、語句、数字などの組合せを選びなさい。

1 　原油価格などの商品市況や為替相場の影響は、消費者物価指数に先行して、企業物価指数に現れる傾向がある。

2 　A国の金利上昇により、B国との金利差が拡大し、B国からA国に資金が流入した場合、一般に、A国通貨安、B国通貨高の要因となる。

3 　3か月満期、利率（年率）2％の定期預金に1,000万円を預け入れた場合、満期時の元利合計額は（　　　　　　）となる。なお、税金や手数料等を考慮しないものとする。

1. 10,050,000円　　**2.** 10,100,000円　　**3.** 10,200,000円

4 　個人向け国債は、原則として、発行から2年経過していなければ、一部または全部を中途換金することができない。

5 　債券の信用リスク（デフォルトリスク）が高まった場合、一般に、その債券の価格は（　1　）し、利回りは（　2　）する。

1. （1）上昇　（2）下落
2. （1）下落　（2）下落
3. （1）下落　（2）上昇

6 　株式の注文方法には、指値注文と成行注文があり、指値注文は成行注文に優先して取引が成立する。

1

P194

企業物価指数は企業が物を輸入する際に、為替の影響を受けて変動します。したがって、家計が輸入後の商品を購入する際の価格である消費者物価指数よりも先に変動する傾向があります。　　⇒ ○

2

P199

金利差が拡大した場合、金利の高い国に資金が流れ、その国（A国）の通貨が買われて高くなります。　　⇒ ×

3

P203

1年満期として計算した場合の利息の額を計算します。

1,000万円× 2 ％＝20万円

3 か月満期の場合の利息の額はその 4 分の 1 になるので

$$20万円× \frac{1}{4} ＝ 5 万円$$

となり、満期時の元利合計は1,005万円となります。　　⇒ **1**

4

P213

個人向け国債は、発行から 1 年経過していれば、中途換金することができます。中途換金する際、国が額面金額で買い取ってくれるので価格変動リスクはありません。　　⇒ ×

5

P215

債券の信用リスク（デフォルトリスク）が高まった場合、その債券を売る者が増え、結果として債券の価格は下落します。価格が下がった結果、安い価格で買えるので利回りは上昇することになります。　　⇒ **3**

6

P221

株式の売買注文では、成行注文（値段を指定しない注文）が指値注文（値段を指定する注文）に優先して取引が成立します。　　⇒ ×

7 □□□ 東証株価指数（TOPIX）は、株価水準が高い値がさ株の値動きに影響を受けやすく、日経平均株価は、時価総額が大きい株式の値動きに影響を受けやすいという特徴がある。

8 □□□ 株式の売買において、売買金額が同じであれば、どこの証券会社であっても手数料は同じである。

9 □□□ 国内の取引所を通じた株式取引では、1日の株価の変動の幅を所定の範囲内に制限する制度（値幅制限）がある。

10 □□□ 東京証券取引所に上場されているETF（上場投資信託）には、TOPIX（東証株価指数）や日経平均株価などの株価指数のほかに、外国の株価指数や商品価格の指標に連動する銘柄もある。

11 □□□ 一般に、先物取引などを利用して、基準となる指数の収益率の2倍、3倍、4倍等の投資成果を得ることを目指して運用され、上昇相場で利益が得られるように設計された商品をブル型ファンドという。

12 □□□ 投資信託の換金時にかかる費用のうち、信託財産留保額は、投資信託によっては設けられていないものもある。

13 □□□ 外貨建てMMFは、1か月以上保有するなどの所定の要件を満たした場合、投資元本が保証される。

14 □□□ 追加型の国内公募株式投資信託の収益分配金のうち、元本払戻金（特別分配金）は配当所得となり、所得税が課税される。

date / / /

7

P224

日経平均株価は、東証プライム市場上場企業の中の225銘柄の平均株価なので、値段が高い株（値がさ株）の値動きの影響を受けやすく、東証株価指数（TOPIX）は、時価総額の増減をみる指標なので、時価総額が大きい株の値動きの影響を受けやすいという特徴があります。一般的に値段が高い値がさ株の方が、値段の変動幅は大きくなります。 ⇒ ✕

8

P223

株式の売買手数料は自由化されているため、証券会社によって異なります。 ⇒ ✕

9

P222

証券取引所では、1日の株価の変動の幅に一定の制限を設けています。なお、株価が上限まで上がることをストップ高、下限まで下がることをストップ安といいます。 ⇒ ◯

3章
金融資産運用

10

P234

ETF（上場投資信託）には、日経平均株価や外国の株価などの株価指数のほかに、不動産指数（REIT）や債券価格、金、原油、農産物などの商品価格の指標に連動するものもあります。 ⇒ ◯

11

P235

ブル型の投資信託は、オプションなどのデリバティブで運用することで、基準となる日経平均などの指数（ベンチマーク）が上昇すると投資信託の基準価額がベンチマークの上昇幅より大きく上昇します。 ⇒ ◯

12

P238

信託財産留保額はすべての投資信託に設けられているわけではなく、ETF（上場投資信託）やJ－REIT（不動産投資法人）にはありません。 ⇒ ◯

13

P245

外貨建てMMFには元本保証はありません。外貨建てMMFで表示されている利回りは、過去の実績（実績分配率）であり、その利回りが保証されているわけではありません。 ⇒ ✕

14

P255

追加型株式投資信託の収益分配金のうち、元本払戻金(特別分配金)は非課税となり、普通分配金には所得税が課税されます。 ⇒ ✕

15 追加型の株式投資信託において、収益分配金支払後の基準価額が受益者の個別元本よりも高い場合、当該受益者に対する分配金は普通分配金となる。
☐☐☐

16 新NISA口座内での譲渡損失と他の口座内での譲渡益については、確定申告することで損益通算できる。
☐☐☐

17 新NISA口座内で生じた上場株式の配当金を非課税とするためには、所得税の確定申告が必要である。
☐☐☐

18 オプション取引において、株式などの原資産を特定の価格（権利行使価格）で買う権利のことをコール・オプションといい、オプションの買い手は、原資産の市場価格が特定の価格（権利行使価格）よりも値下がりした場合、その権利を放棄できる。
☐☐☐

19 満期日までであれば、いつでも権利行使が可能なオプションをアメリカンタイプという。
☐☐☐

20 国内の（　　　　　　　　）は、投資者保護基金の補償の対象とならない。
☐☐☐
1. 銀行で購入した投資信託
2. 証券会社で購入した外国株式
3. 証券会社で購入した外貨建てMMF

21 金融商品取引法の説明義務の対象となる商品は、株式や投資信託などのほか、外貨建ての保険や変額年金保険も対象となる。
☐☐☐

22 一般に、景気動向指数のコンポジット・インデックス（CI）の一致指数が上昇しているときは、景気の拡張局面といえる。
☐☐☐

date
／　／　／

15 P255 追加型の株式投資信託において、収益分配金支払後の基準価額が投資家の個別元本（購入価額）よりも高い場合、その投資家に対する分配金は金額が普通分配金となり、所得税が課税されます。 ⇒ ○

16 P259 新NISA口座内での譲渡損失と他の一般口座や特定口座内での譲渡益は、損益通算できません。新NISA口座内の損失は繰越控除（翌年以後3年間の株式等の利益との損益通算）もできません。 ⇒ ✕

17 P258 新NISA口座内で受け取った上場株式等の配当金を非課税とするためには、株式数比例配分方式を選択することで、確定申告することなく非課税で受け取れます。なお、株式数比例配分方式とは、新NISA口座を開設した証券会社の口座で上場株式の配当金やETFやREITの分配金を受け取ることをいいます。 ⇒ ✕

18 P265 株式などの原資産を特定の価格（権利行使価格）で買う権利のことをコール・オプション、売る権利のことをプット・オプションといい、コール、プットの買手は権利を放棄できます。 ⇒ ○

19 P265 いつでも権利行使が可能なオプションをアメリカンタイプ、満期日のみ権利行使できるオプションをヨーロピアンタイプといいます。 ⇒ ○

20 P267 銀行で購入した投資信託は投資者保護基金や預金保険制度の補償の対象になりません。投資者保護基金とは証券会社が破綻した際に投資家を保護するための制度で、顧客1人につき1,000万円まで補償されます。 ⇒ 1

21 P270 外貨建ての保険や変額年金保険も金融商品取引法の説明義務の対象です。 ⇒ ○

22 P192 コンポジット・インデックス（CI）は、景気変動の大きさ（強弱）やテンポ（量感）を把握する指標で、CIの一致指数が上昇している場合、景気が拡大していると判断されます。 ⇒ ○

23
□□□ マネーストック統計は、中央政府や金融機関を除く経済主体が保有する通貨量の残高を集計したものであり、財務省が毎月公表している。

24
□□□ 日本銀行の公開市場操作による買いオペレーションは、市中の資金量を増加させ、金利の低下を促す効果がある。

25
□□□ 投資信託約款に株式を組み入れることができる旨の記載がある証券投資信託は、株式をいっさい組み入れていなくても株式投資信託に分類される。

26
□□□ 米国の市場金利が低下し、同時に日本の市場金利が上昇することは、米ドルと円の為替相場においては、一般に、米ドル高、円安の要因となる。

27
□□□ 源泉徴収ありの特定口座内でX社株式を株価5,000円で100株購入し、同年中に株価5,500円で全株売却した場合、その他の取引や手数料等を考慮しなければ、売買益5万円に対して20.315%相当額（復興特別所得税込み）が源泉徴収される。

28
□□□ 債券の発行企業の格付けが下がった場合、一般に、その債券の価格は下落し、利回りも低下する。

29
□□□ 個人向け国債の下限金利は0.03%とされ、購入最低金額は1万円単位である。

30
□□□ 国内の証券会社で取り扱っている外国為替証拠金取引（FX取引）の証拠金は、投資者保護基金の補償の対象となる。

date
／　／　／

23 P194　マネーストック統計は、中央政府や金融機関を除く民間非金融部門（個人や企業および地方公共団体など）が保有する通貨量であり、日本銀行が毎月公表しています。　⇒ ✕

24 P196　買いオペレーションは、市場（銀行等）から債券等を日銀が購入することで、市場の資金量を増加させることで、市場の金利の低下を促す効果があります。これを金融緩和政策といいます。　⇒ ◯

25 P233　株式投資信託とは、投資信託約款（投資信託の企画書）に株式を組み入れることができると記載されている投資信託のことです。したがって、まったく株式で運用せず、公社債だけで運用されていても株式投資信託に分類されるものもあります。一方、公社債投資信託は、一切株式を組み入れることができません。　⇒ ◯

26 P199　お金は金利が高くなる方に流れる傾向があるので、米国の市場金利が低下し、同時に日本の市場金利が上昇する場合、一般に、日本円が買われて円高・ドル安傾向になります。　⇒ ✕

27 P253　源泉徴収ありの特定口座で株式を売買した場合、売却益から所得税・復興税と住民税を合わせて20.315％が源泉徴収されます。購入代金は50万円（5,000円×100株）、売却代金は55万円（5,500円×100株）なので5万円の利益になります。売買益の5万円から20.315％が源泉徴収（差し引かれること）されます。　⇒ ◯

28 P216　債券の発行企業の格付けが下がった場合、その債券は売られて価格は下落します。価格が安くなるので、償還差益が増え、利回りは高くなります。　⇒ ✕

29 P214　個人向け国債は10年変動金利型、5年固定金利型、3年固定金利型の3種類発行されています。3種類とも下限金利は0.05％とされ、購入最低金額は1万円単位です。　⇒ ✕

30 P268　国内の証券会社で取り扱っている外国為替証拠金取引（FX取引）の証拠金は、投資者保護基金の補償の対象外です。　⇒ ✕

| 物価と金利の関係 | 物価上昇（インフレ）　→　金利の上昇
物価下落（デフレ）　→　金利の低下 |

| 内外金利差と為替 | 米国の金利上昇　→　円安・ドル高
日本の金利上昇　→　円高・ドル安 |

| 債券価格と金利との関係 | 市場金利が上昇　→　債券価格は下落（利回りは上昇）
市場金利が低下　→　債券価格は上昇（利回りは低下） |

| 債券の格付けと利回りの関係 | 格付けが高い（信用リスクが低い）
　　→債券価格が高い→利回りは低い
格付けが低い（信用リスクが高い）
　　→債券価格が安い→利回りは高い |

| 日経平均株価 | 東証プライム市場に上場している代表的な225銘柄の株価の平均（修正平均株価）
株価の高い銘柄（値がさ株）の変動の影響を受けやすい |

| 東証株価指数（TOPIX） | 原則として、東証プライム市場に上場している国内全銘柄の価格に、その上場株式数を掛けた合計（時価総額）と基準時価総額を比較した指数（時価総額加重平均株価指数）
時価総額の大きい銘柄の変動の影響を受けやすい |

| パッシブ運用（インデックス運用） | 日経平均株価などのベンチマークとなる指数の動きに連動するように運用する方法 |

タックスプランニング

試験対策のポイント

● 10種類の所得の内容（特に配当所得、事業所得、不動産所得、譲渡所得、退職所得、一時所得）が問われる
● 所得控除や税額控除および損益通算に関する出題も多い
● 所得控除については配偶者控除、配偶者特別控除、医療費控除、扶養控除が、税額控除については、住宅ローン控除や配当控除が重要ポイント
● 損益通算については、損益通算の対象になる所得と、ならない所得をしっかり押さえよう

出題傾向

	R4年9月	R5年1月	R5年5月	R5年9月	R6年1月
1．所得税の基礎	1		1	1	1
2．所得の種類と内容	5	3	3	5	4
3．損益通算と繰越控除	1	1	1	1	
4．所得控除と税額控除	2	5	4	2	4
5．所得税の申告と納付	2	1	1	2	1
6．個人住民税					

正誤問題

問題 次の各文章のうち、正しいもの及び適切なものには○、誤っているもの及び不適切なものには×をつけなさい。

所得税の基礎

1
□□□ 所得税や相続税および法人税などは直接税に該当し、消費税や酒税は間接税に該当する。

2
□□□ 不動産取得税、固定資産税は地方税である。

3
□□□ 所得税では累進税率が採用されており、課税所得金額が多くなるに従って税率が高くなる。

4
□□□ 賦課課税方式とは、納税者自ら税額等を計算したうえで直接申告し、税金を納める方式である。

5
□□□ 所得税法において、障害者が受け取る障害年金や遺族が受け取る遺族年金等の公的年金は非課税である。

6
□□□ 所得金額の計算をする場合、収入金額は、その年において実際に収入（回収）した金額に限られており、未収となっている売上代金は含まない。

7
□□□ 衣類や生活用の家具などの動産の売却による所得は非課税である。

date
／　／　／

解答・解説

P282-288

1 税務署に税金を納める納税者と実際に税金を負担する人（担税者）が同じ場合が直接税、異なる場合が間接税になります。所得税や相続税および法人税などは直接税に該当し、消費税や酒税およびたばこ税は間接税に該当します。 ⇒ ○

2 地方税には、不動産取得税、固定資産税のほか、都市計画税などがあります。 ⇒ ○

3 所得税は累進課税制度（累進税率）となっています。所得税や相続税、贈与税などが累進課税となっています。 ⇒ ○

4 問題文は申告納税方式の説明です。賦課課税方式とは税務署などが納税額を計算し、納税者に納税通知書を通知して、それを基に納税者が税金を納める方式のことで、個人住民税や固定資産税が該当します。 ⇒ ×

5 障害者が受け取る障害年金や遺族が受け取る遺族年金等の公的年金は非課税です。その他、生命保険の入院給付金や手術給付金、火災保険からの保険金なども非課税です。 ⇒ ○

6 所得金額の計算をするときは、実際の収入金額だけでなく、未収となっている売上代金も含めて計算します。 ⇒ ×

7 衣類や家具などの生活用の動産の売却による所得には所得税は課税されません。ただし、1個または1組の価額が30万円を超える貴金属・宝石・絵画等を売却した場合には課税されます。 ⇒ ○

8 所得税法において、相続や個人からの贈与により取得する財産は、非課税所得とされる。
□□□

9 所得税において、非居住者は国内源泉所得以外については納税義務はない。
□□□

所得の種類と内容

10 不動産所得の金額を計算するうえで、貸地や貸家にかかる固定資産税は必要経費に算入することができる。
□□□

11 公社債投資信託の収益分配金は所得税法上、配当所得にあたる。
□□□

12 個人が支払いを受ける上場株式等にかかる配当所得について、総合課税を選択した場合、原則、その配当所得の金額と上場株式等の譲渡所得等の金額の計算上生じた損失の金額を損益通算することができる。
□□□

13 不動産の貸付けによる所得は、その貸付けが事業的規模で行われている場合は不動産所得ではなく、事業所得に該当する。
□□□

14 不動産所得の金額の計算上、受け取った敷金のうち賃借人に返還しないことが確定した部分は、原則として不動産所得の総収入金額に算入する。
□□□

15 個人事業主が、生計を一にする親族が所有する店舗を借りて、その親族に家賃を支払った場合には、事業所得の金額の計算上、その支払った金額を必要経費に算入することは認められない。
□□□

16 給与所得控除額の上限は、給与収入金額が1,000万円超の場合、195万円となっている。
□□□

date
／　／　／

8 相続や遺贈、個人からの贈与により取得する財産は、相続税や贈与税の対象となり、所得税は課税されません。 ⇒ ○

9 非居住者は国内源泉所得（日本国内で生じた所得）のみ、居住者（国内に住所があり、国内に1年以上住まいがある者）は国内外すべての所得に課税されます。 ⇒ ○

P290-309

10 不動産所得の金額を計算するうえで、貸地や貸家にかかる固定資産税は必要経費に算入します。 ⇒ ○

11 所得税法上、公社債投資信託の収益分配金は利子所得にあたります。なお、株式投資信託の収益分配金は配当所得に該当します。 ⇒ ×

12 個人が上場株式等の配当所得について申告分離課税を選択した場合、原則として、その配当所得の金額と上場株式等の譲渡損失の金額を損益通算することができます。なお、総合課税を選択することで、配当控除の適用を受けることができます。 ⇒ ×

13 不動産所得とは、不動産や船舶、航空機などの貸付けによる所得のことで、それが事業的規模で行われている場合でも不動産所得になります。 ⇒ ×

14 不動産所得の金額の計算上、原則として、敷金や保証金のうち賃借人に返還しないことが確定した部分のみ、不動産所得の総収入金額に算入します。賃借人に返還する部分は、不動産所得の収入金額には算入しません。 ⇒ ○

15 個人事業主が、生計を一にする親族に支払う家賃等は、原則として、事業所得の必要経費に算入することはできません。 ⇒ ○

16 給与所得控除額の上限は、原則、給与収入金額が850万円超の場合、195万円となっています。 ⇒ ×

4章
タックス
プランニング

17 譲渡所得の計算上、取得費が不明な場合には収入金額の10%を概算
□□□ 取得費として、譲渡損益を計算することができる。

18 一時所得の金額については、その年中の一時所得にかかる総収入金
□□□ 額から、その収入を得るために支出した金額を控除し、さらに最高
50万円の特別控除額を控除した金額を、総所得金額に算入する。

損益通算と繰越控除

19 不動産所得、譲渡所得、事業所得、一時所得に損失が発生した場合、
□□□ 他の黒字の所得と損益通算することができる。

20 不動産所得の金額の計算上生じた損失のうち、土地等を取得するた
□□□ めの負債利子の金額は、他の所得と損益通算することができない。

21 申告分離課税を選択した株式投資信託の分配金と上場株式等の譲渡
□□□ 損失とは損益通算することができない。

22 ゴルフ会員権や別荘など、通常生活に必要でない資産を譲渡したこ
□□□ とによって生じた損失の金額は、他の所得の金額と損益通算するこ
とができない。

所得控除と税額控除

23 所得税において、16歳未満の扶養親族にかかる扶養控除はなく（ゼ
□□□ ロ）、16歳以上23歳未満の扶養親族に対する扶養控除は63万円であ
る。

24 医師の診察を受けるために要した電車代やバス代などの交通費は、
□□□ 医療費控除の対象とならない。

date
／　／　／

17 譲渡所得の計算上、取得費が不明な場合や実際の取得費が収入金額の５％より少ない場合には、収入金額の５％を概算取得費として譲渡損益を計算することができます。 ⇒ ✕

18 一時所得にかかる総収入金額から、その収入を得るために支出した金額を控除し、さらに50万円の特別控除額を控除した金額が一時所得となります。ただし、一時所得がプラスの場合で他の所得と合算する際は、その金額の２分の１の金額を他の所得と合算して、総所得金額を算出します。 ⇒ ✕

P312-315

19 損失が発生した場合に、他の所得と損益通算できるのは、不動産所得、事業所得、山林所得、譲渡所得の４つの所得であり、一時所得や雑所得に損失があっても他の所得と損益通算できません。 ⇒ ✕

20 不動産所得の金額の計算上生じた損失のうち、土地等を取得するための借金の利子（負債利子）は、他の黒字の所得と損益通算することができません。なお、建物を取得するための借金の利子は損益通算できます。 ⇒ ◯

21 申告分離課税を選択した株式投資信託の分配金と上場株式等の譲渡損失とは損益通算することができます。 ⇒ ✕

22 ゴルフ会員権や別荘および１個の価格が30万円を超える貴金属や絵画など、通常生活に必要でない資産を譲渡したことによって生じた損失の金額は、他の所得金額と損益通算できません。 ⇒ ◯

P317-331

23 16歳以上19歳未満の扶養親族に対する控除額は38万円、19歳以上23歳未満（特定扶養親族）に対する控除額は63万円です。なお、16歳未満の者に対する控除はありません。 ⇒ ✕

24 医師の診察を受けるために要した電車代やバス代などの公共交通機関の交通費は、医療費控除の対象になります。 ⇒ ✕

4章
タックスプランニング

25 入院の際に購入した洗面具等の身の回り品の費用は、医療費控除の対象となる。
☐☐☐

26 所得税において、納税者の合計所得金額が2,400万円以下である場合、基礎控除の額は、38万円である。
☐☐☐

27 個人型の確定拠出年金（iDeCo）の掛金を支払った場合、社会保険料控除として所得税における所得控除の対象となる。
☐☐☐

28 給与所得者の場合、住宅ローン控除（住宅借入金等特別控除）の適用を受けるためには、初年度及び翌年以後も適用を受ける年は必ず確定申告をしなければならない。
☐☐☐

29 住宅ローン控除の対象となる家屋は、2分の1以上が原則として自己の居住用でなければならない。
☐☐☐

30 2024年に新築住宅に入居する場合、省エネ基準を満たさない住宅は原則、住宅ローン控除の適用を受けることができない。
☐☐☐

31 合計所得金額が500万円以下の未婚のひとり親で生計を一にする条件を満たした子がいる場合には、38万円の所得控除を受けることができる。
☐☐☐

32 申告分離課税を選択した上場株式の配当金に係る配当所得は、所得税における配当控除の適用を受けることができる。
☐☐☐

date
／　／　／

25 入院の際の洗面具等の身の回り品の購入費用は、医療費控除の対象ではありません。 ⇒ ✕

26 所得税の基礎控除は合計所得金額が2,400万円以下であれば48万円です。なお、合計所得金額が2,500万円を超えると控除はなくなります。 ⇒ ✕

27 個人型の確定拠出年金（iDeCo）の掛金は全額、所得控除の1つである小規模企業共済等掛金控除の対象です。個人が企業型に追加拠出した掛金も小規模企業共済等掛金控除の対象です。 ⇒ ✕

28 住宅ローン控除（住宅借入金等特別控除）の適用を受けるためには、必ず初年度に確定申告しなければなりませんが、給与所得者の場合は、2年目以後は会社の年末調整で適用を受けることができます。 ⇒ ✕

29 住宅ローン控除の対象となる家屋は、店舗併用住宅等の場合はその2分の1以上が自己の居住用であることが要件です。 ⇒ ○

30 2024年に新築住宅に入居する場合、省エネ基準を満たさない住宅（一般住宅）は原則、住宅ローン控除の適用を受けることができません。なお、長期優良住宅等の場合、子育て世帯（19歳未満の子どもがいる世帯または、夫婦のどちらか一方が40歳未満である世帯）は5,000万円、その他の一般世帯は4,500万円を上限に13年間控除を受けることができます。 ⇒ ○

4章 タックスプランニング

31 男女を問わず合計所得金額が500万円以下の未婚のひとり親で生計を一にする子（総所得金が48万円以下）がいるなどの要件を満たす場合には、35万円の所得控除（ひとり親控除）を受けることができます。 ⇒ ✕

32 上場株式の配当金の配当所得については、申告不要制度や総合課税および申告分離課税の選択が可能ですが、総合課税を選択しないと配当控除の適用を受けることはできません。 ⇒ ✕

33
☐☐☐ セルフメディケーション税制と一般の医療費控除は、条件を満たせば同時に適用を受けることができる。

所得税の申告と納付

34
☐☐☐ 青色申告が可能な所得は、不動産所得、事業所得、山林所得および譲渡所得である。

35
☐☐☐ 青色申告者が一定の要件を満たした場合、青色申告特別控除として所得金額から最高で63万円が控除される。

36
☐☐☐ 納税者の配偶者が青色事業専従者給与の支払の対象となっている場合、その配偶者は所得税における控除対象配偶者とならない。

37
☐☐☐ 通常、会社員などの給与所得者であっても、年間の給与収入金額が1,000万円を超える場合は、確定申告をしなければならない。

38
☐☐☐ 所得税の確定申告は、翌年の2月1日から3月15日までに住所地の税務署に対して行う。

39
☐☐☐ 通常、会社員などの給与所得者の場合、医療費控除の適用を受ける際に、年末調整で適用を受けることができる。

33 セルフメディケーション税制と医療費控除はいずれか一方のみ適用可能です。なお、セルフメディケーション税制とは、一定の要件を満たした者がスイッチOTC医薬品（特定一般用医薬品）の購入代金が年間で1万2,000円を超えた場合に、超えた金額を所得から控除できる制度のことです。控除額は8万8,000円が上限です。

⇒ ✕

P334-343

34 青色申告が可能な所得は、不動産所得、事業所得、山林所得であり、譲渡所得については認められません。　　　　　　　　　⇒ ✕

35 青色申告者が正規の簿記の原則に従って記帳している等の条件を満たしている場合、青色申告特別控除として所得金額から原則55万円、青色申告の要件を満たし、電子情報処理組織（e-Tax）で申告する場合や帳簿を電子データで保存している場合、青色申告特別控除額は、最高で65万円となります。　　　　　　　　　⇒ ✕

36 青色事業専従者給与の支払の対象となっている配偶者や親族（青色申告者と一緒に働いていて、給料をもらっている配偶者や親族）は、配偶者控除、配偶者特別控除および扶養控除の対象にはなりません。

⇒ ◯

37 会社員などの給与所得者の場合、年間給与収入金額が2,000万円を超えている場合は、確定申告が必要です。　　　　　　　　⇒ ✕

38 所得税は申告納税方式になっており、確定申告は、翌年の2月16日から3月15日までです。税金の納付期限も同じです。なお、贈与税の申告期限は翌年の2月1日から3月15日までです。　　⇒ ✕

39 会社員などの給与所得者が医療費控除や雑損控除などの適用を受ける場合、年末調整では適用されず、確定申告が必要です。　　⇒ ✕

4章
タックスプランニング

3答択一問題

所得税の基礎

1 □□□ 所得税法上の「居住者」とは、日本国内に（ ① ）を有する個人または国内に引き続き（ ② ）以上居所がある個人をいう。

1. ①国籍　②半年
2. ①住所　②1年
3. ①戸籍　②2年

---

2 □□□ 会社員が受け取る通勤手当のうち、月額（　　）までは所得税はかからない。

1. 10万円　　　**2.** 15万円　　　**3.** 30万円

所得の種類と内容

3 □□□ 土地・建物の譲渡にかかる所得は分離課税の対象となるが、譲渡した年の（ ① ）において、所有期間が（ ② ）超の場合は長期譲渡所得となる。

1. ①1月1日　　②5年
2. ①1月1日　　②10年
3. ①譲渡した日　②5年

---

4 □□□ 新しく建物を取得した場合の、減価償却の方法は（　　）となっている。

1. 定額法　　　**2.** 定率法　　　**3.** 定額法と定率法の選択制

解答・解説

P282-288

1 所得税法上の「居住者」とは、日本国内に住所を有する個人または国内に引き続き1年以上居所がある個人をいいます。通常、居住者か非居住者かによって課税の対象となる所得が異なります。居住者は国内外すべての所得に課税され、非居住者は国内で得た所得のみ課税されます。　　　　　　　　　　　　　　　　　　　**⇒2**

2 会社員の通勤手当は、月額15万円までは所得税はかかりません。
　　　　　　　　　　　　　　　　　　　　　　　　　　　　　　⇒2

P290-309

3 土地・建物の譲渡にかかる所得は分離課税（申告分離課税）の対象になり、譲渡した年の1月1日において所有期間が5年超の場合は長期譲渡所得になり、税率が低くなります。なお、株式を譲渡した場合も申告分離課税の対象となりますが、長期譲渡所得や短期譲渡所得といった区別はありません。　　　　　　　　　　**⇒1**

4 減価償却の方法は、原則として定額法と定率法の選択制ですが、現在、新しく建物を取得した場合は、定額法のみとなっています。なお、2016年4月1日以後に取得した構築物（看板など）も定額法のみとなっています。　　　　　　　　　　　　　　　　　　　　**⇒1**

5 勤続年数27年の者が、定年退職に伴い退職金2,800万円を受け取ったときの所得税における退職所得控除額は、（　　）となる。

1. 1,120万円　　**2.** 1,150万円　　**3.** 1,290万円

損益通算と繰越控除

6 Aさんの2024年分の給与所得の金額が800万円、不動産所得の金額が80万円、一時所得の金額が30万円（50万円の特別控除前）であるとき、Aさんの2024年分の総所得金額は（　　）である。

1. 760万円　　**2.** 845万円　　**3.** 880万円

所得控除と税額控除

7 配偶者控除および配偶者特別控除については、納税者本人の合計所得金額が（　　　）を超える場合、どちらも適用を受けることができない。

1. 1,000万円　　**2.** 1,200万円　　**3.** 2,000万円

8 社会保険料控除とは、納税者が納税者本人や生計を一にする親族の公的年金の保険料や健康保険料等を支払った場合に所得から控除されるもので、控除額は支払った保険料の（　　）である。

1. 2分の1　　**2.** 3分の2　　**3.** 全額

9 セルフメディケーション税制では、一定の要件を満たした者がスイッチOTC医薬品の購入代金が年間で（　　　）を超えた場合に、超えた金額を所得から控除できる。

1. 1万円　　**2.** 12,000円　　**3.** 18,000円

date　／　／　／

5 勤続年数が20年超の場合の退職所得控除額の計算式は800万円＋70万円×（勤続年数−20年）より800万円＋70万円×（27年−20年）＝1,290万円となります。
なお、勤続年数に１年未満の端数があった場合は、１年とします。勤続年数が20年以下の場合の退職所得控除額は40万円×勤続年数（最低80万円）で算出します。 ⇒ **3**

P312-315

6 一時所得の金額は特別控除を差し引くとマイナス（30万円−50万円＝−20万円）になります。一時所得に損失がある場合（マイナスになる場合）損益通算の対象とならないので、総所得金額からは差し引けません。したがって、Aさんの総所得金額は給与所得と不動産所得の合計で、800万円＋80万円＝880万円となります。 ⇒ **3**

P317-331

7 納税者本人の合計所得金額が1,000万円超（給与収入のみの場合、年収1,195万円超）の場合、配偶者控除も、配偶者特別控除も受けられません。なお、配偶者が青色事業専従者給与の対象となっている場合も配偶者控除および配偶者特別控除は受けられません。 ⇒ **1**

---

8 社会保険料控除は社会保険料として支払った全額が控除の対象となり、控除額に上限はありません。 ⇒ **3**

---

9 セルフメディケーション税制では、一定の要件を満たした者がスイッチOTC医薬品（特定一般用医薬品）の購入代金が年間で1万2,000円を超えた場合に、超えた金額を所得から控除できます。ただし、控除額の上限は8万8,000円です。 ⇒ **2**

10 医療費控除額は、医療費から保険金等で補てんされる金額を差し引き、その金額から総所得金額等の（ ① ）と（ ② ）のいずれか低い額を差し引いた額で、上限は（ ③ ）である。

1. ①5％　②5万円　③100万円
2. ①5％　②10万円　③200万円
3. ①10％　②30万円　③300万円

---

11 2024年中に新築の長期優良住宅を取得し、居住の用に供して住宅ローン控除の適用を受けた場合、住宅借入金等の年末残高（1年目から13年目までの期間）の（ ① ）以下の部分につき（ ② ）の税額控除が受けられる。※子育て世帯に該当する場合

1. ①3,000万円　②0.7％　**2.** ①4,500万円　②1.0％
3. ①5,000万円　②0.7％

---

12 住宅ローン控除（2024年に入居する場合）の適用を受けるための取得者の要件として、返済期間が（ ① ）以上の住宅ローンを利用していることが要件で、最長（ ② ）控除される。

1. ①25年　②10年　**2.** ①10年　②10年
3. ①10年　②13年

---

13 住宅ローンを利用して住宅を新築した個人が、所得税の住宅借入金等特別控除の適用を受けるためには、当該住宅を新築した日から1か月以内に、自己の居住の用に供さなければならない。

10 医療費控除額は以下の式で算出されます。
（医療費－保険金等で払い戻される金額）－（総所得金額等の合計
×５％と10万円のいずれか低い額）
　　なお、控除額の上限は200万円です。　　　　　　　　⇒ **2**

11 2024年中に子育て世帯が長期優良住宅に入居する場合、5,000万
のローン残高を上限に、13年間控除を受けることができます。控
除率は0.7％です。なお、子育て世帯以外の一般世帯が長期優良住
宅に入居する場合、4,500万円が上限になります。　　　⇒ **3**

〈住宅ローン控除額（2024年・2025年に入居した場合）〉

	年末のローン残高（限度額）		控除期間	控除率	最大年間控除額
	一般世帯	子育て世帯			
一般住宅	0円（適用ナシ）		13年	0.7%	21万円
認定優良住宅	4,500万円	5,000万円			31万5,000円

12 新築の住宅（長期優良住宅等）において、住宅ローン控除を受ける
ための取得者の要件として、返済期間が10年以上の住宅ローンを
利用していることがあります。控除期間は最長で13年間です。
　　　　　　　　　　　　　　　　　　　　　　　　　　⇒ **3**

13 所得税の住宅借入金等特別控除の適用を受けるためには、住宅を増
改築した日から６か月以内に入居し、適用を受ける年の12月31日
まで引き続き居住している必要があります。　　　　　　⇒ **×**

14
□□□ 所得税は、原則として申告納税方式となっているが、給与所得者については会社（源泉徴収義務者）が一定額を給与から天引きし、通常（　　）までに納付する源泉徴収制度となっている。

1. 当月末　　　　**2.** 翌月の10日　　　　**3.** 翌月末

15
□□□ 1か所からのみ給与の支給を受けている給与所得者の場合であっても、年間の給与収入が（ ① ）を超える場合や給与所得及び退職所得以外の所得の金額が年間（ ② ）を超える場合は、確定申告が必要となる。

1. ①1,800万円　②20万円　**2.** ①2,000万円　②20万円
3. ①2,000万円　②30万円

16
□□□ 青色申告をする者は、青色申告をしようとする年の（ ① ）までに、その年の1月16日以後に事業を開始する場合は開始後（ ② ）に「青色申告承認申請書」を税務署に提出し承認を受けなければならない。

1. ①2月15日　②1か月以内
2. ①3月15日　②2か月以内
3. ①3月31日　②2か月以内

17
□□□ 確定申告を要する納税者Aさんが2024年2月1日に死亡した。Aさんの相続人が同日に相続の開始があったことを知った場合、2024年分のAさんの所得について（　　　　　　）までに所得税の準確定申告書を提出しなければならない。

1. 2024年3月15日　　**2.** 2024年6月1日　　**3.** 2024年12月1日

date
／　／　／

14 所得税は申告納税方式を基本としていますが、給与所得者については、会社（源泉徴収義務者）が一定額を給与から天引きし、通常翌月の10日までに納付する源泉徴収制度となっています。会社員の給与所得については、源泉徴収された所得税は、原則として、過不足が年末調整で精算されます。なお、給与所得以外にも利子所得、退職所得、公的年金なども源泉徴収制度が採用されています。

⇒ **2**

15 1か所からのみ給与の支給を受けている給与所得者の場合であっても、年間の給与収入が2,000万円を超える場合や給与所得および退職所得以外の所得の金額が年間で20万円を超える場合などは、確定申告が必要です。また、配当控除、医療費控除、雑損控除、寄付金控除を受ける場合や、住宅ローン控除を受ける場合（初年度のみ）も、確定申告が必要です。

⇒ **2**

16 個人事業主の場合、青色申告をしようとする年の3月15日までに、また、その年の1月16日以後に事業を開始する場合は事業開始後2か月以内に「青色申告承認申請書」を税務署に提出し承認を受けなければなりません。

⇒ **2**

4章
タックスプランニング

17 亡くなった者に所得があった場合、相続人は相続があったことを知った日の翌日から4か月以内に、亡くなった者の所得を申告しなければなりません（準確定申告という）。したがって、この場合、2024年6月1日が期限です。

⇒ **2**

間違えやすいポイント

給与所得者の場合、地震保険料控除は会社の年末調整で適用可能ですが、医療費控除や雑損控除などは確定申告が必要です。

次の各文章の正誤を判断し、または（　　）内にあてはまる最も適切な文章、語句、数字などの組合せを選びなさい。

1 □□□ 税は国税と地方税に区分することができるが、所得税や法人税は国税、贈与税や相続税は地方税である。

2 □□□ 居住者が国内で支払を受ける預貯金の利子は、原則として、復興特別所得税を含む国税20.42％と地方税5％の税率により源泉徴収等される。

3 □□□ 所得税において、個人向け国債の利子や公社債投資信託の分配金を受け取ったことによる所得は、利子所得となる。

4 □□□ 不動産所得の計算上、所得税や住民税は必要経費とすることはできない。

5 □□□ 不動産所得の総収入金額が150万円、必要経費（土地等を取得するために要した負債の利子の額20万円を含む）が200万円であった場合、不動産所得の金額の計算上生じた損失のうち、他の所得の金額と損益通算が可能な金額は、50万円である。

6 □□□ 個人が賃貸アパートの敷地および建物を売却したことにより生じた所得は、不動産所得となる。

date
／　／　／

解答・解説

1　所得税、法人税、贈与税および相続税はすべて国税です。不動産取
P283　得税や固定資産税は地方税です。　　　　　　　　　　　⇒ ✕

2　利子所得については、国税15％（復興特別所得税2.1％が加算され
P290　て15％×1.021％＝15.315％）、地方税５％の計20.315％が所得
　　　税として源泉徴収されることにより課税関係は終了します。　⇒ ✕

3　個人向け国債などの公社債の利子や公社債投資信託の分配金は預貯
P290　金の利子同様、利子所得になります。また、外貨建てMMFの分配
　　　金や外貨預金の利子も利子所得に含まれます。　　　　　　⇒ ○

4　不動産所得の計算上、所得税や住民税を必要経費とすることはでき
P293　ません。なお、固定資産税、不動産取得税、減価償却費は必要経費
　　　になります　　　　　　　　　　　　　　　　　　　　　　⇒ ○

5　不動産所得は総収入金額－必要経費で算出しますが、土地等を取得
P294　するために要した負債の利子は損益通算の対象になりません。
　　　したがって、損益通算の対象となる必要経費は200万円－20万円
　　　＝180万円となります。
　　　150万円－180万円＝－30万円となり、－30万円が他の所得と損
　　　益通算されます。　　　　　　　　　　　　　　　　　　　⇒ ✕

6　個人が賃貸アパートの敷地および建物を売却したことにより生じた
P300　所得は譲渡所得となります。不動産所得は土地や建物などの貸付に
　　　よる所得です。　　　　　　　　　　　　　　　　　　　　⇒ ✕

4章　タックスプランニング

7 契約者（＝保険料負担者）・被保険者・満期保険金受取人がいずれもＡさんである一時払い養老保険（保険期間10年、正味払込済保険料500万円）が満期となり、満期保険金600万円を一時金で受け取った場合、一時所得の金額は（ ① ）となり、その（ ② ）相当額が総所得金額に算入される。

1. ①25万円　②全額
2. ①50万円　②2分の1
3. ①100万円　②全額

8 給与所得者の場合、年末調整により課税関係は精算されるので、給与収入の金額に関わらず、確定申告は必要ない。

9 所得税において、老齢基礎年金や老齢厚生年金の老齢給付に係る所得は、雑所得に該当する。

10 上場株式の譲渡による損失の金額は、確定申告することで、不動産所得などの他の所得金額と損益通算することができる。

11 所得税において、上場株式等の譲渡により生じた損失の金額のうち、その年に控除しきれない金額については、確定申告により、翌年以後最長10年間にわたって繰り越すことができる。

12 青色申告者の所得税の計算において、損益通算してもなお控除しきれない純損失が生じた場合、その損失の金額を翌年以後3年間にわたって繰り越して、各年分の所得金額から控除することができる。

13 歯科治療を受け、その治療費を翌年に支払った場合でも、実際に治療を受けた年の医療費控除の対象となる。

7

P303

一時所得の金額＝総収入金額－収入を得るための支出金額－50万円（特別控除額）で算出し、黒字になった場合、その2分の1が給与所得などの総所得金額と合算されます。

一時所得金額＝600万円－500万円－50万＝50万円となり、その2分の1の25万円が総所得金額に算入されます。　　　　⇒ **2**

8

P339

給与所得者であっても、年間の収入金額が2,000万円を超える場合や、給与所得および退職所得以外の所得の合計が20万円を超える者などは確定申告が必要です。　　　　　　　　　　　　　⇒ **✕**

9

P308

国民年金や厚生年金、企業年金を老齢給付金として受け取る場合や退職金を年金形式で受け取る場合は、雑所得の対象です。　⇒ **◯**

10

P300

上場株式の譲渡所得は申告分離課税の対象なので、申告分離課税を選択した上場株式等の配当金などと損益通算できますが、不動産所得などとは損益通算できません。　　　　　　　　　　　　⇒ **✕**

11

P314

上場株式等の譲渡により生じた損失の金額のうち、その年に控除しきれない金額については、確定申告によって翌年以後最長3年間にわたって繰り越すことができます。　　　　　　　　　　　⇒ **✕**

12

P315

青色申告している個人事業主は、純損失が生じた場合、その損失の金額を翌年以後3年間にわたって繰り越して、各年以降の所得金額から控除することができます。　　　　　　　　　　　⇒ **◯**

13

P320

実際に治療費を支払った年の医療費控除の対象になります。　⇒ **✕**

4章
タックスプランニング

14 □□□ 所得税において、住宅ローン控除は税額控除、配当控除は、所得控除に該当する。

15 □□□ 納税者が生計を一にする配偶者やその他の親族のために医療費を支払った場合、納税者本人の医療費控除の対象となる。

16 □□□ 納税者が本人と生計を一にする配偶者や親族の負担すべき社会保険料を支払った場合、社会保険料控除として、その支払った保険料の2分の1を総所得金額等から控除できる。

17 □□□ 納税者Aさんの2023年12月31日現在における扶養親族が長女（20歳）および次女（15歳）の2人である場合、2023年分の所得税における扶養控除の総額は、101万円である。

18 □□□ 所得税において、風邪の治療に必要な風邪薬の購入費用や出産費用は、医療費控除の対象とならない。

19 □□□ 年末調整の対象となる給与所得者は、年末調整の際に、所定の書類を勤務先に提出することにより、（　　　　　　）の適用を受けることができる。

1. 地震保険料控除　　**2.** 医療費控除　　**3.** 雑損控除

20 □□□ 所得税では、青色申告者が備え付けるべき帳簿書類については、原則3年間は保存しなければならない。

21 □□□ 所得税における事業所得の金額の計算上、使用可能期間が1年未満または取得価額が10万円未満の減価償却資産については、その取得価額に相当する金額を、業務の用に供した日の属する年分の必要経費に算入できる。

date
／　／　／

14
P328
住宅ローン控除と配当控除は税額控除に該当します。なお、医療費控除、配偶者控除、配偶者特別控除、扶養控除や小規模企業共済等掛金控除などが所得控除に該当します。　⇒ ✕

15
P319
納税者と生計を一にする配偶者や親族のために医療費を支払った場合、納税者本人の医療費控除の対象となります。　⇒ ◯

16
P321
納税者が生計を一にする配偶者や親族の負担すべき年金保険料等の社会保険料を支払った場合、社会保険料控除として、その支払った全額を総所得金額等から控除できます。　⇒ ✕

17
P325
20歳の長女は特定扶養親族に該当し、控除額は63万円です。15歳の次女については扶養控除の対象ではありません。したがって控除額は63万円です。　⇒ ✕

18
P320
一般の薬局で購入した風邪薬の購入費用や出産費用（定期健診費も含む）は、医療費控除の対象です。　⇒ ✕

19
P339
給与所得者は会社の年末調整で地震保険料控除や生命保険料控除などの適用を受けることができますが、医療費控除、雑損控除、寄付金控除などは、確定申告しなければ控除を受けることができません。　⇒ 1

20
P340
青色申告の帳簿書類（現金出納帳など）は、原則7年間は保存しなければなりません。　⇒ ✕

21
P297
取得価額が10万円未満または使用可能期間が1年未満の資産（少額減価償却資産）は、その年分の必要経費として処理することができます。　⇒ ◯

22 所得税において、事業的規模で行われている賃貸マンションの貸付による所得は、事業所得となる。

□□□

23 上場株式の配当金の金額は、確定申告をすることによって、不動産所得の損失額と損益通算することができる。

□□□

24 所得税において、納税者がスイッチOTC医薬品を購入した場合、所定の要件を満たせば、8万8,000円を限度として、その購入費用の全額を医療費控除として総所得金額から控除することができる。

□□□

25 納税者の合計所得金額が1,000万円を超えている場合、配偶者の合計所得金額の多寡にかかわらず、所得税の配偶者控除や配偶者特別控除の適用を受けることはできない。

□□□

26 青色申告の要件を満たし、事業的規模の不動産所得がある場合、青色申告特別控除として、原則、55万円が控除される。

□□□

27 土地は、減価償却資産である。

□□□

28 退職金の支給において、「退職所得の受給に関する申告書」を提出していない場合、その退職金の金額に20.42％（復興特別所得税込）が源泉徴収されている。

□□□

date
／　／　／

22

P293

不動産の貸し付けによる所得は、それが事業的規模の貸し付けであっても、事業所得ではなく不動産所得になります。なお、事業的規模の貸し付けとは、家であれば5棟、マンション等であれば10室以上の貸し付けをいいます。　　　　　　　　　　⇒ ✕

23

P313

不動産所得、事業所得、山林所得、譲渡所得の損失は、原則、給与所得などと損益通算できますが、配当所得とは損益通算できません。
　　　　　　　　　　　　　　　　　　　　　　　　　　　　⇒ ✕

24

P320

セルフメディケーション税制では、スイッチOTC医薬品の年間購入費用が1万2,000円を超えた場合、超えた金額が所得控除の対象になります。ただし、控除額の上限は8万8,000円です。なお、スイッチOTC医薬品とは、病院で処方されていた薬品で、一般の薬局でも購入できるようになった薬品のことです。　　⇒ ✕

25

P323

納税者本人の合計所得金額が1,000万円を超えている場合、配偶者の合計所得金額の多寡（多い少ない）に関係なく、配偶者控除や配偶者特別控除の適用を受けることはできません。　　　　　⇒ ◯

4章 タックスプランニング

26

P341

青色申告の要件を満たし、事業的規模の不動産所得または事業所得がある場合、青色申告特別控除として、原則として55万円が控除され、この者が電子情報処理組織（e-Tax）を利用して申告した場合や帳簿を電子データで保存するなどの条件を満たした場合、65万円が控除されます。　　　　　　　　　　　　　　⇒ ◯

27

P296

建物や機械などの固定資産は減価償却資産ですが、土地は減価償却資産ではありません。　　　　　　　　　　　　　　　　⇒ ✕

28

P306

退職金の支給において、「退職所得の受給に関する申告書」を提出していない場合、退職所得控除が適用されず、その退職金の金額の20.42％（復興特別所得税込）が源泉徴収されているので、確定申告することで税金が還付されます。なお、「退職所得の受給に関する申告書」を提出している場合、課税関係は終了しています。
　　　　　　　　　　　　　　　　　　　　　　　　　　　　⇒ ◯

29 給与所得者が35年間勤務した会社を定年退職し、退職金3,000万円の支給を受けた場合、退職所得の金額の計算上、退職所得控除額は（　　　　）となる。

1. $\{800万円 + 70万円 \times (35年 - 20年)\} \times \dfrac{1}{2} = 925万円$

2. $800万円 + 40万円 \times (35年 - 20年) = 1,400万円$

3. $800万円 + 70万円 \times (35年 - 20年) = 1,850万円$

---

30 所得税における基礎控除の額は、納税者の所得金額の多寡にかかわらず、一律38万円である。

---

31 所得税法上、現状、建物取得した場合の減価償却の方法は定率法となっている。

---

32 給与所得者であっても年間の給与収入が2,000万円を超えている場合は、確定申告が必要である。

---

33 所得税において、損益通算してもなお控除しきれない損失の金額（純損失の金額）が青色申告者に生じた場合、その損失の金額を翌年以後最長で（　　　　）繰り越して、翌年以後の所得金額から控除することができる。

1. 3年間　　　　**2.** 7年間　　　　**3.** 10年間

29

P305

退職所得控除額は、勤続年数が20年以下の場合と20年超の場合で異なります。

勤続年数	退職所得控除額の計算式
20年以下	40万円×勤続年数（最低80万円）
20年超	800万円＋70万円×（勤続年数－20年）

※勤続年数に1年未満の端数がある場合には1年とします。

なお、退職所得は（退職金－退職所得控除額）$\times\frac{1}{2}$で計算するので、

$(3{,}000万円－1{,}850万円)\times\frac{1}{2}=575万円$になります。

⇒ **3**

30

P327

基礎控除の額は、合計所得金額が2,400万円以下の場合、48万円控除され、合計所得金額が2,500万円を超えると控除されません。

⇒ **×**

31

P296

減価償却の方法には定額法と定率法がありますが、1998年以降に取得した建物の減価償却の方法は定額法となっています。 ⇒ **×**

32

P339

給与所得者であっても以下の場合には確定申告しなければなりません。

• 年間の給与収入が2,000万円を超えている場合
• 医療費控除や配当控除の適用を受ける場合
• 住宅ローン控除の適用を受ける場合（初年度のみで、2年目以降は会社の年末調整で適用可能）
• 給与所得および退職所得以外の所得が年間で20万円を超えている場合　など

⇒ **○**

33

P342

青色申告者は、損益通算しても控除しきれない損失がある場合、翌年以後3年間繰り越して、翌年以降の所得から控除することができます。これを純損失の繰越控除といいます。 ⇒ **1**

配当所得	配当所得＝配当や分配金等の収入金額－元本取得のための負債利子
不動産所得	不動産所得＝不動産の貸付けによる総収入金額－必要経費
土地・建物を譲渡した場合の所得区分	譲渡した年の1月1日において、所有期間が5年以下であれば短期譲渡所得（税率は39.63%）、5年超であれば長期譲渡所得（税率は20.315%）
概算取得費	取得費が不明の場合や実際の取得費が収入金額の5%より少ない場合に、収入金額×5%を概算取得費として譲渡所得を計算できる
一時所得	一時所得＝総収入金額－収入を得るための支出－特別控除額（上限50万円）
公的年金等の雑所得	公的年金等の雑所得＝公的年金等の金額－公的年金等控除額
損失額が損益通算可能な所得	不動産所得・事業所得・山林所得・譲渡所得
青色申告特別控除	青色申告の要件（正規の簿記の原則にしたがって記帳している等）を満たし、事業的規模の不動産所得または事業所得がある場合、55万円が控除される ※e-taxなどを利用した場合は最高で65万円控除される

不動産

試験対策のポイント

- 不動産の価格や鑑定評価方法、登記に関する基本的な事項（権利部の記載事項など）、宅地建物取引業、売買契約に関する事項から出題が多い
- 都市計画法（用途地域や開発許可など）や建築基準法（建蔽率や容積率など）に関する問題は毎回出題
- 不動産を取得した場合、保有している場合、譲渡した場合の税制面についても押さえておこう

※第4章　タックスプランニングの不動産所得に関する事項は、この章の範囲として出題されることもあります

出題傾向

	R4年9月	R5年1月	R5年5月	R5年9月	R6年1月
1. 不動産の基礎と登記	1	1	1	1	2
2. 不動産の取引	1	1		1	1
3. 不動産に関する法律	4	5	4	4	4
4. 不動産の税金	3	2	5	3	2
5. 不動産の有効活用と投資判断指標	1	1		1	1

正誤問題

> **問題** 次の各文章のうち、正しいもの及び適切なものには○、誤っているもの及び不適切なものには×をつけなさい。

不動産の基礎と登記

1
☐☐☐ 不動産の登記記録の表題部については登記義務があり、権利部は登記義務がない。

2
☐☐☐ 不動産を調査するうえで必要な地図や公図および固定資産課税台帳は法務局（登記所）に設置されている。

3
☐☐☐ 登記記録に記載されている区分建物の床面積は壁芯面積で表示されており、パンフレット等の面積は内法面積で表示されている。

4
☐☐☐ 不動産の鑑定評価方法には、原価法、取引事例比較法、収益還元法の3つがあり、複数の鑑定評価方法を併用して価格を評価する。

5
☐☐☐ 不動産の相続税評価額は、毎年の1月1日を基準日として、各都道府県から発表される。

6
☐☐☐ 不動産の登記には公信力があり、登記記録を正しいものと信じて取引を行った者は、その登記記録の内容が真実と異なっていた場合は法律に基づいて保護される。

7
☐☐☐ 登記事項証明書は、その不動産の所有者等一定の利害関係者のみが法務局（登記所）にて請求できる。

date
／　／　／

解答・解説

P354-364

1 不動産の登記記録の表題部については登記義務があり、権利部は登記義務がありません。したがって、権利部については、登記されている名義と実際の所有者が異なることもあります。 ⇒ ○

2 不動産関係の調査資料の設置場所は以下のようになっています。

資料	設置場所
登記事項証明書・地図・公図・地積測量図	法務局（登記所）
固定資産課税台帳・都市計画図	市区町村役場

⇒ ✕

3 マンションなどの区分建物では、登記記録に記載されている床面積は壁の内側で測った内法面積で表示されており、パンフレット等の面積は壁の中心で測った壁芯面積で表示されているので、通常、パンフレットに記載されている面積の方が広くなります。 ⇒ ✕

4 不動産の鑑定評価方法には、原価法、取引事例比較法、収益還元法の３つがあり、通常、不動産鑑定士が複数の鑑定評価方法を併用して価格を評価します。 ⇒ ○

5 相続税評価額は、毎年の１月１日を基準日として、国税庁から発表されます。評価水準は、公示価格の80％程度です ⇒ ✕

6 不動産の登記には公信力がないので、登記記録を正しいものと信じて取引を行った者は、その登記記録の内容が真実と異なっていた場合、法的には保護されません。 ⇒ ✕

7 登記事項証明書は、法務局（登記所）で申請書に記入し、手数料を支払えば誰であっても請求できます。 ⇒ ✕

5章
不動産

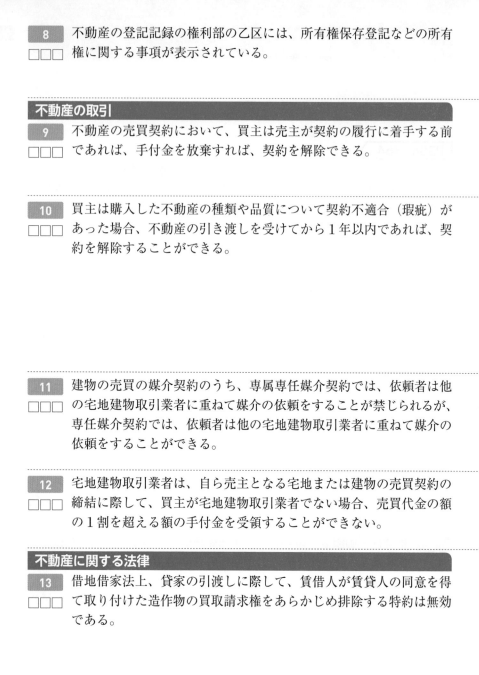

8 不動産の登記記録の権利部の乙区には、所有権保存登記などの所有
□□□ 権に関する事項が表示されている。

不動産の取引

9 不動産の売買契約において、買主は売主が契約の履行に着手する前
□□□ であれば、手付金を放棄すれば、契約を解除できる。

10 買主は購入した不動産の種類や品質について契約不適合（瑕疵）が
□□□ あった場合、不動産の引き渡しを受けてから1年以内であれば、契
約を解除することができる。

11 建物の売買の媒介契約のうち、専属専任媒介契約では、依頼者は他
□□□ の宅地建物取引業者に重ねて媒介の依頼をすることが禁じられるが、
専任媒介契約では、依頼者は他の宅地建物取引業者に重ねて媒介の
依頼をすることができる。

12 宅地建物取引業者は、自ら売主となる宅地または建物の売買契約の
□□□ 締結に際して、買主が宅地建物取引業者でない場合、売買代金の額
の1割を超える額の手付金を受領することができない。

不動産に関する法律

13 借地借家法上、貸家の引渡しに際して、賃借人が賃貸人の同意を得
□□□ て取り付けた造作物の買取請求権をあらかじめ排除する特約は無効
である。

date
／　／　／

8 登記記録の権利部の甲区には、所有権保存登記や所有権移転登記などの所有権に関する事項が、乙区には、抵当権や賃借権などの所有権以外の権利に関する事項が表示されています。 ⇒ ✕

P366-370

9 売買の相手方が契約の履行に着手する前であれば、買主は手付金を放棄することで、売主はその倍額を買主に支払う（返還する）ことで契約を解除できます。 ⇒ ◯

10 買主は不動産の種類や品質について、契約内容に不適合（瑕疵）があったことを知った日から1年以内に、不適合な箇所があることを売主に通知することで、それ以後であれば、契約の解除や物件の補修などを請求することができます。また、売主側に原因がある場合は損害賠償を請求できます。不動産の引き渡しを受けてから1年以内ではありません。ただし、売主が契約内容に不適合があることを事前に知っていた場合や重大な過失により知らなかった場合は、買主は通知不要です。 ⇒ ✕

11 専属専任媒介契約や専任媒介契約では、依頼者は他の宅地建物取引業者に重ねて媒介の依頼をすることが禁じられます。なお、一般媒介契約では、依頼者は他の宅地建物取引業者に重ねて媒介の依頼をすることができます。 ⇒ ✕

12 売主が宅地建物取引業者、買主が宅地建物取引業者以外の場合、宅建業者は2割を上限として手付金を受け取ることができます。 ⇒ ✕

P372-390

13 借地借家法上、貸家の引渡しに際して、賃借人（借主）が賃貸人（大家）の同意を得て取り付けたエアコンなどの造作物の買取請求権（大家に買い取ってもらうよう請求する権利）を賃貸人（大家）があらかじめ排除する（放棄させる）特約は有効です。 ⇒ ✕

14 いわゆる普通借地契約において、賃貸人は借地契約の満了時には正当な事由がなくても更新を拒絶することができる。

15 定期借家契約では、契約は公正証書で行わなければならない。

16 建物の普通借家契約において、1年未満の期間を賃貸借期間として定めた場合、契約は無効となる。

17 事業用定期借地権の契約は必ず公正証書で行わなければならない。

18 都市計画法において、市街化区域内で行う開発行為は、その規模にかかわらず、都道府県知事等の許可を受けなければならない。

19 都市計画法において、市街化調整区域とは、自然環境などを残して、市街地になるのを抑制する区域のことである。

20 用途地域は市街化区域には定められているが、市街化調整区域には定められていない。

21 建築基準法上、都市計画区域における建築物の敷地は、原則として幅員4m以上の道路に2m以上接していなければならないとされている。

date
/ / /

14 普通借地契約において、賃貸人（地主）が借地契約の満了時に契約の更新を拒絶する場合には、正当な事由が必要です。 ⇒ ✕

15 定期借家契約は書面（公正証書以外の書面も可能）または電磁的記録による方法（メールやWEBからのダウンロードなどのデジタル方式による記録）であればよく、公正証書でなくてもかまいません。 ⇒ ✕

16 普通借家契約において、1年未満の期間を賃貸借期間として定めた場合、期間の定めのない契約（期間を定めないまま契約すること）になります。契約が無効になることはありません。 ⇒ ✕

17 事業用定期借地権の契約は必ず公正証書で行わなければなりません。なお、事業用定期借地権は事業用建物の所有を目的に設定するものに限定され、居住用の建物は認められません。 ⇒ ◯

18 市街化区域内で開発行為を行う場合、1,000㎡以上の開発行為は道府県知事等の許可が必要です。なお、3大都市圏（東京・大阪・名古屋）の既成市街地では500㎡以上の開発行為は許可が必要です。 ⇒ ✕

19 市街化調整区域では、自然環境を残すために開発行為や建物の建築は制限されます。なお、市街化区域は既に市街地になっている区域や、10年以内に優先して市街化を図る区域のことです。 ⇒ ◯

20 用途地域は市街化区域において定められており、市街化調整区域では、通常、用途地域は定められていません。なお、用途地域は13種類に区分されています。 ⇒ ◯

21 建築基準法上、都市計画区域または準都市計画区域における建築物の敷地は、原則として幅員4m以上の道路（自動車専用道路は除く）に2m以上接していなければならないとされています。これを接道義務といいます。 ⇒ ◯

5章

不動産

22 建築基準法上、建蔽率が80％の商業地域内で、かつ、防火地域内にある耐火建築物については、建蔽率の制限はなくなる。

□□□

23 建築基準法上、住宅を工業地域に建築することはできない。

□□□

24 建築基準法の規定によれば、特定行政庁の指定する角地にある敷地に建築物を建築する場合、その敷地の容積率の上限が10％緩和される。

□□□

25 ２つ以上の用途地域にまたがって建物を建築する場合は、面積が過半を占める用途地域の制限（規定）が適用される。

□□□

26 建築物が防火地域と準防火地域にわたる場合、原則として、その全部について防火地域内の建築物に関する規定が適用される。

□□□

27 建築基準法上、第一種低層住居専用地域では、原則として10mまたは12mのうち都市計画で定められた高さを超える建物を建てることはできない。

□□□

28 「建物の区分所有法」では、区分所有者は原則として、専有部分とその専有部分にかかる敷地利用権とを分離して処分することができない。

□□□

29 区分所有法における集会の決議は、区分所有者の定数と専有部分の床面積の保有割合から算出する議決権による。

□□□

22 建築基準法上、建蔽率（建ぺい率）が80％の地域（近隣商業地域または商業地域内等）で、かつ、防火地域内に耐火建築物を建てる場合、建蔽率の制限はなくなります（建蔽率100％となる）。⇒ ○

23 住宅や老人ホーム、図書館は工業専用地域のみ建築できません。それ以外の用途地域では建築可能です。⇒ ×

24 特定行政庁の指定する角地にある敷地に建築物を建築する場合、建蔽率が10％加算されますが、容積率は加算（緩和）されません。⇒ ×

25 異なる用途地域にまたがって建物を建築する場合は、面積が過半を占める用途地域の制限（規定）が適用されます。⇒ ○

26 防火地域と準防火地域にわたって建物を建てる場合、厳しい方の規制が適用されます。つまり、防火地域と準防火地域にわたる場合は、すべて防火地域扱いになり、防火地域に関する規定が適用されます。⇒ ○

27 第一種低層住居専用地域、第二種低層住居専用地域および田園住居地域では、原則として10mまたは12mのうち都市計画で定められた高さを超える建物を建てることはできません。⇒ ○

28 原則として、敷地利用権（建物が立っている敷地を使用する権利）を専有部分と切り離して、別々に売却等することはできません。⇒ ○

29 集会の決議は区分所有者の定数と専有部分の床面積の保有割合から算出する議決権によります。なお、集会は年１回以上、管理者より招集されます。⇒ ○

30 相続により不動産を取得する場合、不動産取得税は課税される。
□□□

31 居住用の家屋の譲渡や貸付け（貸付期間が1カ月に満たないものを
□□□ 除く）にかかる家賃等には、消費税が課されない。

32 固定資産税の納税義務者は、原則として毎年の1月1日現在の固定
□□□ 資産課税台帳に登録されている者である。

33 不動産の固定資産税の課税標準となる価格は、原則として、3年に
□□□ 1度評価替えが行われる。

34 不動産を譲渡した場合の譲渡費用には、譲渡する際に支出した仲介
□□□ 手数料や印紙税、登記費用、賃借人への立退料等が該当するが、固
定資産税は譲渡費用には含まれない。

35 不動産の譲渡所得は、譲渡時点において所有期間が5年を超えてい
□□□ れば、長期譲渡所得となる。

36 一定の居住用財産を譲渡し、その所有期間が10年を超えている場合
□□□ は、3,000万円の特別控除を差し引いた後の金額に軽減税率が適用
される。

37 不動産の貸付から生じる所得は、事業的規模であっても不動産所得
□□□ となる。

30 相続や遺贈により不動産を取得する場合には、不動産取得税は課税されません。なお、贈与により取得した場合は課税されます。

⇒ ✕

31 居住用の建物やその土地であれば、譲渡した場合も貸付けの場合にも、消費税が課されません。なお、不動産会社を通して住宅を買った場合、消費税は課税されます。 ⇒ ◯

32 固定資産税の納税義務者は、毎年の1月1日現在の固定資産課税台帳に登録されている者です。 ⇒ ◯

33 固定資産税の課税標準価格は、1月1日を基準日として3年に1度評価替え（見直し）が行われます。 ⇒ ◯

34 不動産を譲渡した場合の譲渡費用には、譲渡する際に支払った仲介手数料や印紙税、登記費用などの登録免許税、賃借人への立退料等の費用が含まれますが、固定資産税は譲渡費用に含まれません。 ⇒ ◯

35 不動産の譲渡所得は、譲渡した年の1月1日時点において、所有期間が5年を超えていれば長期譲渡所得、5年以下であれば短期譲渡所得となります。 ⇒ ✕

36 一定の居住用財産を譲渡し、譲渡した年の1月1日における所有期間が10年を超えている場合、3,000万円の特別控除後の金額に軽減税率の適用を受けることができます。 ⇒ ◯

5章
不動産

37 不動産の貸付から生じる所得は、事業的規模かどうかにかかわらず、不動産所得です。なお、貸付けている建物や敷地を売却したときの所得は、不動産所得ではなく譲渡所得です。 ⇒ ◯

間違え
やすい
ポイント

事業的規模の不動産の貸付を行っていても、不動産の貸付から生じる所得は事業所得ではなく、不動産所得になります。

38 不動産所得の金額の計算上生じた損失の金額のうち、建物を取得するために要した負債の利子の金額は、損益通算の対象とならない。

□□□

39 都市計画税は、原則として、都市計画区域のうち市街化区域内に所在する土地・家屋の所有者に対して課される。

□□□

不動産の有効活用と投資判断指標

40 不動産投資の採算性の評価に用いられる純利回り（NOI利回り）は、純収益を総投下資本で除して算出する。

□□□

41 土地活用方式のうち、事業受託方式では、一般に、土地所有者が土地を、デベロッパーが建設費等の事業費を拠出し、完成後の建物の床面積をそれぞれの拠出割合に応じて所有する。

□□□

42 定期借地権方式とは、土地に定期借地権を設定し、その土地を他人に貸すことで有効活用する方法である。

□□□

38 土地等を取得するための借入金（負債）の利子は損益通算の対象になりませんが、建物を取得するための借入金（負債）の利子は、損益通算可能です。　　　　　　　　　　　　　　　　　　⇒ ✕

39 都市計画税は、原則として、都市計画区域のうち市街化区域内に所在する土地・家屋の所有者（1月1日に固定資産課税台帳に登録されている者）に対して課されます。税率は市区町村が決めますが、上限は0.3％です。　　　　　　　　　　　　　　　⇒ ○

P410-414

40 純収益（賃貸収入－諸経費）を総投資額（購入金額）で割ったのが純利回り（NOI利回り）です。　　　　　　　　　　　　⇒ ○

41 設問文は等価交換方式の説明です。事業受託方式とは、土地所有者は自分の土地を所有したまま、デベロッパーに企画立案・建物の設計などを委託して、賃貸事業などを行う方法です。　　　　⇒ ✕

42 定期借地権方式とは、定期借地権を設定した土地を他人に貸すことで、土地を有効活用する方法です。期間満了時には、借地人は建物を取り壊し、更地にして返還します。　　　　　　　　　⇒ ○

5章
不動産

3答択一問題

問題 次の各文章の（　　）内にあてはまる最も適切な文章、語句、数字またはそれらの組合せを1～3の中から選びなさい。

不動産の基礎と登記

1
□□□ 公示価格とは、一般の土地取引の指標となる土地の価格で、毎年の（　①　）を基準日として、（　②　）から発表される。

1. ①1月1日　②国土交通省
2. ①1月1日　②都道府県
3. ①7月1日　②国土交通省

2
□□□ 不動産鑑定評価基準に規定されている不動産の価格を求める鑑定評価の手法のうち、（　①　）とは、その不動産が将来生み出すであろうと期待される賃貸収入などの純収益の現在価値の合計を求めることにより対象不動産の価格を求める手法であり、直接還元法と（　②　）がある。

1. ①収益還元法　　②DCF法
2. ①取引事例比較法　②ドルコスト平均法
3. ①原価法　　②DCF法

解答・解説

P354-364

1 公示価格とは、一般の土地取引の指標となる土地の価格で、毎年の1月1日を基準日として、国土交通省から3月下旬に発表されます。

⇒ 1

	公示価格	基準地標準価格	相続税評価額（路線価）	固定資産税評価額
発表機関	国土交通省	都道府県	国税庁	市区町村
利用目的	一般の土地取引の指標	公示価格の補完的価格	相続税、贈与税の算出基準	固定資産税、不動産取得税、都市計画税などの算出基準
基準日	毎年の1月1日	毎年の7月1日	毎年の1月1日	1月1日（評価額は3年ごとに見直し）
発表時期	3月下旬	9月下旬	7月上旬	3月下旬ごろ
評価水準	－	公示価格の100%	公示価格の80%程度	公示価格の70%程度

2

⇒ 1

〈不動産の鑑定評価方法〉

原価法	その時点で新しく購入した場合の価格（再調達原価）を計算し、古くなることによるマイナス分（築年数のこと）を差し引いて（減価修正）現在の不動産価格を計算する方法
取引事例比較法	評価する不動産と条件の近い物件の取引事例との比較によって評価する方法。売り急いだ物件は除外し、投機的な物件（短期的な値上り目的のみで買われた物件）などは価格を補正して計算する
収益還元法	不動産が将来生み出す賃貸収入などの収益を現在価値に還元し、総合計して求める方法（将来の純収益の現在価値の合計）※収益還元法には直接還元法とDCF法の2種類がある
①直接還元法	一定期間の純収益を還元利回り（一定の利回り）によって割り戻して（現在評価したらいくらの価値になるのか）収益を求める方法で、以下の式で計算する直接還元法による収益価格＝（総収入－必要経費）÷還元利回り
②DCF法	不動産から将来にわたって生まれる各期の純収益（賃貸収益）と保有期間終了後のその不動産の価格を求め、現在価値に割り戻した金額（現在評価したらいくらの価値になるのかを計算した額）を合計して求める方法

3
□□□ 宅地または建物等の媒介契約のうち、一般媒介契約の契約期間は（ ① ）であり、専任媒介契約の契約期間は（ ② ）以内となっている。

1. ①１か月以内　②３か月
2. ①３か月以内　②６か月
3. ①自由　　　　②３か月

不動産に関する法律

4
□□□ 普通借地契約では、最初の存続期間は、原則として（ ① ）年契約で、これより短い期間を定めたときの存続期間は（ ① ）年とされ、契約期間が完了した後の最初の更新期間は（ ② ）年以上とされている。

1. ①10　②10　　　**2.** ①30　②20　　　**3.** ①50　②30

5
□□□ 市街化区域で開発行為をする場合、原則として（ ）以上の開発を行うときは、都市計画法に定める都道府県知事等の開発許可が必要となる。

1. 300㎡　　　**2.** 1,000㎡　　　**3.** 3,000㎡

6
□□□ 都市計画区域にある幅員（ ① ）未満（特定行政庁が指定する区域内は６ｍ未満）の道で、いわゆる建築基準法上の道路とみなされるもの（いわゆる２項道路）については、原則として、その中心線からの水平距離で（ ② ）後退した線がその道路の境界線とみなされる。

1. ①３ｍ　②1.5ｍ　　**2.** ①４ｍ　②２ｍ　　**3.** ①５ｍ　②2.5ｍ

7
□□□ 建築基準法の規定では、容積率とは、建築物の（ ① ）の（ ② ）に対する割合をいう。

1. ①建築面積　②敷地面積　　　**2.** ①延べ（床）面積　②敷地面積
3. ①建築面積　②延べ（床）面積

date
／　／　／

P366-370

3 一般媒介契約では、契約期間は特になく自由となっており、専任媒介契約や専属専任媒介契約では契約期間は3か月以内となっています。 ⇒ **3**

P372-390

4 普通借地契約では、最初の存続期間は、最短30年とされ、契約でこれより短い期間を定めたときの存続期間は30年、30年より長い期間を定めた場合は、その期間とされます。契約期間が完了した後の最初の更新期間は20年以上、2回目以後の更新の場合は10年以上の単位とされています。 ⇒ **2**

5 原則として、市街化区域で1,000㎡以上（3大都市圏は500㎡以上）の開発行為をする場合、都道府県知事等の開発許可が必要です。 ⇒ **2**

6 都市計画区域にある幅員4m未満（特定行政庁が指定する区域内は6m未満）の道で、いわゆる建築基準法上の道路とみなされるもの（いわゆる2項道路）については、原則として、その中心線からの水平距離で2m後退した線がその道路の境界線とみなされます。これにより後退した部分をセットバックといい、建築物の敷地として利用できません。 ⇒ **2**

7 容積率とは、建築物の延べ（床）面積の敷地面積に対する割合をいい、

$$容積率（\%）＝\frac{建築物の延べ（床）面積}{敷地面積}×100 \quad で計算されます。$$

⇒ **2**

5章
不動産

8 幅員６mの市道に12m接する200㎡の敷地に、建築面積が120㎡、延べ床面積が180㎡の２階建ての住宅を建築する場合、この住宅の容積率は、（　　　　　）となる。

1. 60%　　　**2.** 66%　　　**3.** 90%

9 農地を農地以外に転用する場合、原則として都道府県知事の許可が必要であるが、（　　）にある農地を転用する場合は、事前に農業委員会に届出をすれば許可は不要である。

1. 市街化調整区域内　　**2.** 市街化区域内　　**3.** 準都市計画区域内

10 建物の区分所有法の規定によれば、建物の建替え決議は、区分所有者および議決権の各（　　　）以上の多数で決議をすることができる。

1. ３分の２　　　**2.** ４分の３　　　**3.** ５分の４

不動産の税金

11 一定の条件を満たす新築住宅（認定長期優良住宅は除く）を取得した場合、不動産取得税の課税標準の特例として、固定資産税評価額から（　　）を控除できる。

1. 1,000万円　　　**2.** 1,200万円　　　**3.** 1,300万円

12 「住宅用地の固定資産税の課税標準の特例」により、住宅用地のうち小規模住宅用地の１戸当たり（ ① ）までの部分については、固定資産税評価額の（ ② ）の額が課税標準とされる。

1. ①200㎡　②３分の１　　**2.** ①200㎡　②６分の１
3. ①400㎡　②６分の１

date
／　／　／

8 容積率は敷地面積に対する建築物の延べ（床）面積の割合のことです。

$$容積率（％）＝\frac{180}{200}×100＝90％$$

⇒ **3**

9 農地を農地以外に転用する場合、原則として都道府県知事の許可が必要ですが、市街化区域内にある農地を転用する場合は、事前に農業委員会に届け出れば都道府県知事の許可は不要です。　⇒ **2**

10 建物の建替え決議は、区分所有者および議決権の各5分の4以上の多数で決議をすることができます。なお、規約の設定や変更・廃止の場合は4分の3以上で決議されます。　⇒ **3**

P393-407

11 一定の条件を満たす新築住宅（認定長期優良住宅は除く）を取得した場合、不動産取得税の課税標準の特例として、固定資産税評価額から1,200万円を控除できます。　⇒ **2**

12 小規模住宅用地（住宅1戸当たり200㎡まで）については、課税標準の特例により、固定資産税評価額が6分の1になります。　⇒ **2**

5章
不動産

13 一般の土地・建物の短期譲渡所得に対する税額は、課税短期譲渡所得金額に（　　）を乗じて求められる。※復興特別所得税を考慮しない。

1. 25％（所得税20％、住民税５％）
2. 30％（所得税25％、住民税５％）
3. 39％（所得税30％、住民税９％）

---

14 「居住用財産を譲渡した場合の3,000万円の特別控除の特例」について（　①　）である場合は、その適用を受けることができず、またこの特例は（　②　）に１回しか適用を受けることができない。

1. ①譲渡の相手が特別関係者（配偶者や子など）　②３年
2. ①課税譲渡所得の金額が5,000万円超　　　　②５年
3. ①譲渡する居住用財産の所有期間が10年未満　②20年

---

15 居住用財産を譲渡し、損失が発生した場合に「特定居住用財産の譲渡損失の損益通算および繰越控除」の適用を受けるための要件のひとつとして、（　　）ことがあげられる。

1. 控除対象者が適用を受けようとする年の合計所得金額が5,000万円以下である
2. 譲渡資産の所有期間が、譲渡した年の１月１日時点で５年超である
3. 譲渡資産の譲渡価額が２億円以下である

不動産の有効活用と投資判断指標

16 投資総額１億円の賃貸用不動産の年間収入金額が1,000万円、年間費用が300万円である場合、この投資の表面利回り（単純利回り）は、（　①　）、純利回り（NOI利回り）は、（　②　）である。

1. ①10％　②７％
2. ①10％　②３％
3. ①７％　②10％

13 土地・建物の譲渡所得は、譲渡した年の１月１日の所有期間が５年以内の場合、短期譲渡所得（所得税30％［復興税込みで30.63％］・住民税９％、計39.63％）となり、所有期間が５年超の場合は長期譲渡所得（所得税15％［復興税込みで15.315％］・住民税５％、計20.315％）となります。 ⇒ **3**

14 「居住用財産を譲渡した場合の3,000万円の特別控除の特例」について譲渡の相手が特別関係者(配偶者や子など生計を一にする親族)である場合は、その適用を受けることができません。またこの特例は３年に１回しか適用を受けることができないので、前年や前々年にこの特例の適用を受けている場合には適用を受けることはできません。なお、「居住用財産を譲渡した場合の3,000万円の特別控除の特例」については、居住用財産の保有期間に関する規制はないので短期間での譲渡の場合も適用されます。 ⇒ **1**

15 居住用財産を譲渡し、損失が発生した場合に「特定居住用財産の譲渡損失の損益通算および繰越控除」の適用を受けるための要件として、譲渡資産の所有期間が、譲渡した年の１月１日時点で５年超であること、控除対象者が適用を受けようとする年の合計所得金額が3,000万円以下であることなどが挙げられます。 ⇒ **2**

5章
不動産

P412

16

- 表面利回り（単純利回り）
  ＝年間収入金額÷投資（購入）金額×100より、
  1,000万円÷１億円×100＝10％

- 純利回り（NOI利回り）
  ＝年間純収入金額（収入金額−費用）÷投資（購入）金額×100より、
  (1,000万円−300万円)÷１億円×100＝7％ ⇒ **1**

総合確認問題

問題 次の各文章の正誤を判断し、または（　　）内にあてはまる最も適切な文章、語句、数字などの組合せを選びなさい。

1
登記すべき不動産の、登記申請に必要な書類が提出できないなどの手続上の要件が備わっていない場合は、仮登記をすることでその後に行う本登記の順位を保全することができる。

2
固定資産税評価額は、市区町村が毎年1月1日を価格判定の基準日として評価するもので、評価額は公示価格の70％程度である。

3
不動産の価格を求める鑑定評価の手法のうち、原価法は、価格時点における対象不動産の再調達原価を求め、この再調達原価について減価修正を行って対象不動産の試算価格を求める手法である。

4
アパートやマンションの所有者が自ら当該建物の賃貸を業として行う行為は、宅地建物取引業法で規定する宅地建物取引業に該当しない。

5
宅地建物取引業者は、自ら売主となり宅地建物取引業者でない買主との間での宅地または建物の売買契約の締結に際して、売買代金の10％を超える額の手付金を受領することができない。

6
不動産の売買契約において、買主が売主に解約手付を交付した場合、売主は、自身が契約の履行に着手していなければ、受領した解約手付の倍額を買主に返還することで、契約の解除をすることができる。

date
/ / /

解答・解説

1
P357
仮登記は本登記を行うのに必要な要件が整っていない場合に、本登記を行うために登記簿上の順位を保全しておくために行います。後に本登記を行うときの順位は、仮登記の順位によります。　⇒ ◯

2
P362
固定資産税評価額は、市区町村が毎年1月1日を価格判定の基準日として評価するもので、評価額は公示価格の70%程度で、3年ごとに見直されます。　⇒ ◯

3
P363
原価法は、価格時点（価格を判定する基準日）で対象となる不動産をあらためて購入した場合の価格（再調達原価）を求め、この再調達原価について減価修正を行って対象不動産の試算価格を求める手法です。　⇒ ◯

4
P366
自身が所有する建物を他人に貸し付ける場合は、宅地建物取引業に該当しません。したがって、宅地建物取引業の免許は不要です。　⇒ ◯

5
P369
売主が宅地建物取引業者で、買主は宅地建物取引業者でない場合、宅地建物取引業者が受け取る手付金の額は、売買代金の20%が上限です。　⇒ ✕

6
P369
不動産の売買契約において、買主が売主に解約手付を交付した場合、売主は、買主が契約の履行に着手（購入代金の支払いを行うなど）していなければ、受領した解約手付の倍額を買主に返還することで、契約の解除をすることができます。買主は売主が契約の履行（物件の引渡しなど）に着手する前であれば、手付金を放棄することで解約できます。　⇒ ✕

5章
不動産

7 取得日が2019年10月1日の土地を譲渡する場合、譲渡日が2024年11月5日であれば、当該譲渡は長期譲渡所得に区分される。

8 「居住用財産を譲渡した場合の3,000万円の特別控除」の適用を受ける場合、その家屋に居住しなくなった日から（　①　）を経過した年の（　②　）までの譲渡でなければならない。

1. ①1年　②12月31日　　**2.** ①3年　②3月31日
3. ①3年　②12月31日

9 事業用定期借地契約では、利用目的は事業用に限定され、必ず公正証書で契約しなければならない。

10 賃貸借期間を1年未満とする定期建物賃貸借契約（定期借家契約）は、期間の定めがない賃貸借契約とみなされる。

11 市街化区域には、住居系、商業系、工業系の用途地域があり、10種類に分類されている。

12 都市計画法において、市街化区域は、「すでに市街地を形成している区域」および「おおむね5年以内に優先的かつ計画的に市街化を図るべき区域」とされている。

13 都市計画区域内の防火地域内に耐火建築物を建築する場合、建築基準法による建蔽率と容積率の双方の制限について緩和を受けることができる。

14 相続した不動産の所有権移転登記を行う場合は、登録免許税は課されない。

date　／　／　／

7
P400

土地を譲渡した場合、譲渡した年の1月1日において、所有期間が5年超であれば長期譲渡所得、5年以下であれば短期譲渡所得に区分されます。このケースでは2024年の1月1日現在では所有期間は5年以下なので、短期譲渡所得になります。 ⇒ ✗

8
P402

「居住用財産を譲渡した場合の3,000万円の特別控除」の適用を受ける場合、その家屋に居住しなくなった日から3年を経過した年の12月31日までに譲渡しなければなりません。 ⇒ 3

9
P374

事業用定期借地契約（存続期間は10年以上50年未満）では、利用目的は事業用に限定され、居住用建物は対象外です。また、契約方式は公正証書に限定されます。 ⇒ ○

10
P376

定期借家契約では、契約期間に制限はなく、1年未満の契約も可能です。なお、普通借家契約では、1年未満の契約は期間の定めがない契約とみなされます。 ⇒ ✗

11
P378

市街化区域には、住居系、商業系、工業系の用途地域があり、13種類に分類されています。 ⇒ ✗

12
P377

市街化区域とは、「すでに市街地を形成している区域」および「おおむね10年以内に優先的かつ計画的に市街化を図るべき区域」とされています。 ⇒ ✗

13
P387

特定行政庁の指定する角地に建築する場合や、防火地域に耐火建築物あるいは準防火地域に耐火建築物や準耐火建築物を建築する場合、建蔽率は10％（両方に該当する場合は20％）緩和されますが、容積率は緩和されません。 ⇒ ✗

14
P395

登録免許税は、相続や贈与により土地や建物を取得した場合も課税されます。なお、不動産取得税は、相続により不動産を取得した場合、課されません。 ⇒ ✗

15 個人が土地を取得した場合、その個人に課される不動産取得税の標準税率は、現状、4％である。

□□□

16 不動産の売買契約書において、印紙税を納付しなかった場合、過怠税が課され、契約書の内容は無効となる。

□□□

17 都市計画税は、0.3％以下であれば各市区町村の条例で定めることができ、固定資産税とあわせて納付する。

□□□

18 不動産の譲渡所得を計算する際、取得費が不明の場合、譲渡収入金額の3％を取得費として計算することができる。

□□□

19 店舗併用住宅を譲渡し、「居住用財産を譲渡した場合の3,000万円の特別控除の特例」の適用を受ける場合、居住用部分が2分の1以上あることが要件となっている。

□□□

20 「居住用財産を譲渡した場合の3,000万円の特別控除の特例」の適用を受けるためには、適用を受けようとする者のその年分の合計所得金額が2,000万円以下でなければならない。

□□□

21 居住用財産を譲渡した場合の3,000万円の特別控除は、居住用財産を居住の用に供さなくなった日の翌年の12月31日までに譲渡しなければ、適用を受けることができない。

□□□

22 「空き家の譲渡に係る譲渡所得の特別控除の特例」の適用を受けるためには、譲渡した空き家の譲渡価額が3,000万円以下でなければならない。

□□□

date

/ / /

15 **P394** 個人が土地や住宅を取得した場合の不動産取得税は固定資産税評価額に対して３％に軽減されています。なお、住宅以外の不動産（店舗や事務所など）を取得した場合の標準税率は４％です。 ⇒ ✕

16 **P396** 不動産の売買契約書において、印紙税を納付しなかった場合や消印がない場合、過怠税が課されますが、売買契約自体は有効です。 ⇒ ✕

17 **P399** 都市計画税は、市街化区域内に所在する土地・家屋の所有者に対して課されるもので、0.3％以下であれば各市区町村が条例で自由に定めることができます。なお、都市計画税と固定資産税はあわせて納付します。 ⇒ ◯

18 **P402** 不動産の譲渡所得を計算する際、取得費が不明の場合や、実際の取得費が譲渡収入金額の５％以下の場合、譲渡収入金額の５％を概算取得費として計算することができます。 ⇒ ✕

19 **P402** 店舗併用住宅を譲渡し、「居住用財産を譲渡した場合の3,000万円の特別控除の特例」の適用を受ける場合、居住用部分が90％以上あることが要件となっています。なお、適用を受けるには譲渡所得がゼロの場合でも確定申告が必要です。 ⇒ ✕

20 **P403** 「居住用財産を譲渡した場合の3,000万円の特別控除の特例」の適用を受けるための要件に、所得や所有期間に関する要件はありません。 ⇒ ✕

21 **P402** 「居住用財産を譲渡した場合の3,000万円の特別控除の特例」は、居住しなくなった日から３年を経過する日の属する年の12月31日までに譲渡しなければ、適用を受けることができません。 ⇒ ✕

22 **P406** 「空き家の譲渡に係る譲渡所得の特別控除（3,000万円の控除）の特例」の適用を受けるためには、譲渡した空き家の譲渡価額が1億円以下でなければなりません。 ⇒ ✕

5章 不動産

23 土地の有効活用において、一般に、土地所有者が入居予定のテナントから建設資金を借り受けて、事業会社の要望に沿った店舗等を建設し、その店舗等を事業会社に賃貸する手法を、事業用定期借地権方式という。

24 土地の有効活用方式のうち、土地所有者が土地の全部または一部を拠出し、デベロッパーが建設資金を負担して建築物を建設し、それぞれの出資比率に応じて土地・建物に係る権利を取得する方式を、（　　　）という。

1. 定期借地権方式　　**2.** 建設協力金方式　　**3.** 等価交換方式

25 不動産投資の採算性を示す指標の1つである（　　　）は、年間賃料収入を投資額で除して算出する。

1. 単純利回り　　**2.** ネット利回り　　**3.** 内部収益率

26 200㎡の敷地に建築面積100㎡、延べ床面積150㎡の2階建ての住宅を建築した場合の建蔽率は75%である。

27 建物の区分所有等に関する法律において、規約の変更は、区分所有者および議決権の各（　　　）以上の多数による集会の決議によらなければならない。

1. 3分の2　　**2.** 4分の3　　**3.** 5分の4

28 定期借家契約を締結するためには、建物の賃貸人は、あらかじめ、建物の賃借人に対し、建物の賃貸借は契約の更新がなく、期間の満了により当該建物の賃貸借は終了することについて、その旨を通知して説明しなければならない。

29 住宅用地に対する固定資産税の課税標準の特例は、自己の居住用家屋の宅地以外に賃貸アパートがある宅地についても適用される。

23 **P411** 土地所有者が建物の借主（テナント）から建設資金借りて、建設資金の全部または一部に充当して、テナントのニーズにあわせた建物を建設する方式を建設協力金方式と言います。 ⇒ ✕

24 **P411** 土地所有者が土地の全部または一部を出資し、デベロッパーが建設資金を提供してマンション等を建設し、土地所有者とデベロッパーが土地と建物を出資比率に応じて所有する方式は、等価交換方式のことです。 ⇒ **3**

25 **P412** 単純利回り（表面利回り）は、年間総収入金額を投資金額（購入金額）で除して算出します。 ⇒ **1**

26 **P382** 建蔽率＝建築面積÷敷地面積×100より、
100㎡÷200㎡×100＝50% ⇒ ✕

27 **P390** 規約を設定や変更する場合は、区分所有者および議決権の各4分の3以上の多数による集会の決議によらなければなりません ⇒ **2**

5章
不動産

28 **P376** 定期借家契約では、賃貸人（大家）は賃借人（借主）に対し、あらかじめ、契約の更新がなく期間満了により賃貸借契約が終了することを通知して説明しなければなりません。 ⇒ ◯

29 **P398** 住宅用地に対する固定資産税の課税標準の特例は、200㎡以下の宅地について、固定資産税評価額が6分の1に軽減される制度で、自己の居住用家屋の宅地や賃貸アパートがある宅地についても適用されます。 ⇒ ◯

●不動産の登記記録

<table>
<tr>
<td rowspan="2">表題部</td>
<td rowspan="2">土地・建物など不動産の概要を表示する</td>
<td>土地</td>
<td>所在・地番・地目（畑、空き地など土地の種類）・地積（面積）</td>
</tr>
<tr>
<td>建物</td>
<td>所在・家屋番号・種類・構造・床面積など</td>
</tr>
<tr>
<td rowspan="2">権利部</td>
<td>甲区</td>
<td>所有権に関する事項を表示する</td>
<td>所有権保存登記・所有権移転登記など</td>
</tr>
<tr>
<td>乙区</td>
<td>所有権以外の権利に関する事項を表示する</td>
<td>抵当権、地上権、賃借権など</td>
</tr>
</table>

※表題部の地目は、土地の現在の状況と一致しているとは限りません

●不動産を売買するときの手付金

　相手方が契約の履行に着手するまでであれば、買主は手付金を放棄することで、売主はその倍額を買主に払う（返還する）ことで、契約を解除できる

●市街化区域と市街化調整区域

市街化区域	すでに市街地になっている区域や10年以内に優先的に市街化を図るべき区域のこと
市街化調整区域	市街地になるのを抑制する区域のことで、自然環境などを残していく場所のこと（開発行為や建築物の建築が制限される）

●土地の価格の評価水準

	基準地標準価格	相続税評価額	固定資産評価額
評価水準	公示価格と同じ	公示価格の80%	公示価格の70%

相続・事業承継

試験対策のポイント

- 贈与の種類および非課税財産、贈与税の申告方法と計算方法、配偶者への居住用財産の贈与の特例を押さえよう
- 相続時精算課税も出題頻度が高いので要注意
- 相続関連では法定相続人と法定相続分、遺産分割の方法、遺言の基本、相続税の基礎控除、土地の相続税評価額の計算式（特に貸宅地や貸家建付地など）を覚えておこう

出題傾向

	R4年9月	R5年1月	R5年5月	R5年9月	R6年1月
1. 贈与税	4	3	3	4	3
2. 相続の基礎	2	3	3	2	2
3. 相続税の仕組み	3	2	1	3	3
4. 相続財産の評価	1	2	3	1	2

正誤問題

問題 次の各文章のうち、正しいもの及び適切なものには○、誤っているもの及び不適切なものには×をつけなさい。

贈与税

1 □□□ 死因贈与により受贈者が取得した財産は、贈与税ではなく、相続税の課税対象となる。

2 □□□ 口頭による贈与（書面によらない贈与）の場合は、すでに履行が終わった部分を除き、各当事者が契約を撤回することができる。

3 □□□ 個人間において著しく低い価額の対価で財産の譲渡が行われた場合、原則として、その譲渡があった時の譲受財産の時価と支払った対価との差額に相当する金額について、贈与税の課税対象となる。

4 □□□ 暦年課税による贈与税の計算において、同じ年に父と母からそれぞれ贈与を受けた場合の基礎控除額の上限は、220万円となる。

5 □□□ 贈与税を延納する場合、贈与税額が10万円以上であることが要件となっている。

6 □□□ 贈与税では、延納は可能であるが、物納は認められない。

7 □□□ 相続や遺贈により財産を取得した者が、その被相続人から相続の開始年に贈与を受けた財産は、贈与税の課税対象となる。

date / / /

P420-433

1 死因贈与により受贈者が取得した財産は、贈与税ではなく、相続税の課税対象です。 ⇒ ○

2 口頭による贈与（書面によらない贈与）は、各当事者が自由に撤回することができます。ただし、すでに引き渡しが終わった部分については、取消しできません。 ⇒ ○

3 個人間において著しく低い価額の対価で財産の譲渡が行われた場合、原則として、受取った財産の時価と支払った金額との差額について、みなし贈与財産として贈与税の課税対象となります。 ⇒ ○

4 暦年課税による贈与税の基礎控除額は、贈与を受けた者（受贈者）1人につき、年間110万円となっています。したがって、父と母から贈与を受けた場合でも基礎控除額は110万が上限です。 ⇒ ✕

5 贈与税の延納の要件として、贈与税額が10万円以上であること、納付期限までに金銭での一括納付が困難なこと、原則として担保の提供が必要であることなどがあります。 ⇒ ○

6 贈与税では、納付期限までに金銭で一括納付できない場合は、最長5年間延納できますが、物納は認められていません。 ⇒ ○

7 相続や遺贈により財産を取得した者が、その被相続人から相続の開始年に贈与を受けた場合、その財産は贈与税の課税対象ではなく、相続税の課税対象となります。ただし、贈与税の配偶者控除の特例の適用を受けた財産などは、相続税の対象とはなりません。 ⇒ ✕

6章 相続・事業承継

8 「贈与税の配偶者控除の特例」の適用を受けることで、贈与税の納付額がゼロになる場合には、贈与税の申告書を提出する必要はない。

9 相続時精算課税制度では、贈与のあった年の1月1日現在60歳以上の父母が18歳以上の子である推定相続人（代襲相続人を含む）に贈与を行った場合に、贈与財産の価額が2,000万円までは課税されず、2,000万円を超えた金額に20％課税される。

10 相続時精算課税制度の適用を受けた財産は、贈与者の相続が発生した場合の相続税の計算において、基礎控除の110万円を除いて、相続時の価額によって相続税の課税価格に加算される。

11 「教育資金の一括贈与に係る贈与税非課税措置」は、受贈者の前年の合計所得金額が1,000万円を超える場合、適用を受けることができない。

12 「教育資金の一括贈与に係る贈与税非課税措置」は、相続時精算課税制度と併用して適用を受けることができる。

相続の基礎

13 被相続人Aの子Bが、Aの相続開始以前にすでに死亡していたときは、原則としてBの子のCが、Bの代襲相続人として被相続人Aの相続人となる。

14 配偶者と被相続人の父が法定相続人の場合の法定相続分は、配偶者が3分の2、父が3分の1である。

date
／　／　／

8 「贈与税の配偶者控除の特例」の適用を受けることで、贈与税の納税額がゼロになる場合でも、贈与税の申告は必要です。

⇒ ✕

9 相続時精算課税制度では、2,500万円までの贈与財産については課税されず、毎年の基礎控除額の110万円は除いて、累計で2,500万円を超える部分について20％の贈与税がかかります。なお、贈与者は贈与のあった年の1月1日現在60歳以上の父母や祖父母で、受贈者は1月1日現在18歳以上の子である推定相続人（代襲相続人を含む）および18歳以上の孫です。

⇒ ✕

10 相続時精算課税制度の適用を受けた財産は、相続が発生した場合に相続財産に加えられますが、相続時ではなく贈与時の価格で相続税の課税価格に加算されます。なお、毎年の基礎控除の110万円までの贈与については、非課税となり相続財産に加算されません。⇒ ✕

11 「教育資金の一括贈与に係る贈与税非課税措置」の適用を受けることができる受贈者の要件は前年の合計所得金額が1,000万円以下で30歳未満の子や孫です。

⇒ 〇

12 「教育資金の一括贈与に係る贈与税非課税措置」は、相続時精算課税制度や「結婚・子育て資金の贈与」などと併用して適用を受けることが可能です。

⇒ 〇

P436-455

13 相続人となるべき子が、相続開始時にすでに死亡している場合、その者に子（直系卑属）がいるときは、その子はその者に代わって相続人になります。これを代襲相続といいます。代襲相続すると、相続人の地位をそのまま引き継ぐことになります。なお、相続を放棄した者は最初から相続人でなかったことになるため、その者の子は代襲相続人となれません。相続欠格、廃除になった者の場合、その子は代襲相続人になれます。

⇒ 〇

14 配偶者と直系尊属である父や母が相続人の場合、法定相続分は、配偶者は3分の2、父は3分の1です。

⇒ 〇

15 民法上、養子の相続分と実子の相続分は同じと定められている。
□□□

16 相続人が複数人いる場合、相続の限定承認は、相続人全員が共同して行わなければならない。
□□□

17 特別養子縁組が成立すると、養子と実の父母との法律上の親族関係は終了し、養親に対してのみ相続権が発生する。
□□□

18 相続人が相続の放棄をするには、原則として、自己のために相続の開始があったことを知った時から10か月以内に、家庭裁判所にその旨を申述しなければならない。
□□□

19 相続を放棄する前に、相続人が相続財産の全部または一部を処分した場合、単純承認したものとみなされる。
□□□

20 直系尊属のみが相続人である場合の遺留分割合は、相続財産の3分の1である。
□□□

21 遺留分が認められているのは、被相続人の配偶者、子、直系尊属及び兄弟姉妹である。
□□□

22 被相続人の遺言がない場合、共同相続人は、必ず法定相続分どおりに遺産を分割しなければならない。
□□□

23 相続人の遺留分を侵害する遺言は無効とされている。
□□□

24 公正証書遺言は、遺言者本人が口述して、公証人が筆記するもので、遺言者の相続開始を知った後、遅滞なくその遺言書を家庭裁判所に提出して検認を受けなければならない。
□□□

date
／　／　／

15 民法上、養子の相続分と実子の相続分は同じです。また、嫡出子と非嫡出子（正式な婚姻関係のない男女間に生まれた子）の相続分も同じです。 ⇒ ○

16 相続の限定承認は、相続人全員が共同して家庭裁判所に申述書を提出する必要があります。なお、相続の放棄は一人（単独）でもできます。 ⇒ ○

17 特別養子縁組が成立すると、養子と実の父母との法律上の親族関係は終了し、養親に対してのみ相続権を持ちます。普通養子縁組の場合は、実の父母と養親である父母の両方の親族関係が継続し、両方に対して相続権を持ちます。 ⇒ ○

18 相続人が相続の放棄や限定承認を行うには、原則として、相続の開始があったことを知った時から3か月以内に、家庭裁判所にその旨を申し出なければなりません。 ⇒ ✕

19 相続人が相続を放棄する前に、相続財産の一部でも勝手に処分した場合、単純承認したものとみなされます。 ⇒ ○

20 遺留分割合は、直系尊属のみが相続人である場合は相続財産の3分の1、配偶者のみまたは子だけの場合は2分の1です。 ⇒ ○

21 遺留分が認められているのは、被相続人の配偶者、子、直系尊属までで、兄弟姉妹には遺留分は認められていません。 ⇒ ✕

22 遺言がない場合には、共同相続人の協議（合意）による協議分割も可能です。 ⇒ ✕

23 相続人の遺留分を侵害する遺言であっても、遺言の効力は有効です。 ⇒ ✕

24 公正証書遺言は、遺言者本人が口述して、公証人が筆記するものです。公証役場に保管されており、偽造や変造の可能性がありませんので、検認は不要です。 ⇒ ✕

6章
相続・事業承継

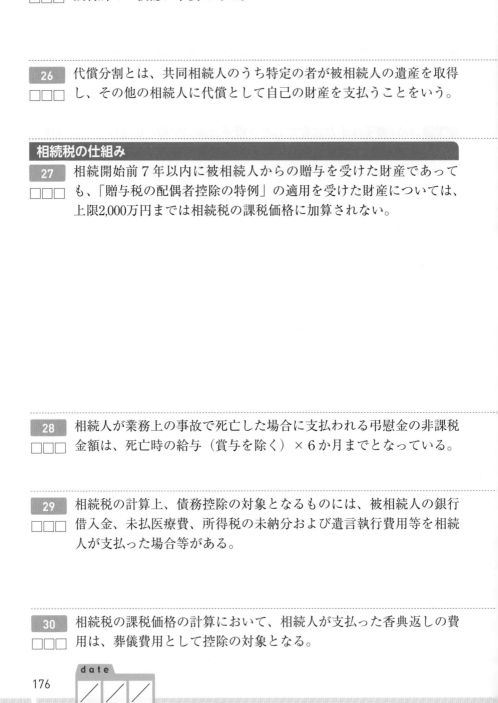

25 秘密証書遺言では、公証役場に遺言書が保管されているので、家庭裁判所での検認は不要である。

☐☐☐

26 代償分割とは、共同相続人のうち特定の者が被相続人の遺産を取得し、その他の相続人に代償として自己の財産を支払うことをいう。

☐☐☐

相続税の仕組み

27 相続開始前7年以内に被相続人からの贈与を受けた財産であっても、「贈与税の配偶者控除の特例」の適用を受けた財産については、上限2,000万円までは相続税の課税価格に加算されない。

☐☐☐

28 相続人が業務上の事故で死亡した場合に支払われる弔慰金の非課税金額は、死亡時の給与（賞与を除く）×6か月までとなっている。

☐☐☐

29 相続税の計算上、債務控除の対象となるものには、被相続人の銀行借入金、未払医療費、所得税の未納分および遺言執行費用等を相続人が支払った場合等がある。

☐☐☐

30 相続税の課税価格の計算において、相続人が支払った香典返しの費用は、葬儀費用として控除の対象となる。

☐☐☐

25 秘密証書遺言と自筆証書遺言（法務局で保管されている場合を除く）は家庭裁判所の検認が必要です。公正証書遺言は検認不要です。なお、自筆証書遺言を法務局で保管している場合も検認は不要です。

⇒ ✕

26 代償分割は、特定の相続人が相続財産を取得し、その他の相続人に代償として自己の財産を支払うことをいいます。なお、代償財産は相続税の対象です。

⇒ ○

P458-473

27 相続または遺贈により財産を取得した者が、相続の開始前7年以内に、被相続人から贈与（暦年贈与）を受けた財産の価額は、原則として相続税の課税価格に加算されます。これを「生前贈与加算」といいます。しかし、「贈与税の配偶者控除の特例」の適用を受けた財産については、相続開始前7年以内に被相続人からの贈与を受けた財産であっても、上限2,000万円までは相続財産に加算されません。なお、相続開始前3年以内の贈与について、相続財産に加算されていましたが、2024年1月より相続開始前7年以内の贈与に改正されました。ただし、加算期間が7年になるのは2031年1月以後に相続が発生した場合で、2026年12月以前に相続があった場合には相続開始前3年以内の贈与財産が相続財産に加算されます。

⇒ ○

28 弔慰金に対する非課税金額は、業務上の事故による死亡の場合、死亡時の給与の36か月分が非課税となります。なお、業務外の死亡の場合は6か月分が非課税です。

⇒ ✕

29 債務控除の対象となるものは、被相続人の借入金、未払医療費、所得税や住民税の未払いの税金などですが、遺言執行費用等は債務控除の対象外です。その他に被相続人が生前に買った墓石や仏壇の代金が未払いになっている場合や相続税の申告費用も、債務控除できません。

⇒ ✕

30 相続人が支払った香典返しの費用や初七日などの法要費用は、相続税法上、葬儀費用とされず、控除の対象になりません。

⇒ ✕

6章
相続・事業承継

31 「配偶者に対する相続税額の軽減」の適用を受けた場合、配偶者が相続等により実際に取得した財産の価額が、1億6,000万円までか、それを超えても法定相続分相当額までであれば、配偶者の納付すべき相続税額はゼロになるので、相続税の申告は不要である。

32 「配偶者に対する相続税額の軽減」の適用を受けるための要件として、相続開始時において、婚姻期間が10年以上でなければならない。

33 相続や遺贈により財産を取得した者が、配偶者や一親等内の血族以外の場合は、相続税額が20%加算される。

34 代襲相続人である孫が相続した場合、相続税の2割加算の対象となる。

35 質権・抵当権の目的となっている不動産は、相続税の物納にあてることができない。

36 延納が困難になった場合は、相続税の申告期限から5年以内に限り延納から物納への変更が可能である。

37 相続税額の計算上、遺産に係る基礎控除額は、「3,000万円＋1,000万円×法定相続人の数」の算式により算出される。

38 未成年者が相続した場合、未成年者控除が適用され、（相続開始時の年齢から20歳になるまでの年数）×10万円が控除される。

date / / /

31 「配偶者に対する相続税額の軽減」の適用を受けた場合、配偶者が相続等により実際に取得した財産の価額が、1億6,000万円までか、それを超えても法定相続分相当額までであれば、配偶者の納付すべき相続税額はゼロになりますが、適用を受けるためには相続税の申告は必要です。 ⇒ ✕

32 「配偶者に対する相続税額の軽減」の適用を受けるための要件には、婚姻期間に関する要件はありません。法律上の婚姻関係があれば、婚姻期間に関係なく適用可能です。 ⇒ ✕

33 相続や遺贈により財産を取得した者が配偶者や一親等内の血族以外の場合は、相続税額が20％加算されます（相続税の2割加算）。兄弟姉妹は二親等なので、兄弟姉妹が相続した場合は20％加算されます。 ⇒ ○

34 代襲相続人である孫は本来の相続人の地位をそのまま相続するので、相続税の2割加算の対象となりません。 ⇒ ✕

35 質権・抵当権の目的となっている不動産（担保となっている不動産）は、相続税の物納にあてることはできません。 ⇒ ○

36 延納が困難になった場合は、相続税の申告期限から10年以内に限り延納から物納への変更が可能です。 ⇒ ✕

37 相続税の基礎控除額は、「3,000万円＋600万円×法定相続人の数」の算式により算出されます。なお、法定相続人の数には相続を放棄した者も含まれます。 ⇒ ✕

38 民法改正により、成人年齢が18歳になったことで、未成年者控除額＝（18歳－相続開始時の年齢）×10万円になっています。 ⇒ ✕

39
□□□ 相続税の財産評価において、借地権（定期借地権等を除く）が設定されている宅地（貸宅地）の価額は、原則として、「自用地評価額×（1－借地権割合）」により算出される。

40
□□□ 被相続人の居住用宅地を配偶者が取得した場合は、相続税の申告期限まで居住しているかどうかに関係なく、特定居住用宅地等とみなされる。

41
□□□ 貸家建付地（かしやたてつけち）の相続税評価額は、自用地評価額×（1－借地権割合×借家権割合）で算出する。

42
□□□ 貸家の相続税評価額は、「固定資産税評価額×借家権割合」の算式により求められる。

43
□□□ 相続税の財産評価上、同族株主等以外の株主が取得した取引相場のない株式の評価は、原則として純資産価額方式による。

44
□□□ 取引相場のあるゴルフ会員権の相続税評価額は、課税時期の通常取引価額×80％で評価する。

date
／　／　／

39 他人に貸し付けられ、借地権（定期借地権等を除く）が設定されている宅地を貸宅地といいます。借地権が設定されている分、相続税の評価額は下がり、「自用地評価額×（1－借地権割合)」で算出します。 ⇒ ○

40 被相続人の居住用宅地を配偶者が取得した場合には、相続税の申告期限まで居住しているかどうかに関係なくすべて特定居住用宅地等とみなされます。同居の親族が取得した場合は、相続税の申告期限まで宅地を所有し、居住している等の条件を満たした場合には、特定居住用宅地等とみなされます。なお、特定居住用宅地等とみなされることで、330㎡までについて相続税評価額が80％減額になります。 ⇒ ○

41 貸家建付地とは、自分の土地に賃貸アパートなどを建て、他人に貸付けている場合のアパートが立っている宅地のことを言います。貸家建付地の相続税評価額は、自用地評価額×（1－借地権割合×借家権割合×賃貸割合）で算出します。 ⇒ ×

42 貸家の相続税評価額＝固定資産税評価額×（1－借家権割合×賃貸割合）で算出します。 ⇒ ×

43 相続税の財産評価上、同族株主等以外の株主が取得した取引相場のない株式の評価は、原則として特例的評価方式である配当還元方式で評価します。 ⇒ ×

44 取引相場のあるゴルフ会員権（市場で売買されているゴルフ会員権）の評価は、課税時期の取引価額×70％で評価します。 ⇒ ×

6章 相続・事業承継

3 答択一問題

> **問題** 次の各文章の（　　）内にあてはまる最も適切な文章、語句、数字またはそれらの組合せを１〜３の中から選びなさい。

贈与税

1 個人間での贈与において、贈与を受けた財産の価額が、贈与税（暦年課税贈与）の基礎控除額である（①）を超えるときは、受贈者は、原則として翌年の（②）までに一定の事項を記載した贈与税の申告書を提出しなければならない。

1. ①110万円　②２月16日から３月15日
2. ①110万円　②２月１日から３月15日
3. ①100万円　②１月16日から３月15日

---

2 「贈与税の配偶者控除の特例」とは、婚姻期間が（①）以上の配偶者からの居住用不動産または居住用不動産を取得するための金銭の贈与があった場合、贈与税の基礎控除額とは別に最高（②）を課税価格から控除することができるものである。

1. ①５年　②1,000万円
2. ①10年　②3,000万円
3. ①20年　②2,000万円

---

3 「教育資金の一括贈与に係る贈与税非課税措置」における非課税額は、学校に支払われる場合は１人あたり（①）、学校以外の場合は（②）が上限である。

1. ①1,200万円　②300万円
2. ①1,500万円　②500万円
3. ①2,000万円　②300万円

date
／　／　／

解答・解説

P420-433

1 　1月1日から12月31日の間に贈与を受けた財産の価額が、贈与税（暦年課税贈与）の基礎控除額である110万円を超えるときは、受贈者（贈与された者）は、翌年の2月1日から3月15日までに一定の事項を記載した贈与税の申告書を受贈者の居住地を管轄する税務署長に提出し、納税しなければなりません。　　　　　　　　⇒ **2**

2 　贈与税の配偶者控除の特例の適用を受けると、婚姻期間が20年以上の配偶者からの居住用不動産または居住用不動産を取得するための金銭の贈与があった場合に最高2,000万円を課税価格から控除することができます。なお、これは暦年課税贈与の基礎控除額の110万円とは別枠なので、あわせて2,110万円までの贈与が非課税になります。　　　　　　　　　　　　　　　　　　　　　　　　⇒ **3**

3 　「教育資金の一括贈与に係る贈与税非課税措置」は前年の合計所得金額が1,000万円以下の30歳未満の子や孫を対象としており、限度額は、学校に支払われる場合は受贈者ごとに1,500万円です。学校以外に支払われる場合には500万円が上限です。なお、贈与した者が贈与後に死亡した場合、その時点での残額は相続税の対象になります。　　　　　　　　　　　　　　　　　　　　　　　　　　⇒ **2**

4 □□□ 「直系専属から結婚・子育て資金の一括贈与を受けた場合の非課税措置」における非課税額は、子育てに使用する場合は、1人あたり（　①　）、結婚資金に使用する場合、1人あたり（　②　）までとなっている。

1. ①500万円　②200万円
2. ①1,000万円　②300万円
3. ①1,500万円　②300万円

---

5 □□□ 「直系尊属から住宅取得等資金の贈与を受けた場合の非課税」の適用を受けることができる者は、合計所得金額が（　①　）以下で、原則として取得する住宅の床面積は（　②　）以上240㎡以下でなければならない。

1. ①2,000万円　②40㎡
2. ①3,000万円　②40㎡
3. ①3,000万円　②50㎡

---

6 □□□ 「直系尊属から住宅取得等資金の贈与を受けた場合の贈与税の非課税」の適用を受けることができる受贈者は、贈与を受けた日の属する年の1月1日において（　①　）以上でその年分の所得税に係る合計所得金額が（　②　）以下であるなどの要件を満たす者とされている。

1. ①18歳　②1,000万円
2. ①18歳　②2,000万円
3. ①20歳　②1,000万円

---

7 □□□ 相続時精算課税の適用を受ける場合、贈与者ごとに累計贈与額が（　①　）を超える金額について、一律（　②　）の税率で贈与税が課税される。※毎年の基礎控除額の110万円は除く

1. ①2,000万円　②20％
2. ①2,500万円　②20％
3. ①3,000万円　②10％

date
／　／　／

4 「直系専属から結婚・子育て資金の一括贈与を受けた場合の非課税措置」は、父母や祖父母が前年の所得が1,000万円以下である18歳以上50歳未満の子や孫に対して、子育て資金や結婚資金を契約した信託銀行等の口座に一括贈与した場合、一定額までが非課税になる制度です。非課税金額は、子育て資金の場合は1,000万円、結婚資金等の場合は300万円までとなっています。なお、贈与した者が贈与後、死亡した場合にはその時点での残額は原則、相続税の対象になります。　　　　　　　　　　　　　　　　　　　　　⇒ **2**

5 「住宅取得等資金の贈与税の非課税措置」の適用を受けることができるのは、原則、合計所得金額が2,000万円以下の者で、取得する住宅の床面積が40㎡以上240㎡以下となっています。
ただし、所得制限があり、贈与された者の合計所得金額が1,000万円以下の場合、床面積40㎡以上240㎡以下の住宅に、合計所得金額が1,000万円超、2,000万円以下の場合は床面積50㎡以上240㎡以下の住宅に、それぞれ限定されます。　　　　　　　⇒ **1**

6 直系尊属から住宅取得等資金の贈与を受けた場合に、非課税の適用を受けることができる受贈者の要件は、贈与を受けた年の1月1日現在、18歳以上で、合計所得金額が2,000万円以下の者です。
　　　　　　　　　　　　　　　　　　　　　　　　　　　　　　⇒ **2**

7 相続時精算課税の適用を受ける場合、毎年の基礎控除の110万円までの贈与は除いて、贈与者ごとに累計贈与額が2,500万円を超える金額について、一律20%の税率で贈与税が課税されます。なお、相続時精算課税の対象となった財産は、贈与時の時価で相続財産に加算され、相続税が計算されます。ただし、毎年の基礎控除の110万円までの贈与については非課税になり、相続財産に加算されません。　　　　　　　　　　　　　　　　　　　　　　　　　　⇒ **2**

8

☐☐☐ 相続税の申告は、原則として、相続の開始があったことを知った日の翌日から（ ① ）以内に、また、被相続人に所得があった場合の準確定申告は（ ② ）以内に納税地の所轄税務署長に対して申告しなければならない。

1. ①3か月　②3か月
2. ①10か月　②3か月
3. ①10か月　②4か月

9

☐☐☐ 相続人が配偶者と被相続人の兄のみである場合、それぞれの法定相続分は、配偶者が（ ① ）、兄が（ ② ）となる。

1. ①2分の1　②2分の1
2. ①3分の2　②3分の1
3. ①4分の3　②4分の1

10

☐☐☐ 被相続人Aの親族関係図は、次のとおりである。この場合、相続人である子Eの法定相続分は、（　　）である。

1. 6分の1
2. 4分の1
3. 2分の1

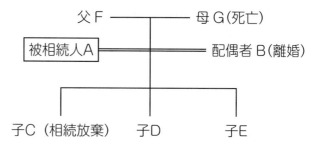

11

☐☐☐ 非嫡出子とは、正式な婚姻関係以外で生まれた子のことをいい、法定相続分は、（　　）である。

1. 嫡出子の3分の1　　**2.** 嫡出子の2分の1　　**3.** 嫡出子と同じ

8 相続税の申告は、原則として、相続の開始があったことを知った日の翌日から10か月以内、被相続人の所得税の申告である準確定申告は相続の開始があったことを知った日の翌日から4か月以内に被相続人の死亡時の住所地を管轄する税務署に申告します。 ⇒ **3**

9 相続人が配偶者と兄のみである場合のそれぞれの法定相続分は、配偶者が4分の3、兄が4分の1です。 ⇒ **3**

配偶者	他の相続人		
2分の1	第1順位	子	2分の1
3分の2	第2順位	直系尊属	3分の1
4分の3	第3順位	兄弟姉妹	4分の1

10 正式な婚姻関係がある配偶者に相続権があり、内縁関係の者や離婚している場合は法定相続人になりません。配偶者Bは離婚しているので、相続分はありません。また、第一順位の子がいるので、第二順位の父Fも相続分はありません。また、子Cは相続放棄しているので相続分はありません。したがって、子Dと子Eが相続人となるので、相続分は各2分の1です。 ⇒ **3**

11 非嫡出子の法定相続分は、嫡出子と同じです。また、実子と養子の法定相続分も同じです。 ⇒ **3**

6章

相続・事業承継

12 成年後見制度には、法定後見制度と任意後見制度があり、法定後見
□□□ 制度は、法律に基づき（ ① ）、（ ② ）、（ ③ ）の３つに分かれる。

1. ①後見　②保佐　③補助
2. ①補助　②援助　③支援
3. ①支援　②保護　③後見

13 公正証書遺言は証人（ ① ）以上の立会いが必要であり、相続の開
□□□ 始があった後は家庭裁判所の検認は（ ② ）である。

1. ①１人　②必要
2. ①２人　②必要
3. ①２人　③不要

相続税の仕組み

14 相続または遺贈により財産を取得した者が、原則、相続の開始前
□□□ （ ① ）以内に、被相続人から暦年課税による贈与を受けた財産の
価額は、原則として相続税の課税価格に加算されるが、この場合、
加算される贈与財産の価額は、（ ② ）で評価される。

1. ①３年　②被相続人が取得したときの価額
2. ①５年　②相続が開始したときの価額
3. ①７年　②贈与により取得したときの価額

12 成年後見制度とは、認知症の高齢者など判断能力が不十分な成年者を保護するための制度です。成年後見制度には法定後見制度と任意後見制度があり、法定後見制度には、対象者の判断能力の状況に応じて「後見」「保佐」「補助」の３つの制度があります。　⇒ **1**

13 公正証書遺言や秘密証書遺言は証人２人以上の立会いが必要ですが、自筆証言遺言では証人は不要です。なお、相続の開始があった後は公正証書遺言は家庭裁判所の検認は不要となっています。

⇒ **3**

種類	自筆証書遺言	公正証書遺言	秘密証書遺言
作成方法	本人が本文・日付・氏名を自書し押印 ※財産目録はパソコン等でも可能	本人が口述して公証人が筆記する （公証人役場に保管される）	本人が作成し署名押印して封印し、公証人の前で本人が住所氏名を記入、公証人が日付を記入する
証人	不要	証人2人以上の立会いが必要	証人2人以上の立会いが必要
検認	原則、必要	不要	必要

※自筆証書遺言は、法務局で保管されている場合は、家庭裁判所での検認は不要

P458-473

14 相続または遺贈により財産を取得した者が、原則、相続の開始前７年以内に被相続人から贈与を受けた財産の価額は、原則として相続税の課税価格に加算されます。この場合、加算される贈与財産の価額は、贈与時の価額で評価されます。ただし、相続開始前７年以内の贈与財産が相続財産に加算されるのは、2031年１月以後に相続が開始した場合で、2026年12月以前の相続については、従来通り、相続開始前３年以内の贈与財産が相続財産に加算されます。　⇒ **3**

15
□□□ 保険料負担者・被保険者が被相続人であって、死亡保険金の受取人が相続人である保険契約の場合、すべての相続人が受け取った保険金の合計額が、非課税限度額である「( )×法定相続人の数」によって計算した金額を超えるとき、その超える部分は相続税の課税対象となる。

1. 100万円　　　**2.** 500万円　　　**3.** 1,000万円

16
□□□ 被相続人の業務外の死亡により、被相続人の勤務先から相続人が受け取った弔慰金は、原則として、被相続人の死亡時の普通給与の（ ）に相当する金額まで相続税の課税対象とならない。

1. 6か月分　　**2.** 12か月分（1年分）　　**3.** 36か月分（3年分）

17
□□□ 相続税の課税価格が、基礎控除額である、「(①) ＋ ((②) ×法定相続人の数)」以下の場合には、相続税はかからない。

1. ①3,000万円　②600万円　　**2.** ①5,000万円　②1,000万円
3. ①8,000万円　②1,500万円

18
□□□ 下記の＜親族関係図＞において、遺留分を算定するための財産の価額が6億円である場合、長女Cさんの遺留分の金額は、（ ）となる。

1. 2,500万円
2. 5,000万円
3. 7,500万円

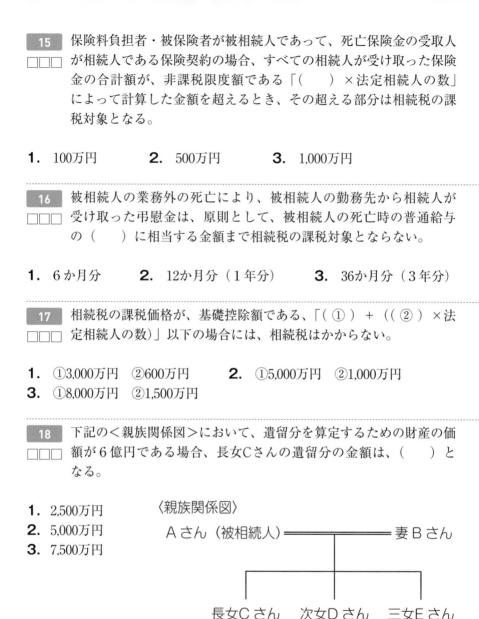

〈親族関係図〉

Aさん（被相続人）━━━━━ 妻Bさん

長女Cさん　次女Dさん　三女Eさん

date
/ / /

15 死亡保険金の非課税限度額は、500万円×法定相続人の数によって計算した金額となり、この額を相続人が受け取った保険金額が超えるとき、その超える部分は相続税の課税対象となります。なお、法定相続人の数には相続を放棄した者も含みます。また、養子がいる場合、養子の数は被相続人に実子がいなければ2人まで、実子がいれば1人を法定相続人として数えます。　　　　　　　⇒ **2**

16 弔慰金は、業務上の死亡の場合は36か月分、業務外の死亡の場合は6か月分まで相続税は課税されません。　　　　　　　⇒ **1**

17 相続税の基礎控除額は、「3,000万円＋（600万円×法定相続人の数）」で計算された金額です。相続税の課税価格がこの金額以下であれば相続税は課税されず、相続税の申告書の提出は不要です。

⇒ **1**

18 配偶者と子どもが相続人なので、遺留分割合は2分の1。したがって、遺留分の対象となる相続財産は6億円の2分の1の3億円です。この3億円に各自の法定相続分を乗じた金額が遺留分になります。配偶者と子どもが相続人なので、法定相続分は配偶者2分の1、残り2分の1を子ども3人で均等に受取るので各自の法定相続分は2分の1×3分の1＝6分の1になります。

・配偶者の遺留分　　　3億円×2分の1＝1億5,000万円
・長女Cさんの遺留分　3億円×6分の1＝5,000万円
（次女Dさん、三女Eさんも同じ）　　　　　　　⇒ **2**

19 「小規模宅地等の相続税の課税価格の特例」の適用を受けた場合、
□□□ 特定居住用宅地等については、（ ① ）までの面積について、相続税評価額が（ ② ）減額となる。

1. ①200㎡ ②50％ 　**2.** ①330㎡ ②80％ 　**3.** ①400㎡ ②80％

---

20 2024年10月8日（火）に死亡したAさんが所有していた上場株式の
□□□ 1株当たりの相続税評価額は、（ 　　）である。

	株価
2024年10月8日の最終価格	2,560円
2024年10月の毎日の最終価格の月平均額	2,510円
2024年9月の毎日の最終価格の月平均額	2,620円
2024年8月の毎日の最終価格の月平均額	2,580円

1. 2,510円 　**2.** 2,560円 　**3.** 2,620円

---

21 賃貸アパート等の貸家の用に供されている家屋の相続税評価額は、
□□□ （ 　　）の算式により算出される。

1. 家屋の固定資産税評価額 ×（1－借家権割合×賃貸割合）
2. 家屋の固定資産税評価額 ×（1－借地権割合×賃貸割合）
3. 家屋の固定資産税評価額 ×（1－借家権割合×借地権割合）

---

22 被相続人の預貯金を遺産分割が終了する前であっても、預貯金額の
□□□ （ 　　）に各相続人の法定相続分を乗じた金額まで引き出すことが可能である。

1. 2分の1 　**2.** 3分の1 　**3.** 5分の1

date ／ ／ ／

19 特定居住用宅地等については、330㎡までの宅地について、相続税評価額が80%減額されます。なお、特定事業用宅地等の場合は、400㎡までの宅地について80%、貸付事業用宅地等については、200㎡までの宅地について50%減額されます。 ⇒ **2**

20 上場株式を保有している者が亡くなったときの相続税評価額は、相続発生日の最終価格、あるいは、その月以前3か月間（この場合は10月、9月、8月）の各月の最終価格の平均額のうち最も低い価額で評価します。したがって、この場合は、10月の毎日の最終価格の月平均額の2,510円が、相続税を計算する場合の評価額です。 ⇒ **1**

21 貸家の評価額＝固定資産税評価額×（1－借家権割合×賃貸割合）です。 ⇒ **1**

22 遺産分割が終了する前であっても、預貯金額の3分の1に各相続人の法定相続分を乗じた額まで引き出し、葬儀費用等を支払うことが可能です。ただし、各金融機関あたり150万円が上限です。 ⇒ **2**

6章
相続・事業承継

総合確認問題

問題 次の各文章の正誤を判断し、または（　　）内にあてはまる最も適切な文章、語句、数字などの組合せを選びなさい。

1 □□□ 贈与契約は、一方が財産を無償で相手方に与える意思表示を行い、相手方がこれを受諾することで成立する。

2 □□□ 死因贈与は、贈与者が財産を無償で与える意思を表示することのみで成立し、贈与者の死亡によって効力を生じる。

3 □□□ 国内に住所がある者は、贈与により取得した国内にある財産にのみ贈与税が課される。

4 □□□ 離婚にともない配偶者から受け取った慰謝料には、贈与税が課税される。

5 □□□ 子が父の所有する土地を無償で借り受け、その土地の上に建物を建築した場合には、父から子へ借地権の贈与があったものとして贈与税の課税対象となる。

6 □□□ 「贈与税の配偶者控除の特例」の適用を受けるためには、贈与を受けた翌年の12月末までに贈与された不動産に居住し、引き続き居住する見込みがあることが要件である。

7 □□□ 父から贈与を受け相続時精算課税の適用を受けた場合、以後、父からの贈与について暦年課税に変更することはできない。

8 □□□ 相続時精算課税制度の適用要件のひとつとして、贈与者の年齢は、贈与した年の1月1日時点で65歳以上の父母や祖父母などでなければならない。

date
／　／　／

解答・解説

1 | **P422**
贈与は、一方が財産を無償で相手方に与える意思表示を行い、相手方がこれに受諾（合意する）ことで成立する諸成契約です。 ⇒ ○

2 | **P422**
死因贈与は、受贈者と贈与者の合意により締結します。死因贈与により受け取った財産は相続税の対象になります。 ⇒ ×

3 | **P423**
国内に住所がある者は、贈与により取得した国内外にあるすべての財産に贈与税が課されます。 ⇒ ×

4 | **P424**
離婚にともない受け取った慰謝料や、財産分与を受けた場合、贈与税は課税されません。 ⇒ ×

5 | **P424**
地代を取らずに無償で土地を貸すことを使用貸借といい、使用貸借では贈与税は課されません。 ⇒ ×

6 | **P428**
「贈与税の配偶者控除の特例」の適用を受けるためには、贈与を受けた翌年の3月15日までにその不動産に居住し、引き続き居住する見込みがあることが要件です。 ⇒ ×

7 | **P430**
一度、相続時精算課税を選択すると、それ以後暦年課税に変更できません。なお、母からの贈与については暦年課税を選択できます。
⇒ ○

8 | **P430**
相続時精算課税制度の対象となる贈与者は、贈与した年の1月1日時点で60歳以上の父母または祖父母などの直系尊属です。 ⇒ ×

9 1人の贈与者に対して、条件を満たしていれば、暦年課税制度と相続時精算課税制度をあわせて適用を受けることができる。

□□□

---

10 下記の〈親族関係図〉において、Aさんの相続における長男Cさんの法定相続分は、（　　　　　）である。なお、AさんとBさんは、Aさんの相続開始前に離婚している。

□□□

〈親族関係図〉

```
        母Fさん ━━━━━━━━━━ 父Eさん(死亡)
                      │
 元妻Bさん ━━━━━━━ 被相続人Aさん
           │
     ┌─────┴─────┐
  長男Cさん（実子）   二男Dさん（普通養子）
```

1. 2分の1　　　**2.** 4分の1　　　**3.** 6分の1

---

11 遺産分割において、通常、遺言による分割（指定分割）が協議分割に優先される。

□□□

---

12 協議分割は、共同相続人全員の協議により遺産を分割する方法であり、その分割割合については、必ずしも法定相続分に従う必要はない。

□□□

---

13 遺言は満18歳以上で意思能力を有する者であれば誰であっても可能である。

□□□

---

14 民法の規定では、封印のある遺言書は、原則、家庭裁判所において相続人またはその代理人の立会いをもってしなければ、これを開封することができないとされている。

□□□

date
／　／　／

9
P430

1人の贈与者に対して、暦年課税制度と相続時精算課税制度をあわせて適用を受けることはできません。 ⇒ ✕

10
P440

離婚している元妻Bさんには相続分はありません。また、第1順位の長男Cさん、次男Dさんがいるので、第2順位の母Fさんには相続分はありません。
実子と養子の相続分は同じなので、長男Cさんと二男Dさんが2分の1ずつ相続します。

⇒ **1**

11
P449

遺産分割において、通常、遺言による分割（指定分割）が協議分割に優先されます。ただし、相続人全員の合意があれば、遺言の内容と異なる分割も可能です。 ⇒ ◯

12
P449

協議分割では、相続人全員の協議によって、全員が合意した場合には法定相続分に従って分割する必要はありません。 ⇒ ◯

13
P451

遺言は満15歳以上で意思能力を有する者であれば、親などの法定代理人の同意がなくても誰であっても行うことができます。 ⇒ ✕

14
P452

自筆証書遺言（法務局で保管されている場合は除く）や秘密証書遺言で封印のある遺言書は、家庭裁判所において相続人またはその代理人の立会いのもと、原則として検認を受けなければなりません。ただし、検認を受けずに開封された場合でも、遺言書は有効です。

⇒ ◯

6章
相続・事業承継

15 被相続人の兄弟姉妹には、遺留分の権利はない。

□□□

16 配偶者居住権が設定された住宅を配偶者以外が相続した場合、相続税評価額から配偶者居住権の評価額を差し引いた額が、相続税評価額になる。

□□□

17 配偶者居住権を取得した配偶者が亡くなった場合、配偶者居住権は消滅する。

□□□

18 遺留分算定の基礎となる財産の価額が1億6,000万円で、相続人が被相続人の配偶者、長男および二男の合計3人である場合、二男の遺留分の金額は4,000万円となる。

□□□

19 遺留分侵害額請求権は、遺留分権利者が、相続の開始および減殺すべき贈与があったことを知った時から1年間行使しないときは消滅する。

□□□

20 相続税における遺産に係る基礎控除額の計算上、被相続人に2人の実子と2人の養子がいる場合、「法定相続人の数」に被相続人の養子を（　　　　　　）。

□□□

1. 1人まで含めることができる
2. 2人まで含めることができる
3. 含めることはできない

15 P453 遺留分権利者は、被相続人の配偶者、子（代襲相続人を含む）、直系尊属（親など）が該当し、兄弟姉妹には遺留分の権利はありません。 ⇒ ○

16 P448 配偶者居住権が設定された住宅を配偶者以外が相続した場合、相続税評価額から配偶者居住権の評価額を差し引いた額が、相続税評価額になります。 ⇒ ○

17 P448 配偶者居住権を取得した場合、配偶者の相続税の対象になりますが、その配偶者が亡くなった場合には、配偶者居住権は消滅します。 ⇒ ○

18 P453 配偶者、長男および二男が相続人なので、遺留分割合は2分の1の8,000万円です。
これに配偶者、長男および二男の法定相続分を乗じた金額が各自の遺留分になります。
したがって、8,000万円×2分の1の4,000万円が配偶者の遺留分、残り4,000万円を長男と二男の2人で相続するので、二男の遺留分は2,000万円となります。 ⇒ ✕

19 P455 遺留分権利者が、相続の開始および遺留分を侵害されたことを知った時から1年間行使しないとき、または相続の開始から10年を経過すると、時効により遺留分侵害額請求権は消滅します。 ⇒ ○

20 P462 相続税の基礎控除を計算する場合、養子の人数は、実子がいる場合は1人まで、実子がいない場合は2人まで法定相続人としてカウントできます。なお、相続を放棄した者がいた場合、放棄しなかったものとして、法定相続人の数にカウントします。 ⇒ 1

21
□□□ 被相続人の死亡後3年以内に支給が確定した死亡退職金は、勤務先から遺族へ直接支払われるため、相続税の対象とならない。

22
□□□ 相続税において物納できる財産は、相続または遺贈により取得した国内にある財産に限られる。

23
□□□ 初七日や四十九日などの法会に要した費用は、相続税の課税価格の計算上、葬式費用として控除することができる。

24
□□□ 相続税額の計算上、被相続人が生前に購入した墓石の購入代金で、相続開始時において未払いであったものを相続人が支払った場合、債務控除の対象となる。

25
□□□ 下記の親族関係図において、Aさんの相続における遺産に係る基礎控除額は（　　　　）である。

〈親族関係図〉

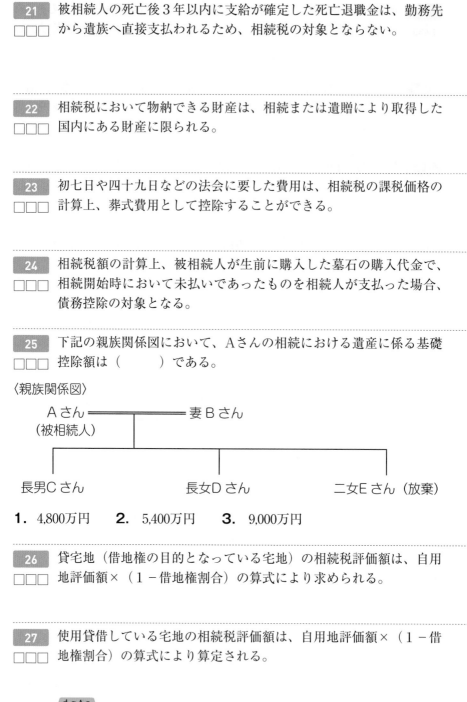

```
　　Aさん ═══════════ 妻Bさん
　（被相続人）
　　　┌──────────────┼──────────────┐
　長男Cさん　　　　長女Dさん　　　　二女Eさん（放棄）
```

1. 4,800万円　　**2.** 5,400万円　　**3.** 9,000万円

26
□□□ 貸宅地（借地権の目的となっている宅地）の相続税評価額は、自用地評価額×（1－借地権割合）の算式により求められる。

27
□□□ 使用貸借している宅地の相続税評価額は、自用地評価額×（1－借地権割合）の算式により算定される。

21 P459 被相続人の死亡後3年以内に支給が確定した死亡退職金は、相続財産とみなされ、相続税の対象となりますが、生命保険同様、「500万円×法定相続人の数」までは非課税です。なお、死亡後3年経過後に支給が確定した場合は、遺族の一時所得となります。 ⇒ ✕

22 P473 物納財産は、相続または遺贈により取得した国内にある財産に限られます。なお、相続時精算課税の適用により贈与された財産は、物納の対象になりません。 ⇒ ◯

23 P463 初七日や四十九日等の法要費用は相続税の計算上、葬式費用として控除できません。なお、通夜や本葬儀の費用は控除できます。

⇒ ✕

24 P464 被相続人が生前に購入した墓石や仏壇などの未払代金などは、相続税の計算上、債務控除の対象になりません。 ⇒ ✕

25 P466 相続税の基礎控除額は3,000万円＋600万円×法定相続人の数です。放棄した者も法定相続人の数にカウントします。したがって、本問の場合、法定相続人の数は4人（妻Bさん、長男Cさん、長女Dさん、二女Eさん）です。
よって基礎控除額＝
3,000万円＋600万円×4人＝5,400万円 ⇒ **2**

26 P480 貸宅地（底地）の相続税評価額は、他人に貸し付けている分（借地権割合）だけ評価額が安くなるので、自用地評価額×（1－借地権割合）で算出します。 ⇒ ◯

27 P480 使用貸借している宅地の相続税評価額は、自用地（自用地評価額）として算出します。 ⇒ ✕

6章
相続・事業承継

28 類似業種比準価額の比準要素は、1株あたりの配当金額、1株あたりの年利益金額および1株あたりの負債総額の3つである。
□□□

29 民法上の親族とは、6親等内の血族、配偶者および2親等内の姻族のことをいう。
□□□

30 特別養子縁組では、実の父母と養親である父母との両方の親族関係が存続する。
□□□

31 普通養子縁組は、養親と養子の同意があれば成立するので、実親の同意は不要である。
□□□

32 婚姻期間が10年以上の夫婦間で、居住用の不動産の贈与や遺贈があった場合、その不動産については、原則、遺産分割の対象から除外できる。
□□□

33 書面による贈与は、既に履行が終わった部分を除き、各当事者が撤回することができる。
□□□

34 相続税法の規定によれば、子が父から著しく低い価額の対価で土地の譲渡を受けた場合、実質的な贈与とみなされ、原則として、当該対価と譲渡を受けた土地の時価との差額に対して贈与税が課される。
□□□

35 香典返しの費用は、相続税の課税価格の計算上、葬式費用として控除することができる。
□□□

36 自筆証書遺言では、財産目録を別紙として添付する場合には、パソコン等で作成することもできる。
□□□

date / / /

28 P487 類似業種比準価額の比準要素は、1株あたりの配当金額、1株あたりの年利益金額および1株あたりの純資産価額の3つです。 ⇒ ✕

29 P447 民法上の親族とは、6親等内の血族、配偶者および3親等内の姻族のことをいいます。 ⇒ ✕

30 P445 特別養子縁組では、実の父母との親族関係が終了し、養親のみが父母となります。問題文は普通養子縁組の説明です。 ⇒ ✕

31 P445 普通養子縁組は、養親と養子の同意があれば成立するので、実親の同意は不要です。特別養子縁組では、原則として実の父母の同意が必要です。 ⇒ ○

32 P450 民法上、婚姻期間が20年以上の夫婦間で、居住用の不動産の贈与や遺贈があった場合、その不動産については、原則、遺産分割の対象から除外できます。 ⇒ ✕

33 P422 書面によらない贈与（口頭での贈与）は、既に贈与が終わった部分を除き、各当事者が取消しできます。しかし、書面による贈与の場合は取消しできません。 ⇒ ✕

34 P423 時価よりも著しく低い価額での土地や株式等の譲渡（低額譲渡）の場合、実質的な贈与とみなされ、譲渡価額と時価との差額に対して贈与税が課されます。 ⇒ ○

35 P464 初七日や四十九日および香典返しの費用は、相続税の課税価格の計算上、葬式費用として控除することができません。なお、本葬儀や通夜の費用は控除できます。 ⇒ ✕

36 P451 自筆証書遺言では、財産目録を別紙として添付する場合、財産目録はパソコン等で作成することも可能です。なお、本文は自分で書かなければなりません。 ⇒ ○

6章 相続・事業承継

37 □□□ 遺留分を侵害された場合、遺留分侵害額請求を行うことで、侵害された金額を金銭または現物財産で支払うよう請求できる。

38 □□□ 取引相場のない株式の相続税評価において、純資産価額方式とは、評価会社の株式の価額を、評価会社と事業内容が類似した上場会社の株価および配当金額、利益金額、純資産価額を基にして算出する方式である。

39 □□□ 生命保険の相続税評価額を算出する場合、相続開始時において保険事故が発生していない生命保険契約に関する権利の価額は、解約返戻金の額に基づいて評価する。

40 □□□ 従業員である個人が法人からの贈与により取得した財産については、原則として贈与税の課税対象となり、所得税は課されない。

41 □□□ 定期贈与は一定額の財産を定期的に贈与する契約で、贈与者が死亡した場合のみ、効力を失う。

42 □□□ 相続時精算課税制度の適用を受けて、同年に3,000万円の贈与を受けた場合、2,500万円を超える500万円に対して贈与税が20％課税される。

date / / /

37 **P454** 遺留分侵害額請求を行うことで、侵害された金額を金銭で支払うよう請求できます。遺留分を侵害した者は原則、現物財産で支払うことはできません。 ⇒ ✗

38 **P487** 問題文は類似業種比準方式の説明です。純資産価額方式は会社を解散したときに株主に払い戻される金額を基に株式を評価する方式です。 ⇒ ✗

39 **P488** 相続開始時において被保険者が死亡していない（保険事故が発生していない）生命保険契約に関する権利を相続する場合の評価額は、課税時期（相続発生時）の解約返戻金相当額で評価します。 ⇒ ○

40 **P424** 従業員である個人が勤務先の企業からの贈与により取得した財産については、原則として給与所得になり、所得税の対象です。 ⇒ ✗

41 **P422** 定期贈与とは一定額の財産を定期的に贈与する契約のことです。贈与者または受贈者のどちらか一方が死亡した場合、効力を失います。 ⇒ ✗

42 **P428** 相続時精算課税制度の適用を受けて贈与された場合、2,500万円を超える金額に20%贈与税が加算されますが、基礎控除の110万円は非課税になります。したがって、同年に3,000万円の贈与を受けた場合、3,000万円から110万円を差し引いた2,890万円が対象金額になり、2,500万円を超える390万円に贈与税20%が加算されます。 ⇒ ✗

●相続の順位

相続順位	配偶者	常に相続人
	第1順位	子（養子、非嫡出子を含む） ・実子と養子の相続分（相続する割合）は同じ ・非嫡出子と嫡出子の相続分は同じ
	第2順位	直系尊属 ・第1順位の子がいない場合には、直系尊属である父母や祖父母が相続人となる
	第3順位	兄弟姉妹 ・第1順位の子も第2順位の父母などもいない場合に相続人となる

●遺言の種類

種類	自筆証書遺言	公正証書遺言	秘密証書遺言
作成方法	本人が本文・日付・氏名を自書し押印 ※財産目録はパソコン等でも可能	本人が口述して公証人が筆記する（公証人役場に保管される）	本人が作成し署名押印して封印し、公証人の前で本人が住所氏名を記入、公証人が日付を記入する
証人	不要	証人2人以上の立会いが必要	証人2人以上の立会いが必要
検認	原則、必要	不要	必要

※自筆証書遺言が法務局で保管されている場合は、検認は不要

ライフプランニングと資金計画

試験対策のポイント

- ●学科試験同様、社会保険と公的年金からの出題が中心
- ●特に公的年金については、老齢基礎年金の受給額の計算や加入状況に基づいた受給開始年齢の判断をできるように
- ●FP協会の資産設計提案業務の試験では、キャッシュフロー表や個人のバランスシートを用いた出題が多い
- ●FP業務の関連法規からも毎回出題されている

出題傾向

		R4年9月	R5年1月	R5年5月	R5年9月	R6年1月
FPの基礎と関連法規	金財					
	FP協会	1	1	1	1	1
ライフプランと資金計画	金財					
	FP協会	3	3	4	3	3
社会保険制度	金財	1		2	1	
	FP協会	1	2	2	1	1
公的年金制度	金財	1			1	
	FP協会					
国民年金と厚生年金の老齢給付	金財		2	3		1
	FP協会	2			2	1
障害年金と遺族年金	金財	2			2	
	FP協会	1	1		1	
年金の請求手続きと税金	金財					
	FP協会					
企業年金等	金財		2			2
	FP協会			1		

※金財は個人資産相談業務

第1問 次の設例に基づいて、下記の各問 **1** ～ **3** に答えなさい。

FP協会 金財・個人

<設例>

　会社員の田中さん（45歳）（年収750万円）は、妻（47歳）と長男（18歳）と長女（14歳）の4人家族である。田中さんは金利が低い今のうちに、マイホームを購入する予定（購入予定金額4,000万円）である。

　マイホーム購入にあたっては、田中さんの父親（70歳）が1,000万円を援助してくれることになっているので、自己資金500万円とあわせて1,500万円を頭金とし、残りの2,500万円は住宅ローンを組む予定である。

　なお、田中さんは会社で10年前から頭金にするため財形住宅貯蓄での積立てを行い、現在250万円になっている。

---

1 田中さんはフラット35（買取型）を利用したいと考えている。フラット35（買取型）に関する次の記述のうち、正しいものはどれか。

1. フラット35の融資金利は固定金利と変動金利の選択制である。

2. フラット35は、通常、100万円以上から繰上げ返済が可能であり、その際、手数料は不要である。

3. フラット35で適用される金利は、融資を申し込んだ時点での融資金利が適用される。

2 田中さんは、将来、長女（14歳）が大学へ進学するときのことを考え、公的教育ローンや奨学金制度についていろいろ知りたいと考えている。
公的教育ローンや奨学金制度に関する次の記述のうち、正しいものはどれか。

1. 公的な教育ローンの一つに、国（日本政策金融公庫）が行う教育一般貸付があり、融資限度額は、学生1人あたり300万円以内である。

2. 教育一般貸付では、融資条件として、親の年収制限などは定められていない。

3. 日本学生支援機構の奨学金制度（貸与型）には、第一種奨学金制度と第二種奨学金制度があり、第一種奨学金制度は無利子である。

3 田中さんは財形住宅融資も検討している。財形住宅融資および財形住宅貯蓄に関する次の記述のうち、正しいものはどれか。

1. 財形住宅貯蓄は申込時の年齢が50歳未満の者が対象である。

2. 財形住宅貯蓄は財形年金貯蓄と合算で元本合計550万円までの利子が非課税である。

3. 財形住宅融資は、財形貯蓄の残高が30万円以上ある者が対象で、融資の上限額は4,000万円である。

解答・解説 第1問

1
P031

解答 2

1 フラット35の融資金利は、全期間固定金利です。 ⇒ ✕

2 フラット35は100万円より繰上げ返済ができ、手数料は不要です。なお、インターネット経由の場合、10万円から返済できます。 ⇒ ◯

3 フラット35の融資金利は融資が実行される時点の金利が適用されます。なお、融資金利は、金融機関ごとに異なります。 ⇒ ✕

> **間違えやすいポイント**
> フラット35では、条件を満たしていれば中古住宅も融資の対象になります。また、融資率（借入額÷購入価額）が90%を超えると金利が上がります。

2
P035

解答 3

1 教育一般貸付の融資限度額は、学生1人あたり350万円以内（海外留学資金や自宅外通学、大学院などの場合は450万円）です。 ⇒ ✕

2 教育一般貸付では、子どもの人数により、親（世帯）に対する年収制限があり、融資を受けられない場合もあります。 ⇒ ✕

3 第一種奨学金制度は無利子ですが、親の年収など判定基準が厳しくなっています。第二種奨学金制度は有利子（在学中は無利子）ですが、判定基準は緩やかです。なお、返済義務のない給付型もあります。 ⇒ ◯

3
P029

解答 2

1 財形住宅貯蓄は申込時の年齢が55歳未満の者が対象です ⇒ ✕

2 財形住宅貯蓄は財形年金貯蓄と合算で元本合計550万円までの利子が非課税です。 ⇒ ◯

3 財形住宅融資は、財形貯蓄の残高が50万円以上ある者が対象です。融資額は財形貯蓄残高の10倍までで、4,000万円が上限です。 ⇒ ✕

第2問 次の設例に基づいて、下記の各問**4**〜**8**に答えなさい。

FP協会 金財・個人

<設例>

　鈴木さんは大学卒業後、同じ企業に勤務し、22年7か月で退職する予定である。入社後は厚生年金、健康保険、雇用保険、介護保険に加入し、各保険料を給与から差し引かれている。退職金は1,200万円支給される予定である。

　鈴木さんは、退職後、花屋を開こうと計画している。

　鈴木さんは現在45歳。パートをしている妻A（44歳、年収103万円以下）と、大学生の子B（20歳、年収30万円以下）との3人家族である。

4 　鈴木さんの退職後における公的医療保険制度に関する次の記述のうち、誤っているものはどれか。
□□□

1. 鈴木さんが、退職後に、国民健康保険の被保険者となった場合、妻Aさんと子Bさんは鈴木さんの被扶養者になる。

2. 鈴木さんは、所定の要件を満たせば、退職時に、子Bさんが会社員として健康保険の被保険者である場合は、子Bさんの被扶養者となることができる。

3. 鈴木さんは、所定の要件を満たせば、現在加入している健康保険の任意継続被保険者となり、退職後も引き続き2年間加入することができる。

5 　鈴木さんの介護保険に関する次の記述のうち、誤っているものはどれか。
□□□

1. 鈴木さんは介護保険の第2号被保険者に該当する。

2. 鈴木さんが、現在、交通事故により要介護状態となった場合は、公的介護保険から給付を受けることができる。

3. 鈴木さんが企業に勤務しているときの介護保険料は公的医療保険料とあわせて徴収される。

6 鈴木さんが会社を退職した後に関する次の記述のうち、誤っているものはどれか。

1. 鈴木さんが会社を退職後、雇用保険の申請をした場合、基本手当は退職時の年齢に関係なく、雇用保険の被保険者期間に応じて支給される。

2. 鈴木さんの退職所得は190万円となる。

3. 鈴木さんが退職後、雇用保険の基本手当を受給する場合、7日間の待期期間後、更に2か月間は支給されない。

7 鈴木さんは老後の医療保険制度についても関心をもっている。後期高齢者医療制度に関する次の記述のうち、誤っているものはどれか。

1. 後期高齢者の医療費の自己負担割合は、原則、1割である。

2. 年金の年額が18万円に満たない者は、保険料を銀行等の口座から振り替えることも可能である。

3. 健康保険の被保険者が75歳になり、後期高齢者医療制度に加入すると、その者に扶養されている75歳未満の配偶者も、自動的に後期高齢者医療制度に加入することになる。

8 妻Aさんは、姪のCさんから、雇用保険の育児休業給付金と育児休業中の社会保険料について質問を受けた。妻Aさんが調べた育児・介護休業法に関する次の記述の空欄（ア）～（ウ）にあてはまる組み合わせとして、適切なものはどれか。

・原則として、雇用保険の育児休業給付は、（ア）、パパママ育休プラス制度を利用する場合は（イ）未満の子どもを養育する目的で休業した場合が対象
・支給額は、当初の（ウ）に限り休業前賃金の3分の2（67％）相当額となっている

1. （ア）6か月未満　（イ）1歳　　　（ウ）3か月
2. （ア）満1歳未満　（イ）1歳2か月　（ウ）6か月
3. （ア）満1歳未満　（イ）2歳　　　（ウ）9か月

date
／　／　／

解答・解説　第2問

4
P046

解答 1

1 国民健康保険は会社員の加入する健康保険と異なり、被保険者の被扶養者になることはできず、原則としてすべての加入者が被保険者になり、保険料を支払います。したがって妻Aさんと子Bさんは自ら国民健康保険の被保険者となり、収入に応じて保険料を負担することになります。

⇒ ×

2 鈴木さんは、要件を満たせば健康保険の被保険者である子など親族の被扶養者となることができます。その場合、保険料は不要です。なお、被扶養者になるための要件には、原則として年収130万円未満、60歳以上の者や障害者の場合は180万円未満で、かつ健康保険加入者の年収の2分の1未満であることなどがあります。　⇒ ○

3 任意継続被保険者となるためには、健康保険の加入期間が2か月以上あることが要件で、退職日の翌日（資格喪失日）から20日以内に申請する必要があります。任意継続被保険者の加入期間は最長2年間で、保険料は全額自己負担となります。　⇒ ○

5
P050

解答 2

1 鈴木さんは45歳で、40歳以上65歳未満の公的医療保険加入者なので、公的介護保険の第2号被保険者です。なお、第1号被保険者は65歳以上の者が対象になります。　⇒ ○

2 第2号被保険者の場合、老化を原因とする特定疾病（脳卒中や末期がんなど）により要介護状態になった場合のみ給付を受けることができるので、交通事故の場合は対象外です。第1号被保険者の場合、要介護状態になった理由を問わず、給付を受けることができます。　⇒ ×

3 鈴木さんのような第2号被保険者の介護保険料は健康保険の保険料とあわせて徴収されます。第1号被保険者（65歳以上の人）は、年金額が年間18万円以上の場合は年金より天引き（特別徴収）され、18万円未満の場合は口座振替等により個別徴収になります（普通徴収）。

⇒ ○

1 自己都合退職の場合、退職時の年齢に関係なく、雇用保険の被保険者期間に応じて支給されます。鈴木さんの場合、雇用保険の被保険者期間が20年以上あるので、基本手当は150日分支給されます。 ⇒ ○

〈自己都合退職の場合の給付日数〉

被保険者期間	1年未満	1年以上 10年未満	10年以上 20年未満	20年以上
年齢に関係なく	―	90日	120日	150日

2 退職所得＝（退職金−退職所得控除額）×2分の1で算出します。

⇒ ×

退職所得控除額＝800万円＋70万円×（勤続年数−20年）で算出します。鈴木さんの勤続年数は22年7か月なので切り上げて23年になります（1年未満の端数月は切り上げて1年とする）。
したがって、
退職所得控除額＝800万円＋70万円×（23年−20年）＝1,010万円になります。
よって、鈴木さんの退職所得は
（1,200万円−1,010万円）×2分の1＝95万円です。

3 雇用保険の基本手当には、受給にあたって待期期間があります。倒産や解雇による離職（特定受給資格者）の場合は、7日間の待期期間があり、鈴木さんのような自己都合退職（一般被保険者）の場合は、7日間の待期期間後、原則、更に2か月間（合計で7日＋2か月）の待期期間があります。 ⇒ ○

date
／　／　／

7
P047

1 後期高齢者の自己負担割合は原則として1割です。ただし、一定額以上所得のある現役並所得者は3割負担です。なお、単身世帯で年収200万円以上、または75歳以上の者が2人以上いる複数世帯で年収合計が320万円以上の場合、自己負担割合は2割負担です。

⇒ ○

2 後期高齢者の保険料の納付方法は、原則として年金からの天引きです（特別徴収という）。ただし、年金の年額が18万円未満の者は口座振替（銀行引落し）によって納付できます（普通徴収という）。 ⇒ ○

3 後期高齢者となった者に扶養されていた75歳未満の者は後期高齢者医療制度には加入できず、原則として自分で国民健康保険等に加入しなければなりません。 ⇒ ✕

8
P057

　雇用保険の育児休業給付は、満1歳未満の子どもを養育する目的で休業し、給料が支給されなくなった場合（休業前の賃金の80％未満になった場合）に支給されます。また、パパママ育休プラス制度を利用する場合は、1歳2か月未満の子どもを養育するために育児休業を取得した場合が対象です。保育園が見つからない場合などは、最長、子どもが2歳になるまで支給されます。

　当初の6か月間（180日間）に限り、休業前賃金の3分の2（67％）相当額が支給されます（その後は50％）。

　なお、育児休業中の健康保険料と厚生年金保険料は、被保険者と事業主分の両方が免除されます。

第3問 次の設例に基づいて、下記の各問 ⑨ 〜 ⑬ に答えなさい。

FP 協会　金財・個人　金財・保険

<設例>
　自営業を営んでいる山田さんは、老後の生活設計について心配になり、公的年金や医療費などについて、ファイナンシャル・プランナーのFさんに相談した。

〈山田さん夫婦の資料〉
・山田さん　　　1968年 2 月25日生まれ
　　　　　　　　自営業
・妻洋子さん　　1969年12月25日生まれ
　　　　　　　　山田さんと将来にわたって生計維持関係あり
＊なお、山田さん夫婦に子どもはいない。

〈公的年金の加入状況（60歳まで国民年金、保険料は納付するものとする）〉

山田さん

20歳			34歳	60歳
学生納付特例期間 24 月	厚生年金加入 96 月	国民年金全額免除 48 月	国民年金納付（予定を含む） 312 月	

妻洋子さん

20歳	30歳	60歳
会社員（厚生年金保険加入） 120 月	国民年金納付（予定を含む）（国民年金第 1 号被保険者）	

・山田さんは2024年 3 月に20日間入院し、 3 月の総医療費の総額が90万円かかった。

9 公的年金に関する次の記述のうち、正しいものはどれか。

☐☐☐

1. 山田さんは65歳になる前に老齢基礎年金を受け取りたいと思っているが、62歳から繰上げ受給をすると年金額は25.2％減額される。

2. 山田さんは、現在、国民年金の第1号被保険者であるが、国民年金保険料は1年分や2年分の保険料を前納することもでき、保険料が割引きになる。

3. 山田さんは、国民年金の他に、付加年金に加入できるが、老後資金を増やすために、付加年金に加入しながら、同時に国民年金基金にも加入できる。

10 山田さんが原則として65歳から受給することができる老齢基礎年金

☐☐☐ の年金額を算出する計算式は次のうちどれか。なお、年金額は2024年度額に基づいて計算するものとする。

1. $81万6,000円 \times \dfrac{312月 + 48月 \times \frac{1}{3}}{480月}$

2. $81万6,000円 \times \dfrac{408月 + 48月 \times \frac{1}{3}}{480月}$

3. $81万6,000円 \times \dfrac{408月 + 48月 \times \frac{1}{2}}{480月}$

11 山田さんは2024年3月に20日間入院し、3月の医療費の総額が90万円かかっている。山田さんが医療保険の高額療養費制度により払われる金額として正しいものは、次のうちどれか。なお、山田さんの所得区分は「標準報酬月額が60万円」であり、限度額適用認定証は提出していない。

※70歳未満の医療費の自己負担限度額（1か月あたり）の計算式
（標準報酬月額が53万円～79万円の場合）

16万7,400円＋（総医療費－55万8,000円）×1％

1. 9,180円　　**2.** 9万9,180円　　**3.** 18万3,570円　　**4.** 72万9,180円

12 障害基礎年金に関する次の記述のうち、正しいものはどれか。

山田さんが障害を負った場合、障害認定日に障害等級（ ① ）の障害の状態に該当するなど一定の要件を満たせば、障害基礎年金を受給することができる。障害認定日とは、原則、障害の原因となった傷病の初診日から起算して（ ② ）を経過した日である。

なお、受給要件として、初診日の前々月までの被保険者期間のうち（ ③ ）以上保険料を納付していることとなっている。

1. ①1級または2級　　　　②1年　　　　③3分の2
2. ①1級または2級　　　　②1年6か月　　③3分の2
3. ①1級、2級または3級　　②1年6か月　　③4分の3

13 ファイナンシャル・プランナー（FP）のFさんは、遺族厚生年金
□□□ についても説明した。Fさんが、山田さんに対して説明した以下の
文章の空欄①〜④に入る語句の組み合わせとして、次のうち最も適
切なものはどれか。

遺族厚生年金の額は、原則として、亡くなったときの被保険者の厚生
年金保険の被保険者期間を基礎として計算した老齢厚生年金の報酬比例
部分の額の（ ① ）に相当する額になります。ただし、その計算の基礎
となる被保険者期間の月数が（ ② ）に満たないときは、（ ② ）とみな
して年金額が計算されます。

また、山田さん夫婦のように要件に該当する子がいない場合、夫が亡
くなったときに妻には遺族基礎年金が支給されないため、遺族基礎年金
の代わりに、配偶者（妻）が（ ③ ）に達するまでの間、配偶者（妻）
に支給される遺族厚生年金の額に（ ④ ）が加算されます。

---

1. ①4分の3　②300月　③60歳　④加給年金
2. ①3分の2　②240月　③65歳　④中高齢寡婦加算
3. ①4分の3　②300月　③65歳　④中高齢寡婦加算

9

P064

1 繰上げ受給をすると繰り上げた月あたり0.4%減額されます。62歳だと3年繰り上げることになるので3年×12か月×0.4＝14.4%減額になります。　　　　　　　　　　　　　　　　　　　　　　⇒ ✕

2 国民年金保険料は、1年分や2年分の保険料を前納することや口座振替による早割納付することもでき、保険料が割引きになります。　⇒ ◯

3 付加年金も国民年金基金も自営業者等の第1号被保険者のみ加入できますが、同時に加入することはできません。なお、個人型確定拠出年金（iDeCo）加入者は、付加年金または国民年金基金のどちらかと同時加入できます。　　　　　　　　　　　　　　　　　　　　⇒ ✕

●老齢基礎年金の繰上げ受給と繰下げ受給

　繰上げ受給（60歳から64歳までに受け取りを開始）の場合、年金額は減額（繰り上げた月あたり0.4%）され、一生涯、減額された年金が支給されます。なお、老齢基礎年金と老齢厚生年金は同時に繰り上げなければなりません。

　繰下げ受給（66歳〜75歳までに受け取りを開始）の場合、年金額は増額（繰り下げた月あたり0.7%）され、一生涯、増額になった年金が受給できます。老齢基礎年金と老齢厚生年金を同時に繰り下げることも、一方だけを繰り下げることも可能ですが、66歳になるまでは繰下げ受給の申し出はできません。

〈減額率・増額率の計算〉

5年間繰り上げると（60歳から受け取る）：
5年×12か月×0.4%＝24%年金が減額される（最大減額率）

10年間繰り下げると（75歳から受け取る）：
10年×12か月×0.7%＝84%年金が増額となる（最大増額率）

　なお、繰上げ受給も繰下げ受給も、1度選択すると、取り消しや変更はできません。

10

P073

解答 2

・山田さんは1968年生まれなので老齢基礎年金の加入可能年数は40年（480月）です。

・山田さんは20歳から24月、学生納付特例期間になっており、この期間は受給資格期間にはカウントされますが、保険料納付済月数には入りません。

・国民年金の全額免除期間が48月ありますが、全額免除の場合、2009年（平成21年）3月以前は国庫負担分としての3分の1が保険料納付済期間とされます。したがって16月が納付済期間となります。

・保険料の納付済期間は、上記の16月と、厚生年金の加入期間（96月）と国民年金納付期間（312月）をあわせた408月との合計で424月です。

・なお、2024年度の老齢基礎年金の支給額（満額）は年間で81万6,000円です。

以上より、山田さんの老齢基礎年金の計算式は

$$81万6,000円 \times \frac{408月 + 48月 \times \frac{1}{3}}{480月} \quad となります。$$

[山田さんの自己負担限度額]

16万7,400円＋（90万円－55万8,000円）×1％＝17万820円

[山田さんが実際に支払った金額（かかった医療費の3割が自己負担割合)]

90万円×30％（3割負担）＝27万円

[高額療養費として支払われる金額]

実際に支払った金額と自己負担限度額の差額が高額療養費として払い戻されるので

27万円－17万820円＝9万9,180円

 山田さんが実際に支払った医療費の額は、医療費の総額（90万円）ではなく、医療費の総額に自己負担割合を乗じた金額（27万円）です。

date / / /

12

P089

P089

解答 2

[障害基礎年金の受給要件]

　　障害認定日に、1級または2級の障害の状態にあることや初診日の前々月までの被保険者期間のうち、3分の2以上保険料を納付していることなど

[障害認定日]

　　障害の原因となった傷病の初診日から起算して1年6か月を経過した日、または、それまでに傷病が治ったときは、傷病が治った日（症状が固定した日）

[障害基礎年金の年金額]

　　障害等級2級の場合は、満額の老齢基礎年金と同額の81万6,000円（2024年度額）、1級の年金額は2級の年金額の1.25倍

本問の場合、山田さん夫妻に子どもはいないため、子の加算はありません。

なお、障害厚生年金は、1級、2級、3級までの障害が対象となっており、3級より状態が軽い障害の場合にも障害手当金（一時金）の制度があります。

間違えやすいポイント

「障害認定日」とは、障害の原因となった傷病の初診日から1年6か月を経過した日、または、それまでに傷病が治ったときは、治った日（症状が固定した日＝治療を続けても効果が望めない状態となった日を含む）のことです。

① 遺族厚生年金の額は、原則として、被保険者が亡くなった時点で算出した老齢厚生年金保険の報酬比例部分の額の4分の3相当額になります。

② 亡くなった時点で被保険者期間が300月に満たない場合は、300月とみなして年金額を計算します。

③ ④夫が亡くなったときに18歳の年度末までの子がいない妻には遺族基礎年金が支給されません。そこで、年金額を増額する方法として遺族厚生年金の受給権がある妻には40歳から65歳になるまで、中高齢寡婦加算が遺族厚生年金に加算して支給されます。

〈遺族厚生年金の概要〉

受給要件	・厚生年金の加入者（被保険者）が死亡したとき ・老齢厚生年金の受給資格期間が25年以上ある者が死亡したときなど
受給対象者 （遺族）	被保険者の死亡当時、扶養されていた以下の者のうち、受給順位が高い者のみが受給対象者となる。 ・第1順位…配偶者（夫の場合は55歳以上）、子（18歳の3月末日まで、または20歳未満で障害等級1・2級の障害者） ・第2順位…父母（55歳以上） ・第3順位…孫（18歳の3月末日まで、または障害等級1・2級の者は20歳未満） ・第4順位…祖父母（55歳以上）
年金額	・被保険者の老齢厚生年金の報酬比例部分の額の4分の3相当額 ・被保険者期間が300月に満たない場合は、300月とみなして計算する
その他の ポイント	・夫、父母、祖父母が受給する場合は60歳から ・夫が死亡した場合、子のいない30歳未満の妻の遺族厚生年金の受給期間は5年間に限られる

※第1順位の配偶者と子がいる場合は、配偶者に全額支給され、子には支給されません
※兄弟姉妹は遺族厚生年金の受給対象者にはなりません

間違えやすいポイント　遺族基礎年金も遺族厚生年金も、妻が亡くなった場合に条件を満たしていれば、夫にも支給されます。なお、遺族厚生年金は、条件を満たしていれば父母や祖父母にも支給されますが、兄弟姉妹は対象外です。

第4問 次の設例に基づいて、下記の各問⑭〜⑰に答えなさい。

FP協会 金財・個人 金財・保険

<設例>

　北山一郎さんは、妻智子さん、長男旬さん（6歳）及び長女愛子さん（4歳）の4人暮らしである。北山さんは、自分が死亡した場合の公的年金制度からの給付等や今後のライフプランについて知りたいと思っており、ファイナンシャル・プランナー（以下、「FP」という）の田島さんに相談することにした。
※なお北山さんは新規裁定者に該当する。
〔北山さん及び家族に関する資料〕
　⑴北山さん　（自営業）
　　年齢：37歳
　　公的年金の加入歴：20歳から現在（2024年6月）まで、国民年
　　　　　　　　　　　金に加入。
　⑵妻智子さん　（パート収入等はない）
　　年齢：35歳
　※妻智子さん、長男旬さん及び長女愛子さんは、北山さんと同居し、
　　生計維持関係にある
　※なお、北山さんの父親の修二さん（会社員）は1958年生まれ、母
　　親の雅子さんは1963年生まれで、北山さんとは同居していない
　※上記以外の条件は考慮せず、各問に従うこと

14
□□□　現時点を2024年7月20日とした場合で、北山さんが急死した場合に北山さんの遺族に支給される遺族基礎年金の年金額は次のうちいくらか（2024年度額に基づいて計算すること）。

1. 81万6,000円 + 23万4,800円 + 23万4,800円 = 128万5,600円

2. 81万6,000円 + 23万4,800円 + 7万8,300円 = 112万9,100円

3. 81万6,000円 + 23万4,800円 = 105万800円

15 遺族基礎年金に関する以下の文章の空欄の①～③に入る語句の組合せとして、次のうち最も適切なものはどれか。

　遺族基礎年金の受給対象者は、国民年金の加入者等の死亡当時、生計を維持されていた（①）到達年度の3月末日までの子または（②）未満で障害等級1級・2級に該当する未婚の子または子のある配偶者（妻または夫）となっている。支給要件として、国民年金の被保険者が死亡したとき、老齢基礎年金の受給資格期間が（③）以上ある者が死亡したときなどとなっている。

1. ①15歳　②18歳　③25年
2. ①18歳　②20歳　③25年
3. ①18歳　②20歳　③10年

16 ファイナンシャル・プランナー（FP）の田島さんが説明した以下の1960年生まれの厚生年金加入者であるAさん（男性）の一般的な公的年金制度の図の空欄①～③に入る語句の組合せとして適切なものはどれか。※Aさんは北山さんの伯父で、子はいないものとする。

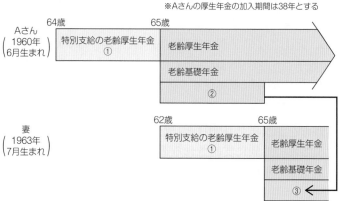

※Aさんの厚生年金の加入期間は38年とする

1. ①報酬比例部分　②加給年金額　③振替加算
2. ①定額部分　　②加給年金額　③振替加算
3. ①報酬比例部分　②振替加算　③寡婦年金

17 □□□ 下記は、北山さん（37歳）の家庭のキャッシュフロー表（一部抜粋）である。このキャッシュフロー表に関する次の記述のうち、最も不適切なものはどれか。なお、計算にあたっては、キャッシュフロー表中に記載の整数を使用することとし、計算結果については万円未満を四捨五入することとする。

＜北山家のキャッシュフロー表＞　　　　　　　　　　　　　　　　　（単位：万円）

経過年数			現在	1年	2年	3年
家族・年齢	北山　一郎	本人	37歳	38歳	39歳	40歳
	智子	妻	35歳	36歳	37歳	38歳
	旬	長男	6歳	7歳	8歳	9歳
	愛子	長女	4歳	5歳	6歳	7歳
ライフイベント		変動率		旬 小学校 入学		愛子 小学校 入学
収入	収入（夫）	1%	819			
	パート収入（妻）	-	24	24	24	24
	収入合計	-	843			
支出	基本生活費	1%	312		（　ウ　）	
	住宅関連費	-	110	110	110	110
	教育費	2%	70			256
	生命保険料・損害保険料	-	33	33	33	33
	一時的支出	-	0			20
	その他支出	-	14			
	支出合計	-	539			
年間収支		-	（　ア　）	133		
金融資産残高		1%	1,155	（　イ　）		

※家族の年齢は、各年12月31日現在のものとし、現在を基準年とする
※記載されている数値は正しいものとする
※問題作成の都合上、一部空欄にしてある

1. 空欄（ア）に入る数値とその求め方：「843 − 539 ＝ 304」
2. 空欄（イ）に入る数値とその求め方：「1,155 ×（1 ＋ 0.01）＋ 133 ＝ 1,300」
3. 空欄（ウ）に入る数値とその求め方：「312 ×（1 ＋ 0.01）× 2 ＝ 630」

遺族基礎年金の2024年度の支給額は、子（18歳になった年度の3月末日までの者）のある妻の場合、81万6,000円＋子の加算となっています。

子の加算額は、子が2人までは子1人につき23万4,800円、子が3人以上の場合は、3人目から1人につき7万8,300円です。

北山さんの場合、要件に該当する子が2人いるので、81万6,000円＋23万4,800円＋23万4,800円＝128万5,600円になります。

〈遺族基礎年金〉

受給要件	・国民年金の加入者（被保険者）が死亡したとき、または ・老齢基礎年金の受給資格期間が 25 年以上ある者が死亡したとき
受給対象者 （遺族）	・子（18 歳になった年度の3月末日までの者）のある配偶者（妻または夫） ・子（18 歳になった年度の3月末日までの者、または 20 歳未満の1級、2級の障害者）で未婚の者 ※受給権のある配偶者と子がいる場合は、配偶者に全額支給され、子には支給されない
年金額	・子のある配偶者が受給する場合、81 万 6,000 円＋子の加算 ・子の加算額は、子2人までは子1人につき 23 万 4,800 円、3人目の子からは1人につき7万 8,300 円

※遺族基礎年金は要件を満たす夫にも支給されます

date
/ / /

15
P090

解答 2

遺族基礎年金は、原則として国民年金の被保険者や老齢基礎年金の受給資格期間が25年以上ある者などが亡くなった場合に資金される年金で、受給対象者は以下の者です。

亡くなった者に生計を維持されていた

① 18歳になった年度の3月末日までの子、または1級・2級の障害がある20歳未満の未婚の子

② 上記の子のある妻または夫

16
P081

解答 1

① 1960年6月生まれのAさん（男性）は、64歳から特別支給の老齢厚生年金の報酬比例部分を受給できます。なお、特別支給の老齢厚生年金の定額部分（老齢基礎年金）は65歳からの受給となります。

② 厚生年金の加入期間が20年以上ある者で、65歳未満の配偶者がいるときは、原則、老齢厚生年金の支給開始とともに加給年金が支給されます。加給年金とは一種の扶養手当のようなもので、配偶者が65歳になるまで（または、子がいる場合、子が18歳の末日になるまで）支給されます。

③ 配偶者が65歳になると、加給年金は支給されなくなり、代わりに配偶者の老齢基礎年金に振替加算が支給されます。

間違えやすいポイント

1961年（昭和36年）4月2日以降に生まれた者（男性）は、特別支給の老齢厚生年金は受給できず、65歳から老齢厚生年金を受給します。

解答 3

1 年間収支は「年間の収入合計－年間の支出合計」で算出します。したがって843－539＝304となります。 ⇒ ○

2 金融資産残高（貯蓄残高）は前年末の残高×（1＋運用利率または変動率）±その年の年間収支で算出します。したがって、1,155×（1＋0.01）＋133＝1,300となります。 ⇒ ○

3 将来の基本生活費（将来の予想金額）は現在の生活費×（1＋変動率）^{年数}で算出します。したがって、2年後の基本生活費は「312×（1＋0.01）^{2}＝318」となります。 ⇒ ×

＜キャッシュフロー表の見方＞

（単位：万円）

経過年数			現在	1年	2年	3年
家族・年齢	北山 一郎	本人	37歳	38歳	39歳	40歳
	智子	妻	35歳	36歳	37歳	38歳
	旬	長男	6歳	7歳	8歳	9歳
	愛子	長女	4歳	5歳	6歳	7歳
ライフイベント		変動率		旬 小学校 入学		愛子 小学校 入学
収入	収入（夫）	1%	819			
	パート収入（妻）	-	24	24	24	24
	収入合計		843			
支出	基本生活費	1%	312		（ ウ ）	
	住宅関連費	-	110	110	110	110
	教育費	2%	70			256
	生命保険料・損害保険料	-	33	33	33	33
	一時的支出	-	0			20
	その他支出	-	14			
	支出合計	-	539			
年間収支		-	（ ア ）	133		
金融資産残高		1%	1,155	（ イ ）		

現在の収入と支出の合計

運用利率

前年の金融資産残高

翌年の年間収支

現在の基本生活費

※キャッシュフロー表を使った問題は、FP協会の試験でよく出題されます。

date / / /

次の設例に基づいて、下記の問**18**に答えなさい。

FP協会

<設例>
　西さんは、老後の生活に対して不安を持っており、現在の資産状況や生命保険の加入状況について見直しをしたいと思い、FPに相談した。

〔西さんの家族構成〕
　西さん（51歳）：会社員
　妻　友子さん（47歳）：専業主婦
　長男　和也さん（20歳）：学生

〈西さん家族の資産状況〉

	預貯金	国債	不動産
西さん	2,800万円	500万円	4,200万円（土地）
友子さん	1,300万円	300万円	1,700万円（自宅）

※住宅ローン残高800万円（西さんが債務者）、車のローン120万円（西さんが債務者）

〈西さん家族の生命保険等の加入状況〉

種類	契約者	被保険者	死亡保険金（満期保険）の受取人	保険金額	契約返戻金相当額
終身保険	西さん	西さん	友子さん	800万円	600万円
養老保険	西さん	西さん	友子さん	500万円	380万円

18　西家のバランスシートの（ア）と（イ）の金額を計算しなさい。

□□□

<西家のバランスシート>　　　　　　　　　　　　　　　　　（単位：万単位）

（資産）		（負債）	
・金融資産	○○○	・住宅ローン	×××
預貯金	△△△	・車のローン	×××
債券	×××	負債合計	×××
・生命保険	○○○		
・不動産	×××	純資産	（イ）
資産合計	（ア）	負債・純資産合計	○○○

解答 (ア) **11,780万円** (イ) **10,860万円**

西家の金融資産は、預貯金合計　　2,800万円+1,300万円=4,100万円
　　　　　　　　　国債の合計　　　500万円+　300万円=　800万円
　　　　　　　　　　　　　　　　　　　　　　　計　4,900万円

生命保険については、現時点での解約返戻金相当額をバランスシートに記載するので、

　　　　　　　　　　　　　　　600万円+　380万円=　980万円
　　　　　　　　不動産の合計　4,200万円+1,700万円=5,900万円
　　　　　　　　　　　　　　　　　　　　　計　6,880万円

資産総額は4,900万円+6,880万円=11,780万円

また、純資産の額は資産合計から負債合計を差し引いた金額となる。
西家の負債額は、住宅ローン残高　800万円
　　　　　　　　　車のローン残高　120万円
　　　　　　　　　　　　　計　920万円

したがって、純資産額は11,780万円-920万円=10,860万円
以上より

（単位：万単位）

(資産)		(負債)	
・金融資産		・住宅ローン	800
預貯金	4,100	・車のローン	120
債券	800	負債合計	920
・生命保険	980		
(解約返戻金相当額)			
・不動産	5,900	純資産（イ）	10,860
資産合計（ア）	11,780	負債・純資産合計	11,780

date
／　／　／

第6問 次の設例に基づいて、下記の問⑲～㉒に答えなさい。

FP協会　金財・個人　金財・保険

<設例>

　X株式会社に勤務するAさん（61歳）は、妻Bさん（58歳）との2人暮らしである。Aさんは、大学卒業後から現在に至るまでX社に勤務し、2023年9月に定年を迎えたが、X社の継続雇用制度を利用して65歳まで厚生年金保険の被保険者として勤務する予定である。

　Aさんは、老後の生活設計を考えるために、60歳以後もX社に継続勤務した場合の公的年金の仕組みについて、ファイナンシャル・プランナーのMさんに相談することにした。

※なお、Aさんは新規裁定者に該当する。

〈Aさん夫妻に関する資料〉

（1）Aさん（1963年9月生まれ）

・公的年金加入歴：下図のとおり

・20歳から大学生であった期間（25月）は国民年金に任意加入していない。

・全国健康保険協会管掌健康保険、雇用保険に加入中

20歳　22歳		65歳
国民年金未加入期間	厚生年金保険（退職までの見込みを含む）	
25月	255月	260月
	2003年3月以前の平均標準報酬月額40万円	2003年4月以後の平均標準報酬額50万円

（2）妻Bさん（58歳・専業主婦）

・公的年金加入歴：18歳からAさんと結婚するまでの12年間（144月）は、厚生年金保険に加入。結婚後は、国民年金に第3号被保険者として加入

※Aさんおよび妻Bさんは、現在および将来においても、公的年金制度における障害等級に該当する障害の状態にないものとする。

※Aさん夫婦に子はいない。

※上記以外の条件は考慮せず、各問に従うこと。

19 Mさんは、Aさんが65歳までに受給することができる公的年金制度
☐☐☐ からの老齢給付について説明した。Mさんが、Aさんに対して説明
した以下の文章の空欄①～③に入る数値の組合せとして、次のうち
最も適切なものはどれか。

「老齢厚生年金の支給開始年齢は原則として65歳ですが、経過的措置として、
老齢基礎年金の受給資格期間の（ ① ）を満たし、かつ、厚生年金保険の
被保険者期間が（ ② ）以上あることなどの所定の要件を満たしている方は、
65歳到達前に特別支給の老齢厚生年金を受け取ることができます。1963年
9月生まれのAさんは、特別支給の老齢厚生年金を受取ることは（ ③ ）」

1. ①25年　②1年　　③できない
2. ①10年　②1か月　③できる
3. ①10年　②1年　　③できない

20 次に、Mさんは、Aさんが老齢基礎年金の受給を65歳から開始した
☐☐☐ 場合の年金額を試算した。Mさんが試算した老齢基礎年金の年金額
（2024年度価額）の計算式として、次のうち最も適切なものはどれか。
※Aさんは新規裁定者に該当する。

1. $81万6,000円 \times \dfrac{455月}{480月}$

2. $81万6,000円 \times \dfrac{515月}{480月}$

3. $81万6,000円 \times \dfrac{455月 + 25月 \times \dfrac{1}{3}}{480月}$

21 Mさんは、老齢厚生年金と遺族厚生年金について説明した。Mさん
□□□ のAさんに対する説明として、次のうち最も不適切なものはどれか。

1. 「老齢厚生年金は、給与などの総報酬月額相当額と基本月額との合計額
   が50万円（2024年度額）を超えると、50万円を超える金額の2分の1
   相当額の厚生年金が支給停止となります」
2. 「Aさんが65歳になると、老齢厚生年金に加給年金が支給されます」
3. 「仮にAさんが亡くなられた場合、Aさん夫婦には子がいないので妻B
   さんに支給される遺族厚生年金保険の受給期間は5年間に限定されま
   す」

22 Mさんは、遺族厚生年金について説明した。Mさんが、Aさんに対
□□□ して説明した以下の文章の空欄①〜③に入る語句の組合せとして、
   次のうち最も適切なものはどれか。

「遺族厚生年金の額は、原則として、老齢厚生年金の受給資格期間が
（ ① ）以上ある者が亡くなったときに受給順位が高い遺族に支給されま
すが、（ ② ）は受給対象者にはなりません。なお、支給額は被保険者が
亡くなった時点で算出した老齢厚生年金の報酬比例部分の（ ③ ）相当
額です。

---

1. ①25年　②兄弟姉妹　③4分の3
2. ①10年　②兄弟姉妹　③4分の3
3. ①25年　②直系尊属　③3分の2

19

P076

解答 **3**

特別支給の老齢厚生年金は老齢基礎年金の受給資格期間（10年）を満たし、厚生年金の被保険者期間が1年以上ある者に生年月日に応じて支給されます。

男性の場合、1961年4月1日以前に生まれた者が対象であり、1959年4月2日から1961年4月1日生まれの者は、64歳から特別支給の老齢厚生年金の報酬比例部分が支給されます。Aさんのように、1961年4月2日以降生まれの男性（女性は1966年4月2日以降生まれ）は、特別支給の老齢厚生年金は支給されません。

20

P073

解答 **1**

Aさんの厚生年金の保険料納付済期間は、65歳までの納付も含めて、515月（255月＋260月）です。

ただし、老齢基礎年金（国民年金）は20歳以上60歳未満の加入期間が対象なので、60歳以降と20歳未満の厚生年金の加入期間は対象外です。したがって、Aさんの場合、60歳から65歳になるまでの5年間（60月）の期間は含まれず、対象期間は455月（515月－60月）になります。

※60歳から65歳の間に支払った厚生年金保険料は、厚生年金額に反映されます。

また、Aさんは1941年4月2日以降生まれなので、加入可能年数は480月（40年）です。

$$Aさんの老齢基礎年金＝81万6,000円×\frac{255月＋260月－60月}{480月}$$

$$＝81万6,000円×\frac{455月}{480月}$$

※なお、未加入期間（25月）については、国庫負担分（負担割合は3分の1）は反映されません。保険料免除制度の適用を受けた場合、国庫負担分が年金額に反映されます。

21

P092

解答 3

1 適切

老齢厚生年金の基本月額と給与等の総報酬月額相当額の合計額が50万円を超える場合、50万円を超える金額分の2分の1相当額の厚生年金が支給停止となります。

50万円以下の場合、厚生年金は全額支給されます。

なお、支給停止になるのは老齢厚生年金のみで、老齢基礎年金は支給停止にはなりません。

2 適切

加給年金は厚生年金の加入期間が20年（240月）以上ある者に、要件を満たした65歳未満の配偶者または18歳の年度末までの子がいる場合に、原則、65歳以降の老齢厚生年金の支給開始時期から、妻Bさんが65歳になるまで支給されます。Aさんは厚生年金に515月加入しており、妻Bさんは65歳未満なので、条件を満たしています。

3 不適切

遺族厚生年金の支給期間が5年間に限定されるのは、子のいない30歳未満の妻の場合です。妻Bさんは58歳なので、5年間の限定支給の対象ではありません。

22

P092

解答 1

① 遺族厚生年金は、原則として、老齢厚生年金の受給資格期間が25年以上ある者が亡くなったときに支給されます。

② 支給対象者は受給順位が高い者のみに支給され、第1順位は配偶者または子となっています。第2順位は父母、第3順位は孫となっていますが、兄弟姉妹は対象外です。

③ 遺族厚生年金の額は、原則として、被保険者が亡くなった時点で算出した厚生年金保険の報酬比例部分の額の4分の3相当額になります。

可処分所得	可処分所得 ＝年収－（所得税＋住民税＋社会保険料）
老齢基礎年金の 受給資格期間	受給資格期間（10年以上） ＝国民年金（基礎年金）の保険料納付済期間＋保険料免除期間＋合算対象期間
老齢基礎年金の 繰上げ受給	繰り上げた月あたり0.4％減額となるので、60歳から受給（12か月×5年＝60か月繰上げ）すると、60か月×0.4％＝24％減額となる（最大減額率）
老齢基礎年金の 繰下げ受給	繰り下げた月あたり0.7％増額となるので、75歳から受給（12か月×10年＝120か月繰下げ）すると、120か月×0.7％＝84％増額となる（最大増額率）
付加年金の 年金額	第1号被保険者が老齢基礎年金に上乗せするための年金制度。保険料は400円で、200円×保険料納付月数で算出した金額が老齢基礎年金に加算される
障害基礎年金の 年金額	障害等級1級に該当する者は、障害等級2級の年金額の1.25倍
障害認定日	障害の原因となった傷病の初診日から1年6か月を経過した日、または、それまでに傷病が完治したときは、その治った日（症状が固定した日）のこと

リスク管理

試験対策のポイント

- この「リスク管理」は、日本FP協会の［資産設計提案業務］で出題されているが、金財の［個人資産相談業務］では出題されていない
- 金財については、保険個人資産相談業務での出題を記載
- 実技試験では、保険証券を用いて保険証券に記載されている内容（保険金額や特約など）を読み取る問題や、保険に関する税金、法人の支払った保険料の経理処理などを中心に出題されている

出題傾向

		R4年9月	R5年1月	R5年5月	R5年9月	R6年1月
保険の基礎知識	金財					
	FP協会					
生命保険の基礎	金財	1			1	
	FP協会					
生命保険の種類	金財	2		2	3	2
	FP協会					
生命保険と税金	金財	1	3		1	1
	FP協会			1		2
損害保険	金財					
	FP協会		1	1		1
損害保険と税金	金財					
	FP協会	2			2	
第3分野の保険と特約	金財		1	2		
	FP協会					
保険証券の見方	金財					
	FP協会	1	1	1	1	1

※実技試験の金財は保険顧客資産相談業務での出題数

第1問 次の設例に基づいて、下記の各問 **1**〜**3** に答えなさい。

FP 協会　金財・保険

<設例>
　鈴木太郎さん（60歳）が契約している普通傷害保険の主な内容は、下記<資料>のとおりである。

<資料>
保険契約	：普通傷害保険
保険期間	：１年間
保険契約者	：鈴木太郎
被保険者	：鈴木太郎
死亡・後遺障害保険金額	：3,000万円
入院保険金日額	：5,000円
通院保険金日額	：5,000円

　　　　　　　　　　　　　※特約は付帯されていない。

1
□□□ 次の１〜３のケースのうち、保険金の支払い対象となるケースはどれか。<資料>に記載のない事項については一切考慮しないこととする。

1. 地震により倒れてきた本棚の下敷きになり、腕を骨折して通院した。
2. 海外旅行中に乗っていたバスが交通事故に遭い、けがをして通院した。
3. レストランで食べた料理が原因で、細菌性食中毒を起こして入院した。

2 鈴木さんは、定年退職後、公的年金だけでは生活にゆとりがないため、公的年金に上乗せするものとして個人年金保険に関心を持っている。個人年金保険に関する次の記述のうち、誤っているものはどれか。

1. 確定年金は、被保険者の生死にかかわらず一定期間年金が支払われるもので、年金支払い期間中に被保険者が死亡したときは、残りの期間は遺族に年金または死亡一時金が支払われる。
2. 保証期間付終身年金は、被保険者が生きている限り年金が支払われ、保証期間中に被保険者が死亡した場合には、残りの保証期間は遺族に年金又は死亡一時金が支払われる。
3. 夫婦年金は、夫婦2人を被保険者として、夫婦の両方が生きている限り年金が支払われる。

3 鈴木さんは、終身保険、定期保険、養老保険についても関心を持っている。3つの保険に関する次の記述のうち、誤っているものはどれか。

1. 養老保険は、定められた保険期間中に死亡または高度障害状態になった場合に保険金が支払われ、満期まで生存していれば、死亡保険金と同額の満期保険金が支払われる。
2. 定期保険は、定められた保険期間中に死亡または高度障害状態になった場合に保険金が支払われ、満期になった場合は一定の満期保険金が支払われる。
3. 終身保険は、一生涯の保障が続き、死亡または高度障害状態になった場合に保険金が支払われる。満期保険金はないが、途中で解約した場合には、期間の経過に応じた解約返戻金を受け取ることができる。

解答 **2**

傷害保険は「急激かつ偶然の外来の事故」によって傷害を被った場合に保険金が支払われるもので、労災保険からの支払いや加害者からの賠償金の支払いがあった場合でも支払われます。

1 普通傷害保険では、地震や噴火またはこれらによる津波による傷害などの場合は補償の対象外です。　　　　　　　　　　　　⇒ ✕

2 普通傷害保険は、国内外を問わず、家庭内・職場・通勤中・旅行中や交通事故などを含めた事故による傷害を補償する保険です。　⇒ ◯

3 普通傷害保険では、細菌性食中毒やウイルス性食中毒、心臓発作などの内部疾患、熱中症などによる場合は補償の対象外です。　⇒ ✕

〈傷害保険の種類〉

保険の種類	概要
普通傷害保険	・国内外を問わず、家庭内・職場・通勤途中や旅行中などの日常生活で起こる事故による傷害に対応する ＜対象とならない場合＞ ・戦争、地震、噴火またはこれらによる津波を原因とする場合、細菌性食中毒など ・内部疾患（心臓発作など）が原因の場合 ・熱中症、日焼け、靴ずれ、むちうち症など
家族傷害保険	・国内外を問わず、普通傷害保険と同じ補償内容で、1つの契約で家族全員を被保険者とするもの ・家族の範囲は保険事故発生時で判定し、配偶者や生計をともにする同居の親族の他、生計をともにする別居の未婚の子も対象
交通事故傷害保険	・国内外を問わず、道路通行中や乗り物に乗車中の事故に対応する（駅構内やエレベーター、エスカレーターも対象）
国内旅行傷害保険	・旅行で家を出発してから家に帰るまでに被ったけがにより発生した治療費や、そのけがによる死亡、後遺症について保険金が支払われる ・細菌性食中毒などの食中毒についても特約なしで保険金が支払われる ＜対象とならない場合＞ ・地震・噴火またはこれらによる津波によるもの
海外旅行傷害保険	・旅行で家を出発してから家に帰るまでに被ったけがにより発生した治療費や、そのけがによる死亡、後遺症について保険金が支払われる ・細菌性食中毒などの食中毒や地震・噴火またはこれらによる津波による傷害も特約なしで保険金が支払われる ・治療費については定額でなく実費が支払われる

date
／　／　／

2

P142

解答 3

1 確定年金は、あらかじめ定めた一定の期間中に被保険者が死亡した場合、残りの期間については、遺族に年金または死亡一時金が支払われます。
⇒ ○

2 保証期間付終身年金は、被保険者が生存している限り年金を受け取ることができます。被保険者が保証期間中に死亡した場合、残りの保証期間については、遺族に年金又は死亡一時金が支払われます。 ⇒ ○

3 夫婦年金は、夫婦どちらかが生きている限り、生涯にわたり年金を受け取ることができます。なお、一般的に夫婦のどちらかが死亡しても年金額は一定のものが多くなっています（年金額が変わるものもある）。
⇒ ×

3

P135

解答 2

1 養老保険は、保険期間中に死亡または高度障害状態になった場合に死亡保険金が、満期になった場合は、死亡保険金と同額の満期保険金が支払われます。 ⇒ ○

2 定期保険は、保険期間中に死亡または高度障害状態になった場合に保険金が支払われますが、満期になった場合、満期保険金はありません。
⇒ ×

3 終身保険は、死亡または高度障害状態になった場合に保険金が支払われます。満期保険金はありませんが、途中で解約した場合には、解約返戻金を受け取ることができます。 ⇒ ○

〈終身保険のイメージ〉

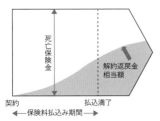

第2問 次の設例に基づいて、下記の各問 **4**〜**6** に答えなさい。

FP 協会　金財・保険

> **＜設例＞**
> 　吉野さんは最近自宅の新築を検討している。そこでファイナンシャル・プランナーの川口さんに地震保険について相談をした。

4 吉野さんに対する地震保険の説明として次の記述のうち、正しいものはどれか。
☐☐☐

1. 地震保険は単独加入できないので、必ず火災保険に付帯して契約する必要があります。

2. 地震保険の保険料は、地域差がなく全国一律のため、どこの地域に建築するかにより保険料が異なることはありません。

3. 地震保険の保険金額は、原則、全損の場合は保険金額全額、大半損の場合は保険金額の50%、小半損の場合は保険金額の30%、一部損の場合は保険金額の20%となっている。

5 川口さんは、あわせて損害保険や第三分野の保険について吉野さんに説明した。川口さんの説明として、最も不適切なものはどれか。
☐☐☐

1. 新築住宅が火災になった場合、火災保険から受け取る保険金は、原則として非課税です。

2. 国内旅行傷害保険では、一般に、国内旅行中にかかった細菌性食中毒は補償の対象とならない。

3. 傷害保険や所得補償保険から支払われる保険金は、原則として非課税です。

date
／　／　／

6 川口さんは、火災保険の内容についても吉野さんから質問を受けた。
□□□ 川口さんの火災保険に関する説明として次の記述のうち、正しいものはどれか。

1. 火災保険に加入する場合は、建物と家財は別々に契約する必要があります。
2. 住宅総合保険に加入すれば、地震による損害や地震を原因とする火災による損害についても補償されます。
3. 普通火災保険に加入することで、住居のみに使用される建物とその家財の火災による損害が補償される。

4

P161

解答 1

1 地震保険は単独では契約することはできず、必ず火災保険に付帯して契約する必要があります。現在加入中の火災保険に途中付帯することも可能です。　　　　　　　　　　　　　　　　　　⇒ ○

2 地震保険の保険料は、建物の構造や地域で異なります。また、築年数や免震・耐震性能に応じて4種類の割引があります。なお、保険料の割引は、4つのうち1つしか受けることができません。　⇒ ✕

3 地震保険の保険金額は損害の状況によって、全損、大半損、小半損、一部損の4段階となっており、全損の場合は保険金額全額、大半損の場合は保険金額の60%、小半損の場合は保険金額の30%、一部損の場合は保険金額の5%です。　　　　　　　　　　　　　⇒ ✕

5

P168

解答 2

1 火災保険より支払われる保険金を被保険者が受け取った場合は、原則として非課税です。　　　　　　　　　　　　　　　　⇒ ○

2 国内旅行傷害保険や海外旅行傷害保険では、旅行中の細菌性食中毒は補償の対象になります。特約保険料は不要です。　　　⇒ ✕

3 傷害保険や所得補償保険から支払われる保険金を被保険者が受け取った場合は、原則として非課税です。　　　　　　　　　　　⇒ ○

6
P158

解答 **1**

1 火災保険では、建物と家財は別々に契約します。　⇒ ○

2 火災保険では、種類を問わず、地震、噴火またはこれらによる津波による損害やそれらを原因とする火災による損害は補償されませんので、地震保険に加入する必要があります。　⇒ ✕

3 普通火災保険は、店舗や倉庫など居住用建物以外の火事等による損害を補償する保険です。住居のみに使用される建物と家財を対象としているのは、住宅火災保険や住宅総合保険です。　⇒ ✕

〈火災保険の種類〉

種類	対象	内容
普通火災保険	店舗や倉庫など	火災・落雷・爆発・破裂・風災（突風や竜巻）・雪災（雪崩）による損害 ※水災（洪水や床上浸水）は対象外
住宅火災保険	住居のみに使用される建物と家財	
住宅総合保険	住宅火災保険より補償範囲を拡大	上記の内容に加えて、水災・外部からの落下、衝突などによる損害・水漏れ・盗難などの損害
団地保険	団地やマンションとその家財	住宅総合保険の補償内容に加えて、団地内の傷害事故や賠償事故も補償

間違えやすいポイント　住居のみに使用される建物と家財は、普通火災保険の対象になりません。

第3問 次の設例に基づいて、下記の各問 **7** ～ **10** に答えなさい。

FP 協会　金財・保険

＜設例＞

　会社員の照井さんは、妻と長女の３人家族である。照井さんは加入している保険の税金の取扱いについて確認することにした。

〈照井さんが加入している生命保険の内容〉

	保険種類	契約者	被保険者	死亡保険金（満期保険金）受取人
契約A	定期付終身保険	照井さん	照井さん	妻
契約B	一時払い養老保険	照井さん	照井さん	長女
契約C	定期付終身保険	照井さん	妻	照井さん

　なお、契約者＝保険料負担者とする。

7 照井さんが加入している保険について、被保険者が死亡した場合に支払われる死亡保険金の税金に関する次の記述のうち、最も適切なものはどれか。

1. 契約Aで照井さんの妻が受け取る死亡保険金については、死亡保険金に対する非課税の適用がある。

2. 契約Bで照井さんの長女が受け取る満期保険金は所得税の対象になる。

3. 契約Cで照井さんが受け取る死亡保険金は、相続税の対象となる。

8 照井さんは、妻が被保険者である契約Cの定期付終身保険の見直しと収入保障保険への加入を考えている。収入保障保険と定期付終身保険に関する次の記述のうち、最も不適切なものはどれか。

8章
リスク管理

1. 収入保障保険の保険料は、一般的に保険金額が同額の定期保険より割安である。
2. 長期間保険料を払い込んでから解約した場合、解約返戻金があり、貯蓄性がある。
3. 定期付終身保険の定期保険特約部分の保険料の支払い方法には、全期型と更新型があり、一般的に保険金額が同じであれば、全期型の払込保険料総額は、更新型よりも多くなる。

9 契約Bの一時払い養老保険に関する次の記述のうち、誤っているものはどれか。

1. 一時払い養老保険は、保険期間中に被保険者が死亡または高度障害になった場合には死亡保険金が、満期まで生存していた場合には満期保険金が支払われる生死混合保険で、死亡保険金と満期保険金は同額である。
2. 一時払い養老保険で、契約者（保険料負担者）と保険金受取人が同一人で、満期までの期間が5年超ある保険の場合、満期保険金は一時所得となる。
3. 一時払い養老保険で、契約者（保険料負担者）と保険金受取人が同一人で、満期までの期間が5年以下である場合、満期保険金は雑所得として総合課税の対象となる。

10 仮に照井さんに長女以外に養子が2人いたとした場合、契約Aの死亡保険金に対する非課税限度額の金額はいくらか。

1. 1,000万円
2. 1,500万円
3. 2,000万円

解答 1

1　契約者（保険料負担者）と被保険者が同一人で、受取人が相続人である場合、死亡保険金はみなし相続財産として相続税の対象になります。500万円×法定相続人の数の保険金額が非課税になります。　⇒ ○

2　契約者（保険料負担者）と被保険者が同一人で、受取人が長女なので、満期保険金は照井さんから長女への贈与とみなされ、贈与税の対象になります。　⇒ ×

3　契約者（保険料負担者）と受取人が同一人の場合の受取保険金は、一時所得として所得税・住民税の課税対象になります。　⇒ ×

〈死亡保険金の税金について〉

	契約者	被保険者	受取人	対象となる税金の種類
死亡保険金	A	A	法定相続人	相続税（保険金非課税の特典あり）
	A	A	法定相続人以外の人	相続税（保険金非課税の特典なし）
	A	B	A	所得税（一時所得）・住民税
	A	B	C	贈与税

〈満期保険金の税金について〉

	契約者	被保険者	受取人	対象となる税金の種類
満期保険金	A	限定なし	A	所得税（一時所得）・住民税
	A	限定なし	A以外	贈与税

date
／　／　／

8

P138

1 収入保障保険は被保険者が亡くなったり、高度障害になったときに、遺族に保険金が年金形式で支払われる保険です。一般的に、収入保障保険は保険金額が徐々に減少していくので、保険金額が同じ定期保険より保険料は割安です。 ⇒ ○

2 終身保険の場合、長期間保険料を払い込んでから解約すると、通常、解約返戻金が支払われます。 ⇒ ○

3 定期付終身保険では保険金額が同じであれば、一般的に更新型の保険料は更新のたびに上がるので、保険料総額は全期型よりも多くなります。 ⇒ ✕

9

P153

1 養老保険は生死混合保険で、死亡保険金と満期保険金は同額です。 ⇒ ○

2 保険期間が 5 年超の一時払い養老保険の満期保険金は一時所得となります。 ⇒ ○

3 保険期間が 5 年以下または 5 年以下で解約した場合の一時払い養老保険の満期保険金あるいは解約返戻金は、金融類似商品とみなされ、20%（復興税込みで20.315%）の源泉分離課税となります。 ⇒ ✕

養子の数については、被相続人（亡くなった人）に実子がいる場合は1人、実子がいない場合は2人までを、法定相続人の数に数えることができます。

また、死亡保険金に対する非課税限度額は、500万円×法定相続人の数で計算します。したがって、この場合の法定相続人は妻、長女、養子（1人）の3人で、500万円×3人＝1,500万円が非課税限度額になります。

〈相続を放棄した者がいる場合〉

死亡保険金に対する非課税限度額の計算については、相続を放棄した者も法定相続人の数に加えます。また、相続を放棄した者でも死亡保険金は受け取れますが、保険金に対する非課税の適用はありません。

date
／　／　／

第4問 次の設例に基づいて、下記の各問 11〜14 に答えなさい。

FP協会　金財・保険

11
□□□ 三田和夫さんが契約者および被保険者として加入している生命保険（下記＜資料＞参照）の保障内容に関する次の記述の空欄（ア）（イ）にあてはまる金額として、正しいものはどれか。なお、保険契約は有効に継続しているものとし、三田さんはこれまでに下記＜資料＞の保険から保険金及び給付金を受け取っていないものとする。

＜資料＞

保険証券記号番号 ○○△△××□□	定期保険特約付終身保険		

保険契約者	三田　和夫　様	保険契約者印	◇契約日（保険期間の始期）2011年12月12日（平成23年）
被保険者	三田　和夫　様 1973（昭和48）年5月15日生まれ　男性	（三田印）	◇主契約の保険期間 終身
受取人	（死亡保険金）三田　友子　様（妻）／受取割合 10割		◇主契約の保険料払込期間 60歳払込満了

◆ご契約内容

終身保険金額（主契約保険金額）	500万円
定期保険特約保険金額	2,000万円
生活保障特約年金年額	200万円
特定疾病保障定期保険特約保険金額	200万円

災害入院特約［本人・妻型］	入院5日目から	日額5,000円
疾病入院特約［本人・妻型］	入院5日目から	日額5,000円

不慮の事故や疾病により所定の手術を受けた場合、手術の種類に応じて（入院給付金日額の10倍・20倍・40倍）手術給付金を支払います。

生活習慣病入院特約	入院5日目から	日額5,000円

リビングニーズ特約

※妻の場合は、本人の給付金の6割の日額となります。

生活保障特約の年金種類	5年確定年金

◆お払込みいただく合計保険料

毎回	＊＊＊＊＊円／月

［保険料払込方法（回数）］団体月払

◇社員配当金支払方法
　利息をつけて積立
◇特約の払込期間および保険期間
　20年

三田和夫さんが、2024年中に、脳卒中（特定疾病に該当する）により急死した場合に支払われる死亡保険金は、一時金合計で（　ア　）である。また、生活保障特約から年金年額200万円が（　イ　）間支払われる。

1.（ア）2,500万円　（イ）5年　　**2.**（ア）2,700万円　（イ）5年
3.（ア）2,700万円　（イ）10年

12 三田和夫さんが加入しているがん保険（下記＜資料＞参照）の保障内容に関する次の記述のうち、最も不適切なものはどれか。なお、保険契約は有効に継続しているものとし、三田さんはこれまでに＜資料＞の保険から、保険金及び給付金を一度も受け取っていないものとする。

＜資料＞

保険証券記号番号○○△△××□□○○△△××□□	保険種類　がん保険（愛称　＊＊＊＊＊）

保険契約者	三田　和夫　様	保険契約者印	◇契約日（保険期間の始期） 2005 年（平成 17 年） 12 月 1 日
被保険者	三田　和夫　様 1973（昭和 48）年 5 月 15 日生まれ　男性	三田	◇主契約の保険期間 終身
受取人	（給付金） 被保険者　様		◇主契約の保険料払込期間 終身払込
	（死亡保険金） 三田　友子　様（妻）	分割割合 10 割	

◆ご契約内容

				◆お払いいただく合計保険料
主契約 [本人型]	がん診断給付金	初めてがんと診断 されたとき	100 万円	毎回　×,×××円
	がん入院給付金	1 日につき	日額 10,000 円	
	がん通院給付金	1 日につき	日額 5,000 円	［保険料払込方法］ 月払
	がん手術給付金	1 回につき	手術の種類に応じてがん入院給付金日額の 10 倍・20 倍・40 倍	
	死亡保険金		がんによる死亡の場合は、がん入院給付金日額の 50 倍（がん以外の死亡の場合は、がん入院給付金日額の 10 倍）	

三田和夫さんが、2024年中に初めてがん（悪性新生物）と診断され、その後100日間入院し、給付倍率20倍の手術を1回受けた場合、支払われる給付金は、がん診断給付金100万円、がん入院給付金（　ア　）、がん手術給付金（　イ　）の合計（＊＊＊）万円である。また、三田和夫さんが2024年中に交通事故で死亡（即死）した場合、支払われる死亡保険金は（　ウ　）である。

※問題作成の都合上、一部（＊＊＊）としている。

1. 空欄（ア）に入る金額は「100万円」である。
2. 空欄（イ）に入る金額は「20万円」である。
3. 空欄（ウ）に入る金額は「50万円」である。

13 三田和夫さんは、以下の内容の住宅総合保険に加入している。この
□□□ 住宅総合保険に関する次の記述のうち、最も適切なものはどれか。
なお、三田さんはこれまでにこの保険から、保険金を受け取ってい
ないものとする。また、特約は付帯されていないものとする。

保険種目	住宅総合保険
保険期間	1年間
保険契約者	三田和夫
被保険者	三田和夫
建物保険金額	3,000万円
家財保険金額	800万円

1. この保険は住居のみに使用される建物やその家財及び店舗や倉庫とその動産を総合的に補償するものである。
2. この保険では、火災以外に水災や落下物による損害や盗難についても補償される。
3. この住宅が火災により全焼した場合、支払われる保険金については、一時所得として所得税が課される。

14 三田和夫さんは、生命保険の保険料の払込みが困難になった場合に、
□□□ 解約をせずに保険契約を継続する方法があるのか質問した。これらの方法に関する次の記述のうち、最も不適切なものはどれか。

1. 保険料の払込みを中止し、その時点の解約返戻金を保険料に充当して従前の契約より小さい保険金額の定期保険に変更するものを、「延長（定期）保険」という。
2. 保険料の払込みを中止し、その時点の解約返戻金を保険料に充当して従前の契約と同じ保険期間の養老保険または従前の契約と同じ種類の保険に変更するものを、「払済保険」という。
3. 保険料の払込猶予期間までに払い込まれなかった保険料に相当する金額を、その保険契約の解約返戻金の範囲内で、保険契約者に自動的に貸し付け、保険料の払込みに充当する制度を、「自動振替貸付」という。

三田和夫さんが特定疾病（がん、急性心筋梗塞、脳卒中）で急死した場合に支払われる死亡保険金（一時金）の合計は、以下のようになります。

終身保険金額	500万円
定期保険特約保険金額	2,000万円
特定疾病保障定期保険特約保険金額	200万円
合計	2,700万円

別途、生活保障特約年金（5年確定年金）から、年200万円の年金が5年間支払われます。

〈特定（三大）疾病保障保険特約〉

①がん、急性心筋梗塞、脳卒中の三大生活習慣病になったときに、原則として生存期間中でも死亡保険金と同額の保険金を受け取ることができる
②受け取った保険金は非課税
③がん、急性心筋梗塞、脳卒中以外の原因で亡くなっても同額の保険金を受け取ることができる
④一度保険金が支払われると、被保険者が生きていても保険契約は終了する

12

P179

1 （ア）がん入院給付金は、1日あたり10.000円が入院日数分支払われるので、10,000円×100日＝100万円　　　　　　　　　⇒ ○

2 （イ）がん手術給付金は、給付倍率20倍の手術を受けているので、がん入院給付金日額の20倍支払われ、10,000円×20倍＝20万円　⇒ ○

3 （ウ）がん以外で死亡した場合の死亡保険金は、がん入院給付金日額の10倍なので、10,000円×10倍＝10万円　　　　　　　　⇒ ×

〈がん保険〉

①がんのみを対象としているので保険料は割安

②加入にあたって90日間程度の待機期間（免責期間）があり、この間にがんと診断された場合、契約は無効

③給付金には診断給付金、入院給付金、手術給付金があり、入院給付金には支払い限度日数はなく無期限、手術給付金はがんで何度手術を受けても支払われるものが一般的。また、診断給付金は初めてがんと診断された場合だけでなく、再発したときにも支払われるものもある

13

P160

1 住宅総合保険は居住用のみに使用される建物やその家財を総合的に補償するもので、店舗や倉庫などは対象外です。　　　　　　⇒ ×

2 住宅総合保険では火災による損害以外に、水災、外部からの落下、衝突などによる損害、水漏れ、盗難などによる損害も補償されます。
　　　　　　　　　　　　　　　　　　　　　　　　　　　　⇒ ○

3 火災が発生し、全焼したことにより火災保険から受け取る保険金は、原則として非課税です。　　　　　　　　　　　　　　　⇒ ×

1 「延長（定期）保険」とは、保険料の払込みを中止して、その時点での解約返戻金で保険金額を変えないで、新たな一時払いの定期保険に変更するもので、保険期間は元の保険より短くなります。 ⇒ ✕

2 「払済保険」とは、保険料の払込みを中止して、その時点での解約返戻金で保険期間を変えずに保障額を下げた一時払いの保険に変更するもので、保険金額は元の保険より下がります。 ⇒ ◯

3 解約返戻金の範囲内で保険会社が保険料を立て替えて支払う制度を「自動振替貸付」といいます。これにより支払われた保険料も生命保険料控除の対象です。 ⇒ ◯

〈払済保険と延長定期保険〉

払済保険	・保険料の払込みを中止し、そのときの解約返戻金で保険期間を変えないで、一時払いの保険に変更すること ・変更後の保険金額は元の保険金額より下がる
延長（定期）保険	・保険料の払込みを中止し、そのときの解約返戻金で保険金額を変えないで一時払いの定期保険に切り替えること ・通常、解約返戻金が少ない場合には保険期間は元の保険より短くなる

●死亡保険金に対する税金

契約者	被保険者	受取人	対象となる税金の種類
A	A	法定相続人	相続税（保険金の非課税適用あり）
A	A	法定相続人以外の人	相続税（保険金の非課税適用なし）
A	B	A	所得税（一時所得）・住民税
A	B	C	贈与税

●満期保険金に対する税金

契約者	被保険者	受取人	対象となる税金の種類
A	誰でも	A	所得税（一時所得）・住民税
A	誰でも	A以外	贈与税

●保険金額が保険価額の80％未満である損害保険の保険金額の計算

$$支払われる保険金の額 ＝ 損害額 \times \frac{保険金額}{保険価格 \times 80\%}$$

●地震保険の保険金額

火災保険の保険金額の30％～50％以内で、建物は5,000万円・家財は1,000万円が上限。

●地震保険の控除額

所得税	保険料の全額（最高5万円）
住民税	保険料の2分の1（最高2万5,000円）

●自賠責保険の保険金額

死亡事故の場合	被害者1人あたり最高3,000万円
傷害事故の場合	1人あたり120万円 （後遺障害がある場合は程度に応じて、75万円～4,000万円）

金融資産運用

試験対策のポイント

●債券の利回り計算や債券の格付け、株式のPER、PBR、ROEや配当利回り計算、外貨預金の利回り計算などの問題が出題される
●FP協会の資産設計提案業務の試験では経済指標に関する出題も多い
●計算問題は出題パターンが決まっているので、必ず解けるようにしておこう

出題傾向

		R4年9月	R5年1月	R5年5月	R5年9月	R6年1月
経済・金融の基礎	金財					
	FP協会					1
銀行等の貯蓄型金融商品	金財					
	FP協会		1			
債券	金財		2			2
	FP協会					
株式	金財	2	1			1
	FP協会	1	1	1	2	1
投資信託	金財	1				
	FP協会	1	1	1		
外貨建て金融商品	金財			3	3	
	FP協会		2		1	
有価証券の税金	金財					
	FP協会	1				
ポートフォリオ運用とデリバティブ	金財					
	FP協会					
金融商品等に関する法律	金財				1	
	FP協会	1	1			1

第1問 次の設例に基づいて、下記の各問 **1**〜**3** に答えなさい。

FP 協会　金財・個人

<設例>
　自営業者の田川さん（40歳）は、最近TVや新聞で経済ニュースを見るたびに今後の景気や資産運用に対して不安を感じている。そこで資産運用についてファイナンシャル・プランナーである深井さんに聞いてみることにした。

1 田川さんは経済・金融市場の基本的な知識について理解したいと考えた。深井さんが説明した次の内容のうち、適切なものはどれか。

1. インフレ（インフレーション）とは、物価が上昇し、お金の価値も連動して上昇する現象のことをいう。
2. 景気動向指数にはDIとCIの2種類があり、日本銀行が毎月、発表している。
3. 日銀が行う公開市場操作には、買いオペ（買いオペレーション）と売りオペ（売りオペレーション）があり、市場金利を引き上げたいときは売りオペレーションが行われる。

2 株式投資について田川さんは深井さんからアドバイスを受けた。以
□□□ 下の会社の株式投資指標である株価収益率（PER）、株価純資産倍
率（PBR）、配当利回りについて正しいものはどれか。なお、計算
は小数点以下第3位を四捨五入すること。

株　価	400円
当期純利益	2,500万円
配当金（年間総額）	1,500万円
自己資本（純資産）	3億8,000万円
発行済株式総数	100万株

1. ①PER　16.00倍　　②PBR　1.05倍　　③配当利回り　3.75%
2. ①PER　16.00倍　　②PBR　2.00倍　　③配当利回り　3.75%
3. ①PER　5.55倍　　②PBR　1.05倍　　③配当利回り　6.60%

3 田川さんは投資信託についても知りたいと思い、深井さんから説明
□□□ を受けた。深井さんが説明した内容のうち、最も不適切なものはど
れか。

1. 特定口座を開設している金融機関に、一般NISA口座を開設した場合、
特定口座内の株式投資信託を一般NISA口座に移管することはできな
い。
2. オープン・エンド型の投資信託とは、受益者がいつでも解約できるも
のをいい、クローズド・エンド型の投資信託とは満期まで受益者が解
約できないものをいう。
3. 投資信託の目論見書とは、投資信託の説明書のことであり、販売に際
して販売会社が作成し、投資家に交付する。

1

P196

解答 **3**

1 インフレーションとは、物価が継続的に上昇し、お金の価値が低下していくことをいいます。一般的に、インフレになる場合には、日銀は金利を高めに誘導します。なお、デフレーションとは物価が継続的に下がっていくことをいいます。　　　　　　　　　　　　⇒ ✕

2 景気動向指数には、DI（ディフュージョン・インデックス）とCI（コンポジット・インデックス）の2種類があり、内閣府が毎月発表しています。DI、CIにはそれぞれ先行指数、一致指数、遅行指数の3つがあります。DIは景気の現状や転換点をとらえるもので、CIは景気変動の大きさやテンポ（量感）をとらえるのに適しています。　　　⇒ ✕

3 売りオペレーションは日本銀行が保有する債券等を市場で売却して資金を吸収することで市中金利を上昇させることをいいます。日銀が市場金利を上昇させることを金融引締めといいます。　　　　　　　⇒ ◯

2

P225

解答 **1**

●PER（倍）＝ $\dfrac{株価}{1株あたり当期純利益}$	1株あたり当期純利益＝ $\dfrac{当期純利益}{発行済株式総数}$

1株あたり当期純利益＝2,500万円÷100万株＝25円
PER＝400円÷25円＝16倍

●PBR（倍）＝ $\dfrac{株価}{1株あたり純資産}$	1株あたり純資産＝ $\dfrac{自己資本（純資産）}{発行済株式総数}$

1株あたり純資産＝3億8,000万円÷100万株＝380円
PBR＝400円÷380円＝1.052…≒1.05倍

date
／　／　／

$$●配当利回り = \frac{1株あたりの年間配当額}{株価} \times 100$$

$$1株あたりの配当 = \frac{1,500万円}{100万株} = 15円$$

$$配当利回り（\%） = \frac{15円}{400円} \times 100 = 3.75\%$$

ちなみに

・自己資本利益率は（ROE）$= \dfrac{当期純利益}{自己資本} \times 100$　より

　2,500万円÷3億8,000万円×100＝6.578…　6.58％

・配当性向$= \dfrac{（1株あたりの）配当金額}{（1株あたりの）当期純利益} \times 100$　より

　1500万円÷2500万円×100＝60％　になります。

3

P239

解答3

1 特定口座や一般口座で保有している投資信託や株式は、一般NISA口座に移管できません。　⇒ ○
2 オープン・エンド型の投資信託は受益者（投資家）がいつでも解約できる投資信託で、クローズド・エンド型は満期まで解約できない投資信託です。　⇒ ○
3 投資信託の目論見書は委託会社（運用会社）が作成します。なお、販売会社は投資信託を販売する場合、その目論見書（交付目論見書）をあらかじめまたは同時に投資家に交付します。　⇒ ×

第2問 次の設例に基づいて、下記の各問 **4**〜**7** に答えなさい。

FP協会 金財・個人

<設例>

　会社員の佐藤さんは、以下の10年固定利付国債を保有している。利付国債だけでは利率が低いので日経平均株価に連動する国内ETFやJ-REITへの投資についても考えており、その商品性をファイナンシャル・プランナーに相談することにした。

〈佐藤さんが保有している10年固定利付国債〉
- ・購入日：2020年9月10日
- ・償還日：2028年3月20日
- ・クーポンレート：1.6％（年）
- ・購入価格：100.20円（額面100円につき）
- ・償還価格：100.00円

※上記以外の条件は考慮せず、各問に従うこと。

4　国内ETFおよびJ-REITの特徴に関する次の文章の空欄①〜③に入る語句の組合せとして、最も適切なものはどれか。

　　居住者が国内ETFやJ-REITを保有する場合、原則として、税制は（ ① ）と同じです。また、証券会社を通じて取引所売買をする際には、指値注文や成行注文が（ ② ）ことや、信用取引の利用が（ ③ ）ことなどの点が特徴として挙げられます。

1.　①上場株式　②できない　③できない
2.　①上場債券　②できる　　③できない
3.　①上場株式　②できる　　③できる

5 居住者である個人が保有する国内の固定利付国債または国内ETF
□□□ （上場投資信託）の税制に関する次の記述のうち、最も不適切なものはどれか。

1. 国内の固定利付国債を譲渡した場合の譲渡益に対しては、非課税となっている。
2. 固定利付国債の償還差益については、申告分離課税となっている。
3. 国内ETFの譲渡損失と、申告分離課税を選択した国内上場株式の配当金等に係る配当所得は、損益通算できる。

6 佐藤さんが現在保有している10年固定利付国債を、4年間保有した
□□□ 後に100.40円（額面100円につき）で譲渡する場合の所有期間利回りとして、次のうち最も適切なものはどれか。
なお、利回りの計算は単利の年率換算とし、税金や手数料等は考慮せず、％表示における小数点以下第3位を四捨五入すること。

1. 1.55％
2. 1.65％
3. 1.80％

7 佐藤さんが下記の条件で、為替予約なしで1万米ドルを外貨預金に
□□□ 預け入れ、満期時に円で受け取った場合の元利合計額として適切なものはどれか。なお、税金は考慮しない。

・預入期間：1年　　・利率0.5％（満期一括払い）

〈満期時の為替レート〉

TTS	TTM	TTB
107円	106円	105円

1. 105万5,250円　　**2.** 106万5,300円　　**3.** 107万5,350円

4

P234

国内ETF（上場投資信託）やJ-REIT（不動産投資信託）の税制は、原則として上場株式と同じで、分配金（配当所得）については、申告不要制度、総合課税、申告分離課税の選択制になっています。また、譲渡益は、原則として申告分離課税です。また、売買方法についても株式同様、指値注文や成行注文が可能で、原則として信用取引も行うことができます。

〈上場投資信託のポイント〉

ETF （上場投資信託）	・日経平均株価や海外の株価指数、金、原油、農産物など様々な指数や商品に連動するように運用されるもので、取引所に上場されている ・注文方法は、指値注文・成行注文ともに可能で、信用取引も可能
不動産投資法人 （J-REIT）	・主として、不動産（オフィスビルや商業施設など）や不動産の賃借権などに投資し、その賃貸収入などの運用益を配分するもの ・クローズド・エンド型で取引所に上場されている ・注文方法は、指値注文・成行注文ともに可能で、信用取引も可能

5

P251

1 国内の利付債の譲渡益については、申告分離課税の対象となり、税率は20.315%（所得税15.315%、住民税5％）です。　　　⇒ ✕

2 固定利付国債の償還差益は、申告分離課税の対象です。上場株式等に譲渡損があった場合、償還差益と損益通算できます。　　　⇒ ○

3 上場株式等（国内ETFを含む）の譲渡損失と、申告分離課税を選択した上場株式や株式投資信託の配当所得は、損益通算をすることが可能です。　　　⇒ ○

6

P211

解答 **2**

所有期間利回り（税引前）は、次の式で計算します。

$$●所有期間利回り(\%) = \frac{利率 + \dfrac{売却価格 - 購入価格}{所有期間}}{購入価格} \times 100$$

より

$$\frac{1.6 + \dfrac{100.40 - 100.20}{4}}{100.20} \times 100 = 1.646\cdots ≒ 1.65\%$$

7

P244

解答 **1**

・満期時の米ドルベースの利息＝1万米ドル×0.5％＝50米ドル
・満期時の米ドルベースの元利合計＝1万50米ドル
・円に換算するときのレートはTTBの105円なので
　満期時の円換算での元利合計＝1万50米ドル×105円＝105万5,250円

※なお、外貨預金が3か月満期の場合、満期時の米ドルでの元利合計額は以下の通り

$$1万米ドル + \left(1万ドル \times 0.5\% \times \frac{3}{12}\right) = 1万12.5米ドル$$

間違え
やすい
ポイント

外貨を売って円に換える（円を買う）場合の為替レートは、TTBを用います。円から外貨に換える場合はTTSです。

第3問 次の設例に基づいて、下記の各問 **8** 〜 **12** に答えなさい。

FP 協会　金財・個人

> ＜設例＞
> 　会社員の川口さん（42歳）は、資産運用に興味をもち、金融商品や資産運用についての基本を勉強中である。

8
□□□ 川口さんは、個人向け国債に興味を持った。個人向け国債に関する以下の文章の空欄①〜③に入る語句の組合せとして適切なものはどれか。

・個人向け国債には、固定金利型（　①　）満期、固定金利型5年満期、変動金利型10年満期の3種類があり、いずれの国債も購入単位は額面（　②　）単位となっています。なお、10年変動金利型は半年ごとに適用利率は見直され、基準金利に0.66を乗じて算出されます。ただし、基準金利がどんなに下がっても、最低利率は（　③　）以下にはなりません。

1. ①2年　②1万円　③0.1％
2. ①3年　②5万円　③0.1％
3. ①3年　②1万円　③0.05％

9
□□□ 川口さんは、国内に本店のある日本の普通銀行が破綻した場合について、FPに相談した。FPが説明した次の文章のうち、誤っているものはどれか。

1. 普通預金や定期預金については、金融機関ごとに預金者1人あたり元本1,000万円とその利息が預金保険制度の保護の対象となる。
2. 「無利息・要求払い・決済サービスの提供」の条件を満たす決済用預金は全額が預金保険制度の対象となる。
3. 日本の金融機関の海外支店に預けている円預金については、国内の預金とあわせて元本1,000万円とその利息が預金保険制度の保護の対象となる。

10 川口さんは、外貨建て商品にも興味をもっている。外貨建て商品に
□□□ 関する次の記述のうち、正しいものはどれか。

1. 銀行で購入した外貨建てMMFは預金保険制度の対象である。
2. 外貨建てMMFの購入や売却にあたっては売買手数料が別途必要となる。
3. 外貨定期預金の利子を国内で国内に住んでいる者が受け取る場合、税率は20.315％の源泉分離課税である。

11 川口さんは、経済指標について理解しようと経済新聞などで勉強中
□□□ である。次の経済指標に関する記述の空欄に入る語句の組合せとして正しいものはどれか。

マネーストック統計とは（ ① ）が保有する通貨量のことで、（ ② ）が毎月発表しており、国と金融機関の保有する通貨は対象外である。
　また、（ ③ ）から発表される企業物価指数（CGPI）は、消費者物価指数に先行して動く傾向があり、消費者物価指数より為替などの影響を受けやすくなっている。

1. ①民間非金融部門　②日銀　　③日銀
2. ①民間金融部門　　②日銀　　③総務省
3. ①民間非金融部門　②総務省　③内閣府

12 川口さんが2024年中に特定口座の源泉徴収選択口座（源泉徴収あり）
□□□ を利用し、A社株式を800円で1,000株購入し、同年中に1,000円ですべて売却した場合に徴収される所得税および住民税の合計額は、次のうちどれか。なお、Aさんにはこれ以外に株式等の譲渡はなく、また、税金以外の費用等および復興税は考慮しないものとする。

1. 20,000円
2. 30,000円
3. 40,000円

8

P214

解答 **3**

〈個人向け国債〉

	10年変動金利型	5年固定金利型	3年固定金利型
購入単位	額面1万円単位		
発行	毎月（原則）		
利払い	半年ごと（年2回）		
金利（利率）	基準金利×0.66	基準金利−0.05%	基準金利−0.03%
下限金利	0.05%（金利は0.05％以下にはならない）		
中途換金	発行から1年経過後より可能（国が額面で買い取ってくれる）		
利子に対する税金	申告不要または申告分離課税のどちらかを選択		

※10年変動金利型の金利（利率）は、市場の金利状況に応じて6か月ごとに見直される

9

P267

解答 **3**

1 普通預金や定期預金については、金融機関ごとに預金者１人あたり元本1,000万円とその利息が預金保険制度の保護の対象になります。

⇒ ○

2 決済用預金（無利息・要求払い・決済サービスの提供の条件を満たす）については、全額（1,000万円の上限はない）が預金保険制度の保護の対象です。 ⇒ ○

3 日本の金融機関の海外支店に預けている円預金については、預金保険制度の対象外です。なお、外貨預金については、国内外いずれの金融機関で預け入れた場合でも預金保険制度の保護の対象外です。 ⇒ ✕

date
/ / /

10

P245

1 銀行で購入した外貨建てMMFは預金保険制度や投資者保護基金の対象になりません。なお、国内の証券会社で購入した外貨建てMMFは投資者保護基金の対象です。　　　　　　　　　　　　　　　⇒ ✕

2 外貨建てMMFの売買には手数料はかかりません。　　　　⇒ ✕

3 外貨定期預金の利子を国内で受け取る場合、復興税込みで20.315%の源泉分離課税になります。　　　　　　　　　　　　　　⇒ ◯

11

P194

マネーストック統計とは、民間非金融部門が保有する通貨量（国と金融機関の保有する通貨は対象外）のことで、日銀から毎月発表されています。また、企業物価指数（CGPI）は、日銀から発表されている、企業間で取引される商品価格の物価指数です。企業物価指数は消費者物価指数（CPI）に先行して動く傾向があり、消費者物価指数よりも為替相場の影響を受けやすく、短期的には変動幅が大きくなる傾向があります。なお、消費者物価指数は総務省が発表します。

12

P251

株式を譲渡した場合、譲渡所得は申告分離課税になり、税率は20％（所得税15％・住民税5％）です。（復興税込みで20.315％）
株式の譲渡所得＝譲渡価額－(取得費＋手数料)で計算されるので、
株式の譲渡所得（利益）
＝（1,000円×1,000株）－（800円×1,000株）
　　　　売却代金　　　　　　　　購入代金
＝20万円（手数料等の費用は考慮しない）
したがって税金の額＝20万円×20％＝40,000円です。

第4問 次の設例に基づいて、下記の各問**13**〜**18**に答えなさい。

FP協会　金財・個人

<設例>
　会社員の田村さんは、定年後の生活資金を準備するため、投資信託や株式による運用を始めたいと考えている。そこで、投資信託や株式を購入するにあたって押さえておくべきポイントについて、ファイナンシャル・プランナーに相談することにした。

13 投資信託のコストについて、ファイナンシャル・プランナーが説明した次の記述のうち、最も不適切なものはどれか。

1. 投資信託を購入する場合には、通常購入時に手数料（販売手数料）がかかるが、購入時に手数料（販売手数料）がかからない場合もある。
2. 信託財産留保額は、投資信託を換金等する際に投資家が負担するコストであり、継続して保有し続ける投資家との公平性を保つためのものであり、すべての投資信託にあるコストである。
3. 信託報酬（運営・管理費用）は、投資信託を保有する投資家が負担するコストであり、信託財産から毎日一定割合が差し引かれるものである。

14 投資信託に組み入れられている資産のリスクについて、ファイナンシャル・プランナーが説明した次の記述のうち、最も不適切なものはどれか。

1. 流動性リスクとは、投資対象である株式や債券などを、売却したいときに売却できないリスクや、希望する価格によって売却することができないリスクをいう。
2. 信用リスクとは、有価証券の元金の一部または全部が支払い不能になるリスクをいう。
3. カントリー・リスクとは、投資対象である株式や債券などの価格が、企業業績や金利動向などにより変動するリスクをいう。

15 株式投資に関する次の記述のうち、最も不適切なものはどれか。
□□□

1. 国内上場株式を売買する際には、証券会社に対して売買委託手数料を支払うことになるが、手数料は証券会社ごとに異なる。
2. 国内上場株式を買い付ける場合、指値注文は成行注文に優先するため、売買の成立を優先する場合には、指値注文が適しているといえる。
3. 証券取引所では、1日の株価の変動の幅を制限している。

16 ファイナンシャルプランナーが説明した新NISA（つみたて投資枠
□□□ と成長投資枠）に関する説明のうち、最も適切なものはどれか。

1. 新NISA口座の成長投資枠で購入できる対象商品は、上場株式（上場投資信託を含む）や公募株式投資信託、公募公社債投資信託などで、国債は対象外である。
2. 新NISAにおいて、非課税で投資できる期間はつみたて投資枠は無期限、成長投資枠は40年となっている。
3. つみたて投資枠のみに投資する場合、生涯非課税限度額は1,800万円まで投資可能である。

17 下記は、経済用語についてまとめた表である。下表の経済用語に関
□□□ する次の記述のうち、最も不適切なものはどれか。

経済用語	内容
（ア）	景気に敏感な指標の動きを統合して1つの指標とした総合的な景気指標で、景気の現状把握および転換点等をとらえるもので、内閣府が毎月公表している
（イ）	家計が購入する商品やサービスの価格変動を表した指数で、総務省が公表している。
（ウ）	一定期間に国内の経済活動で生産された財やサービスなどの付加価値の総額のことで、内閣府が四半期ごとに公表している。

1. 空欄（ア）に入る用語は、「全国企業短期経済観測調査」である。
2. 空欄（イ）に入る用語は、「消費者物価指数」である。
3. 空欄（ウ）に入る用語は、「国内総生産（GDP）」である。

18 田村さんは、日本国内に本店があるZ銀行の国内支店に下記＜資料＞
□□□ の預金を預け入れている。Z銀行が破たんした場合、預金保険制度
によって保護される金額に関する次の記述のうち、最も不適切なも
のはどれか。

＜資料＞

円定期預金	900万円
円普通預金	500万円
決済用預金	1,800万円
外貨定期預金	300万円

※田村さんはZ銀行からの借入れはない。
※預金の利息については考慮しないこととする。

1. 円定期預金および円普通預金は、合算して1,000万円が保護される。
2. 決済用預金は1,000万円まで保護される。
3. 外貨預金300万円は国内銀行の国内支店に預けていても保護されない。

解答・解説　第4問

13
P238

解答 2

1 投資信託を購入する場合に、販売会社によっては販売手数料がかからない商品（ノーロードファンドという）もあります。投資信託の販売手数料は上限以下であれば販売会社が自由に決めることができます。

⇒ ○

2 ETFやJ-REITなど信託財産留保額のない投資信託もあります。

⇒ ✕

3 信託報酬とは投資信託の運営・管理費用のことで、投資家が保有している間は毎日一定割合が信託財産から差し引かれています。　⇒ ○

14
P215

解答 3

1 流動性リスクとは、株式や債券などの有価証券を売却したいときに売却できないリスクや、売却することで価格を下げてしまい、希望する価格では売却できないリスクのことです。　⇒ ○

2 信用リスク（デフォルト・リスク）とは、株式や債券の発行体の経営状況等により、元金の一部または全部が支払われなくなるリスクのことです。　⇒ ○

3 問題文は価格変動リスクの説明です。カントリー・リスクとは、有価証券を発行している国の政治や経済状勢等の変化により、株式等の有価証券の価格変動が大きくなったり、元金の回収が不可能となるリスクのことです。　⇒ ✕

1 株式の手数料は自由化されているので、同じ金額の取引であっても証券会社ごとに異なります。 ⇒ ○

2 株式の売買注文では、成行注文が指値注文に優先するため、売買の値段よりも売買の成立を優先する場合には、成行注文のほうが適しています。 ⇒ ✕

3 証券取引所では、１日の株価の変動の幅を制限しており、株価が上限まで上がることをストップ高、下限まで下がることをストップ安といいます。 ⇒ ○

1 新NISA口座（成長投資枠）では公社債投資信託や国債は対象外です。また、株式投資信託の中では、高レバレッジ型投信や毎月分配型投信なども対象外です。なお、高レバレッジ型投信とは日経平均株価などの指数に連動する上場投資信託（ETF）のうち、価格の変動の幅が通常のETFの何倍もの投資効果になるように設定された投資信託のことをいいます。 ⇒ ✕

2 新NISAにおいて、非課税で投資できる期間はつみたて投資枠および成長投資枠ともに無期限となっています。 ⇒ ✕

3 つみたて投資枠のみに投資する場合、生涯非課税限度額は1,800万円まで投資可能です。なお、成長投資枠のみに投資する場合、生涯非課税限度額は1,200万円までとなっています。 ⇒ ○

17

P192

1

1 アは景気動向指数のことです。景気動向指数にはDIとCIがあります。
⇒ ✕

2 イは消費者物価指数（CPI）のことです。総務省が毎月発表しています。
⇒ ○

3 ウは国内総生産（GDP）のことです。なお、GDPの伸び率を経済成長率といいます。
⇒ ○

18

P267

2

9章
金融資産運用

1 普通預金や定期預金は、預金者1人当たり元本1,000万円までとその利息が、預金保険制度の保護の対象になります。 ⇒ ○

2 「無利息・要求払い・決済サービス」の条件を満たす決済用預金は、1,000万円以上であっても預金保険制度により全額保護されます。 ⇒ ✕

3 外貨預金は国内外の銀行のどこの支店に預けていても預金保険制度の保護の対象ではありません。 ⇒ ○

●債券の利回り

$$応募者利回り(\%) = \frac{利率 + \dfrac{償還価格（100円）-発行価格}{償還期限}}{発行価格} \times 100$$

$$最終利回り(\%) = \frac{利率 + \dfrac{償還価格（100円）-購入価格}{残存期間}}{購入価格} \times 100$$

$$所有期間利回り(\%) = \frac{利率 + \dfrac{売却価格-購入価格}{所有期間}}{購入価格} \times 100$$

●株式の指標

$$株価収益率（倍）（PER） = \frac{株価}{1株あたり当期純利益（EPS）}$$

$$株価純資産倍率（倍）（PBR） = \frac{株価}{1株あたり純資産（BPS）}$$

$$自己資本利益率（ROE）（\%） = \frac{当期純利益}{自己資本} \times 100$$

$$配当利回り = \frac{1株あたり年間配当額}{株価} \times 100$$

$$配当性向 = \frac{1株あたり配当金}{1株あたり当期純利益} \times 100$$

タックスプランニング

試験対策のポイント

●合計所得を計算する問題や源泉徴収票を用いて所得控除額などを読み取る問題が多い

●一時所得、医療費控除、退職所得についても計算方法を確認しておこう

出題傾向

		R4年9月	R5年1月	R5年5月	R5年9月	R6年1月
所得税の基礎	金財					
	FP協会					
所得の種類と内容	金財			1		1
	FP協会	1	1	2	1	1
損益通算と繰越控除	金財	1	1		1	
	FP協会					
所得控除と税額控除	金財	2	1	2	2	2
	FP協会	1	1		1	1
所得税の申告と納付	金財	1	1		1	1
	FP協会					1
個人住民税	金財					
	FP協会					

第1問 次の設例に基づいて、下記の各問 **1**〜**4** に答えなさい。

FP 協会　金財・個人　金財・保険

＜設例＞

　会社員の山田さん（60歳）は、38年と3か月間勤務した会社の定年退職を迎える。退職金は3,000万円を受け取る予定である。

　退職後の収入は、次の予定である。

・退職金（一時金）収入　　　　3,000万円
・公的年金収入（1年あたり）　230万円
・個人年金収入（1年あたり）　170万円（払込み保険料等の必要経費1年あたり130万円）

　なお、個人年金保険の契約者（＝保険料負担者）、被保険者、年金受取人はすべて山田さんとする。

　上記以外の条件は考慮せず、各問に従うこと。

1 所得税の計算にあたって、山田さんの退職所得の額として、正しいものは次のうちどれか。

1. 435万円　　　**2.** 870万円　　　**3.** 2,130万円

2 山田さんの退職後の所得等に関する次の記述のうち、誤っているものはどれか。

1. 山田さんの死亡後3年を経過後に支給が確定した死亡退職金は、受け取った者の一時所得となる。
2. 公的年金を老齢給付により受け取った場合は、雑所得の対象となるが、公的年金控除の適用がある。
3. 個人年金保険料控除の対象となる保険は、年金受取人が契約者またはその配偶者で、被保険者と同一であり、保険料の払込期間が5年以上あることなどが要件となっている。

3 山田さんの退職所得等に関する記述のうち、誤っているものはどれか。
□□□

1. 山田さんの退職金の額が3,000万円以上あるので、退職所得は総合課税の対象となる。
2. 山田さんが「退職所得の受給に関する申告書」を提出している場合、退職所得に対する課税関係は終了しているので、確定申告する必要はない。
3. 山田さんに退職後、公的年金と公的年金以外の雑所得がある場合、それぞれ所得金額を計算し、合計する必要がある。

4 山田さんは退職金で住宅ローンを返済しようと考えている。住宅
□□□ ローン控除の適用に関する記述のうち正しいものはどれか。

1. 店舗併用住宅の場合、床面積の90％以上が自己の居住用でないと、住宅ローン控除の適用を受けることができない。
2. 給与所得者が住宅ローン控除の適用を受けるためには、毎年、確定申告しなければならない。
3. 繰上げ返済により、ローンの返済期間が当初の借入れ日から10年未満となった場合、控除の適用を受けることができない。

解答・解説 第1問

1
P305

解答 **1**

山田さんのように勤続年数が20年超の場合の退職所得控除額は、次の計算式によって求めます。

退職所得控除額＝800万円＋70万円×（勤続年数－20年）

なお、勤続年数（38年3か月）に端数がある場合は1年と数えるので勤務年数は39年。

よって、山田さんの退職所得控除額は、

800万円＋70万円×（39年－20年）＝2,130万円

退職所得＝（退職金－退職所得控除額）×1/2なので

山田さんの退職所得金額は、退職金の3,000万円から控除額を差し引き、さらに2分の1を掛けた金額となります。

したがって、（3,000万円－2,130万円）×1/2＝435万円

となります。

2
P147

解答 **3**

1 死亡退職金は退職所得でなく相続税の課税対象ですが、死亡後3年を経過後に支給が確定した場合は、受け取った者の一時所得です。 ⇒ ○

2 公的年金を老齢給付により受け取った場合は、雑所得となり、公的年金等控除の適用があります。 ⇒ ○

3 個人年金保険料控除の対象となる要件として、税制適格特約が付いており、以下を満たす必要があります。

・保険料の払込期間が10年以上であること

・年金受取人が契約者またはその配偶者で、被保険者と同一人であること

・年金の種類が終身年金か、年金受け取り開始時の被保険者の年齢が60歳以上で、かつ受け取り期間が10年以上である確定年金・有期年金であること ⇒ ×

date
／　／　／

3

P305

P305

解答 **1**

1 退職所得は所得金額の多寡に関係なく、分離課税の対象です。 ⇒ ✕

2 「退職所得の受給に関する申告書」を提出していない場合、退職所得控除が適用されず、収入金額の20.42％（復興税込み）が源泉徴収されているので、確定申告により税金を精算する必要があります。
「退職所得の受給に関する申告書」が提出されている場合は既に税金が差し引かれているので申告は不要です。 ⇒ ◯

3 山田さんに公的年金と公的年金以外の雑所得がある場合、公的年金には公的年金等控除の適用があるので、それぞれ所得金額を計算し合算します。 ⇒ ◯

4

P329

P329

解答 **3**

1 店舗併用住宅の場合、床面積の2分の1以上が自己の居住用であれば、住宅ローン控除の適用を受けられます。 ⇒ ✕

2 給与所得者が住宅ローン控除の適用を受けるためには、初年度は確定申告が必要ですが、2年目以後は会社の年末調整で適用可能です。
⇒ ✕

3 ローンの返済期間が当初の借入れ日から10年未満となった場合、住宅ローン控除の適用を受けることはできません。 ⇒ ◯

10章
タックスプランニング

FP協会 金財・個人 金財・保険

<設例>

　以下の源泉徴収票は、佐藤洋一さん（45歳）が2024年1月に勤務先の○×株式会社から、受け取ったものである。

2024年分　給与所得の源泉徴収票

支払を受ける者	住所又は居所	東京都新宿区○○○		

（受給者番号）	1 2 3 4 5 6 7 8 9 0 1 2
（役職名）	
氏名	（フリガナ）サトウ　ヨウイチ　佐藤　洋一

種別	支払金額	給与所得控除後の金額	所得控除の額の合計額	源泉徴収税額
	内　7 810 000	（イ）	（ア）	246 500

（源泉）控除対象配偶者の有無等		配偶者（特別）控除の額	控除対象扶養親族の数（配偶者を除く。）						16歳未満扶養親族の数	障害者の数（本人を除く。）		非居住者である親族の数
有	従有		特定		老人			その他		特別	その他	
○		380 000	1人	従人	内 人	従人	人	従人	人	内 人	人	人

社会保険料等の金額	生命保険料の控除額	地震保険料の控除額	住宅借入金等特別控除の額
内　898 715	120 000	50 000	

（摘要）

生命保険料の金額の内訳	新生命保険料の金額	200,000	旧生命保険料の金額		介護医療保険料の金額	100,000	新個人年金保険料の金額	120,000	旧個人年金保険料の金額	
住宅借入金等特別控除の額の内訳	住宅借入金等特別控除適用数		居住開始年月日（1回目）	年　月　日	住宅借入金等特別控除区分（1回目）		住宅借入金等年末残高（1回目）			
	住宅借入金等特別控除可能額		居住開始年月日（2回目）	年　月　日	住宅借入金等特別控除区分（2回目）		住宅借入金等年末残高（2回目）			

（源泉・特別）控除対象配偶者	（フリガナ）サトウ　ユウコ　氏名　佐藤　裕子	区分	配偶者の合計所得	0	国民年金保険料等の金額		旧長期損害保険料の金額	
	個人番号 1 2 3 4 5 6 7 8 9 0 1 3							

控除対象扶養親族	1	（フリガナ）サトウ　イチロウ　氏名　佐藤　一郎	区分	16歳未満の扶養親族	1	氏名	区分	（備考）
		個人番号 1 2 3 4 5 6 7 8 9 0 1 4				（フリガナ）氏名	区分	
	2	（フリガナ）氏名	区分		2			
		個人番号						
	3	（フリガナ）氏名	区分		3	（フリガナ）氏名	区分	
		個人番号						
	4	（フリガナ）氏名	区分		4	（フリガナ）氏名	区分	
		個人番号						

未成年者	外国人	死亡退職	災害者	乙欄	本人が障害者		寡婦		寡夫	勤労学生	中途就・退職					受給者生年月日					
					特別	その他	一般	特別			就職	退職	年	月	日	明	大	昭	平	年 月 日	

支払者	個人番号又は法人番号		（右詰で記載してください。）	
	住居（居所）又は所在地			
	氏名又は名称	○×株式会社	（電話）	
	整理欄			

※なお、妻の真弓さんは42歳、子である一郎さんは21歳の大学生である。
※佐藤さんの給与総額は781万円なので、所得金額調整控除の適用はない。

5 佐藤さんの所得税の所得控除額（ア）として、正しいものは次のうちどれか。
□□□

1. $898{,}715 + 120{,}000 + 50{,}000 + 380{,}000 + 630{,}000 + 480{,}000$
   $= 255万8{,}715円$
2. $898{,}715 + 120{,}000 + 50{,}000 + 380{,}000 + 380{,}000 + 480{,}000$
   $= 230万8{,}715円$
3. $898{,}715 + 100{,}000 + 50{,}000 + 380{,}000 + 630{,}000 + 380{,}000 + 380{,}000$
   $= 281万8{,}715円$

6 佐藤さんの給与所得控除後の金額（イ）として、正しいものは次のうちどれか。
□□□

〈給与所得控除額〉

給与収入金額	控除額
162万5,000円以下	55万円
162万円超180万円以下	収入金額×40％－10万円
180万円超360万円以下	収入金額×30％＋8万円
360万円超660万円以下	収入金額×20％＋44万円
660万円超850万円以下	収入金額×10％＋110万円
850万円超	195万円

1. 586万円　　　**2.** 592万9,000円　　　**3.** 602万9,000円

7 佐藤さんの源泉徴収票に関する次の記述のうち、誤っているものはどれか。
□□□

1. 佐藤さんの支払った社会保険料等の金額は、全額が社会保険料控除の対象となっている。
2. 佐藤さんは年間で地震保険料を5万円超支払っていることになる。
3. 佐藤さんの妻である裕子さんは、裕子さんの所得によっては配偶者控除と配偶者特別控除の両方の控除を受けることができる。

10章 タックスプランニング

8
□□□

佐藤さんが2024年中に新築の長期優良住宅の購入にあたり、4月以降に20年の住宅ローンを組んだ場合、所得税の住宅ローン控除の適用を受ける際の2024年の控除額は次のうちどれか（2024年末のローン残高は3,000万円とする。また、佐藤洋一さんは45歳で子はいないものとし、その他の控除要件は満たしているものとする）。

1. 210,000円
2. 300,000円
3. 315,000円

date
／　／　／

解答・解説　第2問

5
P335

解答 1

佐藤さんの所得控除額は、
社会保険料控除の金額全額（89万8,715円）＋新生命保険料控除（4万円）と新個人年金保険料控除（4万円）と介護保険料控除（4万円）の合計（12万円）＋地震保険料控除（5万円）＋配偶者控除（38万円）＋特定扶養控除（63万円）＋基礎控除（48万円）＝255万8,715円

〈源泉徴収票の見方〉

- 配偶者控除が38万円（※）となっています。
- 社会保険料の89万8,715円は全額社会保険料控除の対象となります。
- 新生命保険料控除および新個人年金保険料控除の額は各上限4万円、介護医療保険料控除（上限4万円）とあわせて、生命保険料控除額は12万円、地震保険料控除額は5万円となっています。
- 扶養控除については、一郎さんは21歳の大学生で19歳以上23歳未満（特定扶養親族）に該当するので63万円が控除されます。
- その他に佐藤さんの合計所得金額が2,400万円以下なので基礎控除（48万円）が適用されます。基礎控除額は源泉徴収票には記載されていませんので、注意しましょう。
※佐藤さんの年収が900万円以下、配偶者の所得がゼロなので配偶者控除（38万円）の対象になります。

〈扶養控除額〉

対象となる扶養親族	所得税の控除額と概要
16歳未満	なし
16歳以上19歳未満	38万円
19歳以上23歳未満 （特定扶養親族）	63万円
23歳以上70歳未満	38万円
70歳以上	同居でない場合　48万円 同居の場合　　　58万円

6
P298

解答 2

給与所得控除後の金額とは給与所得金額のことで、給与収入金額−給与所得控除額で算出します。佐藤さんの給与収入は781万円なので、

　給与所得控除額＝781万円×10％＋110万円＝188万1,000円

　給与所得　　　＝781万円−188万1,000円＝592万9,000円

なお、592万9,000円から **5** で求めた所得控除額の255万8,715円を差し引いた337万285円が課税所得金額です。この金額に所得税がかかります。

7
P324

解答 3

1　社会保険料として支払った金額は、全額が社会保険料控除の対象です。

⇒ ○

2　佐藤さんの地震保険料控除の金額は5万円となっています。地震保険料の総額が5万円超の場合は最高5万円まで控除されます。　⇒ ○

3　配偶者控除と配偶者特別控除の両方を同時に適用することはできません。なお、配偶者控除および配偶者特別控除は、納税者である佐藤洋一さんの合計所得金額が、1,000万円以下の場合に適用を受けることができ、1,000万円超の場合、両方とも適用を受けることができません。

⇒ ✕

8
P329

解答 1

佐藤さん夫婦はともに40歳以上で、子の一郎さんも19歳未満ではないので、子育て世帯にはあたりません。子育て世帯以外の一般世帯が2024年中に長期優良住宅に入居した場合、年末のローン残高の限度額は4,500万円を上限に、13年間住宅ローン控除の適用を受けることができます。控除率は0.7％です。したがって、2024年の控除額は3,000万円×0.7％＝21万円になります。なお、子育て世代の場合、ローン残高の限度額は5,000万円が上限になります。

date
／　／　／

第3問 次の設例に基づいて、下記の各問**9**～**13**に答えなさい。

FP 協会　金財・個人　金財・保険

＜設例＞

星野さんの2024年分の所得状況等は、次のとおりである。

なお、金額の前にある▲は、赤字であることを表している。

・給与収入金額	650万円
・一時所得（養老保険の満期保険金）の金額	300万円
	（内、支払保険料230万円）
・上場株式の譲渡所得の金額	▲20万円
・雑所得の金額	▲5万円

※星野さんの給与収入金額は650万円なので、所得金額調整控除の適用はない

※上記以外の条件は考慮せず、各問に従うこと

---

9 星野さんの2024年分の総所得金額として、正しいものはどれか。

□□□

1. 461万円　　**2.** 486万円　　**3.** 511万円

〈資料〉給与所得控除額

給与収入金額	控除額
162万5,000円以下	55万円
162万円超180万円以下	収入金額×40％－10万円
180万円超360万円以下	収入金額×30％＋8万円
360万円超660万円以下	収入金額×20％＋44万円
660万円超850万円以下	収入金額×10％＋110万円
850万円超	195万円

10 星野さんが2024年に実際に支払った医療費の合計額が50万円（入院給付金を10万円受け取っている）であった場合、星野さんの医療費控除額として正しいものは次のうちどれか。

1. 7万円　　**2.** 30万円　　**3.** 40万円

11 医療費控除に関する次の記述のうち、最も不適切なものはどれか。

1. 人間ドックの結果、重大な疾病が発見され、かつ、診断に引き続きその疾病の治療を行った場合には、その人間ドックの費用は医療費控除の対象となる。
2. 出産費用や出産のための定期健診の費用は、医療費控除の対象となる。
3. 美容整形費は医療費控除の対象となる。

12 上場株式の税制に関する次の文章のうち、正しいものはどれか。

1. 上場株式の譲渡損は、確定申告をすることで、翌年以後5年間にわたって繰越控除ができる。
2. 上場株式を譲渡した年の1月1日において、保有期間が5年を超えている場合、長期譲渡所得に該当し、税率が優遇される。
3. 上場株式の配当金については、総合課税を選択することで、配当控除の適用を受けることができる。

13 不動産所得に関する次の記述のうち、最も不適切なものはどれか。

1. 不動産所得を算出するうえで、不動産の固定資産税や不動産取得税は、必要経費に参入することができる。
2. 不動産所得の損失のうち、建物を取得するための負債利子は損益通算の対象にならない。
3. 敷金や保証金は、入居者に返還しないことが確定したものは、総収入金額に計上する。

date
／　／　／

解答・解説　第3問

9
P298

解答 2

星野さんの所得のうち総合課税の対象となるのは、給与所得と一時所得および雑所得です。給与所得は給与収入金額から給与所得控除額を差し引いた金額になります。

給与所得控除額＝650万円×20％＋44万円＝174万円

したがって、

・給与所得控除後の給与所得　650万円－174万円＝476万円……①

・一時所得の金額は、

　総収入金額－収入を得るために支出した金額－特別控除額（50万円）より

　（300万円－230万円－50万円）＝20万円

　なお、一時所得の金額はこの2分の1が他の所得と合算となるので

　20万円×1/2＝10万円が合算されます。……②

・雑所得の金額が赤字（マイナス）の場合は損益通算されないので、▲5万円については、合算できません。（赤字があるときに損益通算の対象となる所得は、不動産所得、事業所得、山林所得、譲渡所得です）

・上場株式の譲渡損失の20万円については、申告分離課税の対象なので、総所得金額には含まれません。

　したがって、星野さんの総所得金額（①＋②）は、

　476万円＋10万円＝486万円となります。

10
P319

解答 2

医療費控除額＝（医療費－保険金等で補てんされる金額）－（総所得金額等の合計の5％と10万円の低い方の額）で計算します。

星野さんの総所得金額等は、486万円なので486万円×5％＝24万3,000円で10万円より多いので、低い方の10万円を差し引きます。したがって、星野さんの医療費控除額＝（50万円－10万円）－10万円＝30万円

解答 **3**

1 人間ドックの費用は、原則として医療費控除の対象とはなりません。ただし、人間ドックの健診の結果、重大な疾病が発見され、かつ、引き続きその疾病の治療を行った場合には、医療費控除の対象になります。　⇒ ○

2 出産費用やその定期健診費用は、医療費控除の対象です。　⇒ ○

3 美容整形費は医療費控除の対象外です。その他、疾病予防の費用（サプリメントの購入費など）・健康増進費用（ジムのトレーニング費用など）なども対象外です。　⇒ ✕

〈医療費控除の対象になるもの・ならないもの〉

対象になるもの	対象にならないもの
・医師、歯科医師による診療費など ・通院費（電車代・バス代などの公共交通機関を使った場合） ・人間ドックの費用 　（健診で重大な疾病が発見され、治療した場合） ・医薬品の購入費 　（病気予防のためのサプリメントなどの購入費は除く） ・出産費用（定期健診費も含む） ・義歯やインプラントの費用	・医師への謝礼金 ・未払い医療費 ・見舞客への接待費用 ・美容整形費 ・人間ドックの費用 　（健診の結果、異常がなかった場合） ・めがねやコンタクトレンズの購入費 　（治療のため、医師の指導によって購入した場合は対象となる） ・トレーニングジムの費用などの健康増進のための費用 ・入院に伴う身の回り品の購入費

date
／　／　／

12

P292

解答 3

1 上場株式等の譲渡損は確定申告することで、翌年以後 3 年間繰り越して、株式等の譲渡益や申告分離課税を選択した上場株式等の配当所得などから差し引くことができます。　⇒ ✕

2 上場株式等を譲渡した場合、所有期間による所得の区別なく、原則として20％（復興特別所得税込みで20.315％）の申告分離課税となっています。なお、土地・建物を譲渡した場合は、譲渡した年の 1 月 1 日現在で、所有期間が 5 年以下あれば短期譲渡所得、5 年超であれば長期譲渡所得になります。　⇒ ✕

3 総合課税を選択することで、配当控除の適用を受けることができます。　⇒ ○

>
> 間違えやすいポイント　不動産投資法人（J-REIT）や外国株式の配当金については、総合課税を選択しても配当控除の適用はありません。

10章
タックスプランニング

13

P294

解答 2

1 不動産の固定資産税や不動産取得税、都市計画税、減価償却費などは必要経費になります。なお、所得税や住民税は必要経費になりません。　⇒ ○

2 不動産所得の損失のうち、土地を取得するための負債利子（借入金の利子）は損益通算の対象となりませんが、建物を取得するための負債利子は損益通算できます。　⇒ ✕

3 敷金や保証金のうち、入居者に返還しないことが確定したものは総収入金額に含めます。　⇒ ○

第4問 次の設例に基づいて、下記の各問14～17に答えなさい。

FP協会 金財・個人

<設例>

　飲食業および不動産賃貸業（貸付規模は事業的規模に該当）を営む個人事業主である安田さん（66歳）は、青色申告者として所得税の確定申告をすることによる税制上の特典について関心を持っている。

　また、安田さんと生計を一にする親族は、妻明子さん（50歳）、長男恵一さん（20歳）および二男英二さん（18歳）の3人。妻明子さんは青色事業専従者給与の対象で、長男と二男は学生でいずれも2023年分の所得はないものとする。

　なお、各人の年齢は2024年12月31日現在のものである。

<安田さんの2024年分の所得の状況>
・事業所得　800万円
・不動産所得　▲50万円（このうち、土地取得に要した借入金利子が30万円ある）
・株式の譲渡所得　80万円
・老齢基礎年金　50万円
※金額の前にある▲は赤字であることを示している。
※上記以外の条件は考慮せず、各問に従うこと。

14 安田さんの2024年分の総所得金額として正しいものは、次のうちどれか。

1. 750万円
2. 780万円
3. 800万円

15 安田さんの2024年分の所得税における配偶者控除（配偶者特別控除）と扶養控除の合計額として正しいものは、次のうちどれか。

1. 63万円＋38万円＝101万円
2. 38万円＋38万円＋38万円＝114万円
3. 38万円＋63万円＋38万円＝139万円

16 安田さんが青色申告をした場合に適用を受けられる税制上の特典に関する次の記述のうち、最も適切なものはどれか。なお、各年分の所得税の確定申告書は、法定申告期限内に提出するものとする。

1. 安田さんが所定の要件を満たした場合には、青色申告特別控除額として最高38万円をその年分の不動産所得の金額、事業所得の金額から控除することができる。
2. 青色申告の適用を受けるには、その年の3月31日（1月16日以後に事業を開始する場合は開始後2か月以内）までに「青色申告承認申請書」を税務署に提出しなければならない。
3. 安田さんは、その年に純損失の金額が生じた場合に所定の要件を満たしたとき、その純損失の金額を翌年以後3年間にわたって繰り越して、各年分の総所得金額等から控除することができる。

17 下記の3つのケースのうち、2024年分の所得税において確定申告を行う必要がないのはどれか。なお、記載のない条件は一切考慮しないこととする。

1. Aさんの給与収入は900万円、勤務先で年末調整を受けている。子どもの入院にともなう入院費が多くかかったので、医療費控除の適用を受ける予定である。
2. Bさん（会社員）の給与収入金額は2,500万円。その他に所得はない。
3. Cさんの給与収入は1,900万円、勤務先で年末調整を受けている。住宅ローン控除の適用を2年前から受けている。なお、給与以外の雑所得が15万円ある。

14
P309

解答 **2**

安田さんの総所得金額は、事業所得（800万円）と赤字となった不動産所得（▲50万円）を通算した金額です。

ただし、不動産所得のうち、土地の取得に要した借入金の利子（30万円）は損益通算の対象にならないので、損益通算の対象となる不動産所得の金額は、▲20万円です。

なお、株式の譲渡所得（80万円）は、申告分離課税の対象なので、総所得金額には合算しません。また、老齢基礎年金の50万円は公的年金等控除額（110万円）の範囲内なので、所得税は課税されないので総所得金額には含まれません。

したがって、安田さんの総所得金額は　800万円－20万円＝780万円　です。

〈公的年金等控除額：公的年金等以外の所得が1,000万円以下の場合〉

	公的年金等の額	控除額
65歳未満	公的年金等の額が130万円未満の場合	60万円
65歳以上	公的年金等の額が330万円未満の場合	110万円

15
P323

解答 **1**

妻明子さんは青色事業専従者給与の対象なので、配偶者控除や配偶者特別控除を受けることはできません。また、長男恵一さんは20歳なので特定扶養親族となり63万円の控除を受けることができます。なお、二男英二さんは18歳なので、扶養控除は38万円です。

したがって、扶養控除の合計は　63万円＋38万円＝101万円　です。

> **間違えやすいポイント**　16歳未満の者は扶養控除の対象ではありません。また、青色事業専従者給与の対象になっている者は、配偶者控除や配偶者特別控除および扶養控除を受けることはできません。

16

P340

P340

解答 3

1 青色申告特別控除額は、正規の簿記の原則にしたがって記帳している
などの要件を満たし、事業所得や事業的規模の不動産所得がある場合、
原則55万円、その者が電子情報処理組織（e-Tax）を利用して申告
する場合や帳簿を電子データで保存するなどの条件を満たしている、
青色申告特別控除額は65万円、その他の場合（申告期限後に申告した
場合や山林所得の場合）は10万円を控除することができます。その際、
帳簿書類は7年間保存しなければなりません。　　　　　　　⇒ ✕

2 青色申告の適用を受けるためには、その年の3月15日（1月16日以後
に事業を開始する場合は開始後2か月以内）までに「青色申告承認申
請書」を税務署に提出して承認を受けなければなりません。　⇒ ✕

3 青色申告者の場合、純損失の金額は翌年以後3年間にわたって繰越控
除（翌年以後の利益から損失を差し引くこと）の適用を受けることが
できます。なお、前年も青色申告していれば、前年の所得と通算して
繰戻し還付（前年の利益から損失を差し引くこと）を受けることもで
きます。　　　　　　　　　　　　　　　　　　　　　　　⇒ ○

17

P330

解答 3

1 医療費控除は年末調整では適用されないので、確定申告を行う必要が
あります。　　　　　　　　　　　　　　　　　　　　　　⇒ ✕

2 給与収入が年間2,000万円を超える給与所得者は確定申告しなければ
なりません。　　　　　　　　　　　　　　　　　　　　　⇒ ✕

3 住宅ローン控除の適用を受けるためには、初年度は確定申告しなけれ
ばなりませんが、2年目以降は勤務先の年末調整で適用可能です。また、
給与所得と退職所得以外の雑所得等の金額が年間で20万円を超えた場
合は確定申告が必要ですが、15万円なので確定申告は不用です。

⇒ ○

10章 タックスプランニング

●**退職所得＝（退職金－退職所得控除額）×2分の1**

退職所得控除額	勤続年数20年以下	40万円×勤続年数（最低80万円）
	勤続年数20年超	800万円＋70万円×（勤続年数－20年）

※勤続年数に端数がある場合は、繰り上げて1年とする

※勤続年数が5年以下の場合の退職所得の計算は除く

●**医療費控除**

医療費控除額＝（医療費－保険金で払い戻される金額）
　　　　　　－（総所得金額の合計×5％と10万円のいずれか低い額）

※控除額の上限は200万円

●**扶養控除額**

16歳未満	なし
16歳以上19歳未満	38万円
19歳以上23歳未満	63万円
23歳以上70歳未満	38万円
70歳以上（老人扶養親族）	同居でない場合　　48万円 同居の場合　　　　58万円

不動産

試験対策のポイント

●建蔽率や容積率の計算問題を解けるように

●居住用財産を譲渡した場合などの税制についても押さえておこう

●登記記録の表題部と権利部の記載項目についても出題が多い

出題傾向

		R4年9月	R5年1月	R5年5月	R5年9月	R6年1月
不動産の基礎と登記	金財					
	FP協会					1
不動産の取引	金財					
	FP協会			1		
不動産に関する法律	金財	2	2	1	2	1
	FP協会	1	3	2	1	2
不動産の税金	金財	1			1	1
	FP協会	1			1	
不動産の有効活用と投資判断指標	金財		1	1		1
	FP協会					

第1問 次の設例に基づいて、下記の各問 **1**〜**4** に答えなさい。

FP協会 金財・個人

＜設例＞

　田中さんは相続により取得した下記の甲土地にワンルームマンションを建築し賃貸することを検討している。

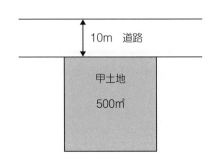

・用途地域	：商業地域
・指定建蔽率	：80%
・指定容積率	：300%
・防火規制	：防火地域

＜賃貸マンションの概要＞

・鉄骨造3階建

・総戸数15戸（1戸あたりの床面積は40㎡未満）

※上記以外の条件は考慮せず、各問に従うこと。

1 ＜設例＞の土地に建築されるマンション（耐火建築物）の①最大の建築面積、②最大（延べ）床面積の組合せとして、正しいものは次のうちどれか。

1. ①500㎡　②1,500㎡
2. ①400㎡　②2,000㎡
3. ①400㎡　②3,000㎡

date
／　／　／

2 田中さんの所有する土地が工業地域にある場合、工業地域に建設することができないものは、次のうちどれか。
□□□

1. 診療所
2. 病院
3. 住宅

3 田中さんは不動産の登記記録についても調べてみた。不動産登記記録に関する記述のうち、正しいものはどれか。
□□□

1. 不動産の登記は、表題部または権利部になされる登記があり、所有権に関する登記事項は、権利部の乙区に記載される。
2. 表題部に記載される土地登記の地番や、建物登記の家屋番号は住居表記と必ず一致している。
3. 表題部になされる登記には登記義務があり、権利部には登記義務はない。

4 田中さんが設例の土地に、検討している賃貸マンションを建築し、賃貸する場合の留意点に関する次の記述のうち、最も不適切なものはどれか。
□□□

1. 田中さんが、甲土地を相続により取得したとき、不動産取得税は課されない。
2. 田中さんが賃借人と普通借家契約を締結した場合、田中さんからの普通借家契約の更新拒絶は、正当の事由があると認められる場合でなければすることができない。
3. 田中さんが賃借人と定期借家契約を締結する場合、建物の賃貸借の期間は1年以上としなければならない。

1

P382

解答 1

指定建蔽率が80%の商業地域の防火地域内に耐火建築物を建てる場合、建蔽率は100%になります。なので、最大建築面積は

500㎡×100％＝500㎡…①

最大（延べ）床面積を求める場合、敷地の前面道路の幅員が12m未満のときは、前面道路の幅員により求められる容積率と指定容積率のうちいずれか小さい方の数値がその土地の容積率になります。

この土地は商業地域で、住居系用途地域以外なので、前面道路の幅員（10m）に10分の6を掛けたものと指定容積率を比較し、少ない方の容積率を適用します。

$$10\text{m} \times \frac{6}{10} \times 100 = 600\%$$

指定容積率は300％なので300％＜600％より、容積率は指定容積率の300％が適用されます。

よって最大（延べ）床面積は

500㎡×300％＝1,500㎡…②

※前面道路の幅員に掛ける数値は、住居系地域の場合は10分の4、住居系地域以外の場合は10分の6。

2

P379

解答 2

工業地域では、住宅、老人ホーム、診療所、保育所、神社、教会、図書館などは建設できます。病院や大学、小学校、中学校、高等学校などは建設できません。

※神社、教会、寺院、診療所、保育所などは、すべての用途地域に建設できます。

date ／／／

3

P358

解答 **3**

1 所有権に関する登記事項は権利部の甲区に記載されます。　⇒ ✕

2 土地登記の地番や建物登記の家屋番号は、居住表示と一致しているとは限りません。また、土地の地目も現況と一致しているとは限りません。　⇒ ✕

3 表題部には登記義務があり、権利部には登記義務はありません。なお、登記は所有権を取得してから1か月以内に所有者が申請しなければなりません。　⇒ ○

〈不動産の登記〉

表題部	土地・建物など不動産の概要を表示する	土地	所在・地番・地目（田畑、宅地など土地の種類）・地積（面積）
		建物	所在・家屋番号・種類・構造・床面積など
権利部	甲区	所有権に関する事項を表示する	所有権保存登記・所有権移転登記など
	乙区	所有権以外の権利に関する事項を表示する	抵当権、地上権、賃借権、借地権など

※表題部の地目（田畑や空き地など、土地の種類のこと）は、土地の現況（現在の状況）と一致しているとは限りません

4

P376

解答 **3**

11章
不動産

1 相続や遺贈により不動産を取得した場合、不動産取得税はかかりません。贈与により取得する場合は、課税されます。　⇒ ○

2 普通借家契約では、正当の事由があると認められる場合でなければ、田中さん（大家さん）から更新を拒絶することはできません。　⇒ ○

3 定期借家契約では契約期間に制限はないので、1年未満の契約も可能です。なお、定期借地契約では契約期間の終了時に契約の更新はありませんが、契約終了後に再契約を結ぶことは可能です。　⇒ ✕

FP協会 金財・個人

<設例>
　鈴木さんは、下記のような住居地域内の土地の購入を検討している。

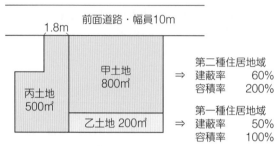

前面道路・幅員10m
1.8m

甲土地
800㎡

⇒ 第二種住居地域
　　建蔽率　　60%
　　容積率　　200%

丙土地
500㎡

乙土地 200㎡

⇒ 第一種住居地域
　　建蔽率　　50%
　　容積率　　100%

※上記以外の条件は考慮せず、各問に従うこと。

5
□□□
鈴木さんが購入を検討している土地（甲土地と乙土地）は2つの用途地域にまたがっている。この土地に建物を建築する場合の建蔽率と容積率に関する次の文章のうち、正しいものはどれか。

1. 面積の広い方の建蔽率が適用される。
2. 容積率は有利な方を選択できる。
3. 2つの地域の建蔽率と面積の加重平均により建蔽率を求める。

6
□□□
鈴木さんが購入を検討している土地（甲土地と乙土地）の①最大建築面積、②最大延べ（床）面積の組合せとして、正しいものは次のうちどれか。

1. ①500㎡　②1,000㎡
2. ①580㎡　②1,800㎡
3. ①600㎡　②2,000㎡

7 鈴木さんが調べた不動産に関する次の記述のうち、適切なものはどれか。

1. 丙土地のみを購入した場合、この土地に新しく自宅を建築することはできない。
2. 不動産関係の調査資料として、固定資産課税台帳、都市計画図はすべて法務局（登記所）に設置されている。
3. 建築基準法において、特定行政庁が指定する角地に建築物を建てる場合、容積率が10％緩和される。

8 鈴木さんが宅地建物取引業者との間でこの土地の取引をする場合の注意点をファイナンシャル・プランナーのAさんから説明を受けた。不動産取引または宅地建物取引業に関する次の記述のうち、誤っているものはどれか。

1. 鈴木さんがこの土地を購入した後、賃貸マンションを建築し、自らが貸主となって賃貸する場合は、宅地建物取引業には該当しない。
2. 鈴木さんが将来、賃貸マンションを建築し、その規模が事業的規模に該当する場合であっても、建物の貸付による所得は不動産所得となる。
3. 鈴木さんが不動産の取引において、宅地建物取引業者に仲介を依頼する場合は、媒介契約を結ぶが、専任媒介契約で3か月を超える契約を結んだ場合、契約は無効である。

9 鈴木さんは、借地借家法についてもファイナンシャル・プランナーのAさんから説明を受けた。借地借家法に関する次の記述にうち、誤っているものはどれか。

1. 借地権については通常の場合登記されないが、借地上の建物の登記を行うことで、借地権についても第三者に対抗力をもつ。
2. 普通借地権の契約期間は通常50年以上であり、50年より短い期間を定めた場合の存続期間は50年となっている。
3. 一般定期借地権は、公正証書などの書面または電磁的記録による方法で契約するが、建物の利用用途に特に制限はない。

11章
不動産

5

P386

P386

解答 **3**

1 ⇒ ×

2 ⇒ ×

3 ⇒ ○

建蔽率の異なる2つの地域に建物を建築する場合、建蔽率については、それぞれの建蔽率とそれぞれの面積の加重平均により、計算します。また、容積率についても、2つの地域の容積率と面積を加重平均して計算します。

6

P386

P386

解答 **2**

①最大建築面積

最大建築面積は甲土地と乙土地の建蔽率と面積を加重平均して求めるので、

800㎡×60%＋200㎡×50%＝580㎡

なお、建蔽率は580㎡÷1,000㎡（800㎡＋200㎡）×100＝58%となります。

②最大延べ（床）面積

最大延べ（床）面積も甲土地と乙土地の容積率と面積を加重平均して求めますが、前面道路の幅員が12m未満の場合、前面道路の幅員に基づく容積率と指定容積率の少ない方を用いて計算します。

〈甲土地〉10m×$\dfrac{4}{10}$（住居地域のため）×100＝400%なので、

　　　　400%＞200%（指定容積率）のため、200%を用います。

　　　　800㎡×200%＝1,600㎡…ⓐ

date
／　／　／

〈乙土地〉 $10m \times \dfrac{4}{10}$ (住居地域のため) $\times 100 = 400\%$なので、

400%＞100%（指定容積率）のため、100%を用います。

$200㎡ \times 100\% = 200㎡ \cdots ⓑ$

〈合計　ⓐ＋ⓑ〉 1,600㎡＋200㎡＝1,800㎡

7
P380

解答 **1**

1 建築基準法の規定では、建築物の敷地は原則、幅員4m以上の道路に2m以上接していなければなりません。丙土地は前面道路に1.8mしか接していないので、原則として、建物を建築できません。　⇒ ○

2 固定資産課税台帳や都市計画図は市区町村役場（都市計画課）に設置されています。　⇒ ×

3 特定行政庁が指定する角地に建築物を建てる場合、建蔽率は10％緩和されますが、容積率が緩和されることはありません。　⇒ ×

8
P367

解答 **3**

1 保有する建物を自らが貸主となって賃貸する場合は、宅地建物取引業には該当しません。なお、宅地建物取引業とは、自らが土地・建物の売買等を行う場合や、他人の土地・建物の売買や売買の媒介などの取引を不特定多数のものに対して反復継続して行うことをいいます。
　⇒ ○

2 不動産の貸付を事業的規模で行っていても、不動産の貸付による所得は、不動産所得になります。なお、事業的規模かどうかの判断は、5棟・10室基準によります。　⇒ ○

3 専任媒介契約および専属専任媒介契約の有効期間は、3か月以内となっています。したがって、3か月を超える契約を結んだ場合、契約の有効期間は3か月となり、契約自体は有効です。　⇒ ×

11章
不動産

1 借地上の建物の登記を行うことで、借地権についても第三者に対抗力をもちます。つまり、地主が代わった場合でも、建物の登記を行っていれば、土地を明け渡す必要はありません。　　　　　⇒ ○

2 普通借地権の存続期間は通常30年以上です。30年より短い期間を定めた場合や期間の定めのない場合の存続期間は30年となります。
なお、更新期間については、最初は20年以上、2回目以後の更新は10年単位となっています。　　　　　　　　　　　　　　　⇒ ×

3 一般定期借地権では、契約は公正証書などの書面または電磁的記録による方法で行います。また、建物の利用用途は制限されていません。
なお、事業用定期借地権については、居住用は認められず、事業用に限定されています。また、契約は必ず公正証書で行います。　⇒ ○

> **間違えやすいポイント**　定期借家契約では1年未満の契約も可能ですが、普通借家契約では1年未満の期間を定めると期間の定めがない契約になります。

> **間違えやすいポイント**　定期借家契約において、賃貸借期間が1年以上の場合には、期間満了の1年から6か月前までに、賃貸人（家主）は、賃借人（借主）に対して「賃貸借契約が終了する旨」の通知をする必要があります。

date ／ ／ ／

第3問 次の設例に基づいて、下記の各問⑩、⑪に答えなさい。

<設例>
　吉村さんは2007年に購入した自宅（土地と建物を同時に取得）を2024年中に売却する予定である。

〈吉村さんの自宅の売却状況（予定額）〉
・売却価額　9,000万円
・売却費用　300万円
・取得費　　5,000万円
※上記以外の条件は考慮せず、各問に従うこと。

10 吉村さんが自宅を譲渡した場合の「居住用財産を譲渡した場合の3,000万円の特別控除」に関する次の記述のうち、誤っているものはどれか。

1. 吉村さんは「居住用財産を譲渡した場合の3,000万円の特別控除」の適用を受ける予定であるが、所有期間が10年未満であっても適用を受けることができる。
2. 建物と土地の名義が吉村さんと妻の共有名義になっている場合は、条件を満たせばそれぞれが3,000万円まで控除を受けることができる。
3. 吉村さんは「居住用財産の3,000万円の特別控除」の適用を受けた場合、あわせて「居住用財産の譲渡による軽減税率の特例」の適用を受けることはできない。

11 吉村さんが予定どおりこの家屋と土地を9,000万円で売却した場合、課税譲渡所得金額として、正しいものは次のうちどれか。なお、3,000万円の特別控除を吉村さんのみ適用したものとする。

1. 0円
2. 700万円
3. 1,000万円

解答・解説　第3問

10

P402

解答 **3**

1 「居住用財産を譲渡した場合の3,000万円の特別控除」の適用を受けることができない場合として、特別関係者（配偶者や生計を一にする親族、直系血族）への譲渡の場合や、前年、前々年にこの特例の適用を受けている場合があります。なお、譲渡する不動産の所有期間については制限はありませんので、所有期間が短期間であっても適用を受けることができます。　　　　　　　　　　　　　　　　　　　　⇒ 〇

2 家屋も土地も夫婦の共有名義になっている場合は、一定の条件を満たしていれば夫と妻が各上限3,000万円（合計6,000万円）まで控除を受けることができます。　　　　　　　　　　　　　　　　⇒ 〇

3 「居住用財産を譲渡した場合の3,000万円の特別控除」に加えて、軽減税率の適用を受ける場合、譲渡した年の1月1日における所有期間が10年を超えていることが要件です。吉村さんは所有期間が10年を超えているので、あわせて「居住用財産の譲渡による軽減税率の特例」の適用を受けることもできます。　　　　　　　　　　　　　⇒ ✕

11

P401

解答 **2**

譲渡所得金額＝譲渡収入金額−（取得費＋売却費用−特別控除）より、
9,000万円−（5,000万円＋300万円）−3,000万円
＝700万円

なお、この700万円については、所有期間が10年を超えているので、軽減税率の適用を受けることができるため、
700万円×14％（所得税10％、住民税4％）＝98万円（復興税込みで700万円×14.21％＝99万4,700円）が税金になります。

date
／　　／　　／

〈居住用財産の譲渡による軽減税率の特例〉

課税長期譲渡所得	税率
6,000万円以下の部分	所得税10%、住民税4%（計14%） 復興税込みで10.21%
6,000万円超の部分	所得税15%、住民税5%（計20%） 復興税込みで15.315%

〈居住用財産を譲渡した場合の3,000万円の特別控除のポイント〉

- 短期譲渡でも長期譲渡でも適用される（所有期間に制限はない）
- 居住しなくなってから3年を経過した年の12月31日までの譲渡であること
- 居住用財産（店舗併用住宅の場合は居住用部分が90％以上であること）の譲渡であること
- 住宅が夫婦の共有名義になっている場合、共有者それぞれが最高3,000万円まで控除を受けることができる（合計6,000万円まで控除できる）
- 特別関係者（配偶者や子などの親族）への譲渡の場合は適用されない。
- この居住用財産の譲渡特例の適用を受けることで、譲渡所得がゼロになる場合でも、確定申告は必要

11章
不動産

居住用財産を譲渡した場合の3,000万円の特別控除の要件として、店舗併用住宅の場合、居住用部分が90％以上あれば適用可能です。50％以上ではないので注意しましょう。

第4問 次の設例に基づいて、下記の各問⑫〜⑮に答えなさい。

FP協会　金財・個人

<設例>

　田島さんは下記のような宅地建物取引業者の物件情報について、物件情報の見方、関連法令などについて詳しく知りたいと思い、ファイナンシャル・プランナーに相談することにした。

物件名	○○マンション601号室	価格	3,860万円
所在地	横浜市○○区○○5丁目	間取り	3LDK
交通	JR○○線○○駅　徒歩5分	専有面積	78㎡
築年月	2022年4月	所在階	6階／10階建
総戸数	25戸	建物構造	鉄骨鉄筋コンクリート造
用途地域	近隣商業地域	土地権利	所有権
広告有効期限	2024年12月30日	取引様態	一般媒介

※上記以外の条件は考慮せず、各問に従うこと。

12 設例の売却物件情報の見方について、ファイナンシャル・プランナーが説明した次の記述のうち、最も不適切なものはどれか。

1. このマンションの最寄り駅からの距離は400m超480m以下である。

2. この地域に小学校を建築することは可能である。

3. この物件情報の専有面積が壁芯面積である場合、一般に登記記録の面積は内法面積となっており、内法面積の方が小さくなる。

13 田島さんはマンションの購入にあたって、区分所有法について、ファイナンシャル・プランナーに相談した。ファイナンシャル・プランナーが説明した次の記述のうち、もっとも不適切なものはどれか。

1. マンション管理組合の集会の決議は、区分所有者の数と専有部分の床面積の保有割合から算出する議決権による。
2. 区分所有建物とは、1棟の建物のうち、構造上区分されており、独立して住居や店舗などに使用する目的の建物をいう。
3. 集会の決議において、建替えをする場合、区分所有者の数と議決権が4分の3以上の多数が必要となる。

14 不動産会社や不動産の売買取引等に関して、ファイナンシャル・プランナーが田島さんに説明した次の記述のうち、もっとも不適切なものはどれか。

1. 宅建業者がマンションの売主になる場合、契約不適合責任を免責する特約は無効になる。
2. 不動産の媒介業務などの宅地建物取引業を行うためには、不動産会社は事務所に5人に1人の割合で宅地建物取引士を置くこととされている。
3. 天災などの不可抗力により建物が損壊した場合など売主に責任がない場合には、買主が目的を達成できないときでも、買主は契約を解除することはできない。

11章
不動産

15 田島さんは不動産会社に仲介を依頼する場合の媒介契約について調べてみた。下記の表の空欄（ア）〜（ウ）にあてはまる語句または数値の組み合わせとして、正しいものはどれか。

	一般媒介契約	専任媒介契約	専属専任媒介契約
複数業者への重複依頼	可	不可	不可
自己発見取引	可	（ア）	不可
依頼者への業務状況報告義務	なし	（イ）に1回以上	1週間に1回以上
指定流通機構への登録義務	なし	媒介契約締結日の翌日から7営業日以内	媒介契約締結日の翌日から（ウ）営業日以内

1. （ア）可　　（イ）2週間　　（ウ）5
2. （ア）可　　（イ）1週間　　（ウ）7
3. （ア）不可　（イ）3週間　　（ウ）7

解答・解説　第4問

12
P360

解答 **1**

1 最寄駅からの時間は徒歩5分となっています。最寄駅からの距離は80mを1分、端数は1分とするので最長で5分、かかることになります。したがって、マンションまでの道路距離は、320m超400m以下（80m×5分＝400m）と考えられます。　　　　　　　　　　⇒ ✕

2 このマンションがあるのは近隣商業地域なので、小学校を建築することは可能です。幼稚園、小学校、中学校、高等学校は工業地域と工業専用地域では建築できません。　　　　　　　　　　　　　　⇒ ○

3 マンションのパンフレットなどの専有面積は通常、壁の厚さの中心で測った壁芯面積で表示され、登記記録の面積は壁の内側で測った内法面積で表示されます。したがって、パンフレット等に表示されている面積より登記上の面積の方が小さくなります。　　　　　　　⇒ ○

〈区分建物の床面積〉

（パンフレット）

壁の中心で測る
壁芯面積

（登記記録）

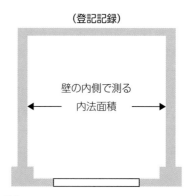

壁の内側で測る
内法面積

壁芯面積の方が広い

11章
不動産

13
P390

解答 3

1 集会の決議は、区分所有者の数と専有部分の床面積の保有割合から算出する議決権によります。なお、決議には普通決議と特別決議があります。 ⇒ ○

2 1棟の建物のうち、構造上区分されており、独立して住居、店舗、事務所などに使用する目的の建物を区分所有建物といい、専有部分（住居、店舗、事務所など）と共用部分（廊下、エレベーターなど）からなっています。 ⇒ ○

3 建物の建替えは特別決議が必要で、区分所有者の数と議決権の5分の4以上の多数で決議されます。 ⇒ ✕

14
P370

解答 3

1 宅建業者（不動産会社）がマンションなどの居住用不動産の売主になる場合、売主側の契約不適合責任を免責する特約は無効になります。 ⇒ ○

2 宅地建物取引業を行うためには、不動産会社は事務所に5人に1人の割合で宅地建物取引士証の交付を受けた宅地建物取引士を置くこととされている。 ⇒ ○

3 天災などの不可抗力で建物が損壊した場合のように、売主に責任がない場合であっても、買主が目的を達成できないときには、特約がなくても買主は債務の履行（代金の支払い）を拒否でき、契約を解除できます。 ⇒ ✕

date
/ / /

15

P367

解答 1

（ア）　専任媒介契約では、自ら売買の相手方を見つけて契約する自己発見取引が可能です。

（イ）　専任媒介契約では、依頼者への状況の報告義務は2週間に1回以上となっています。

（ウ）　専属専任媒介契約では、指定流通機構への登録義務は専属専任媒介契約の締結日の翌日から5営業日以内となっています。

11章
不動産

第5問 次の設例に基づいて、下記の各問 **16**〜**17** に答えなさい。

FP協会 金財・個人

<設例>

　会社員のAさん（57歳）は、11年前に父親の相続により取得した甲土地を所有している。Aさんは、現在、甲土地を青空駐車場として賃貸しているが、収益が少ないため、甲土地の売却を検討している。

　他方、知人の不動産会社の社長からは、「甲土地は地下鉄の駅から近く、利便性が高い。賃貸マンションを建築するなどの有効活用の方法を検討してみてはどうか」とアドバイスを受けた。

<甲土地の概要>

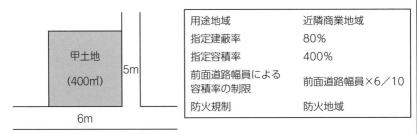

用途地域	近隣商業地域
指定建蔽率	80%
指定容積率	400%
前面道路幅員による容積率の制限	前面道路幅員×6／10
防火規制	防火地域

・甲土地は、建蔽率の緩和について特定行政庁が指定する角地

・指定建蔽率および指定容積率とは、それぞれ都市計画において定められた数値である

※上記以外の条件は考慮せず、各問に従うこと。

16
　甲土地に賃貸マンション（耐火建築物）を建築する場合の①建蔽率の上限となる建築面積と②容積率の上限となる延べ面積の組合せとして、次のうち最も適切なものはどれか。

1. ①360㎡　②1,296㎡　　**2.** ①400㎡　②1,440㎡　　**3.** ①400㎡　②1,600㎡

date
／　／　／

17 Aさんの甲土地の有効活用に関する次の説明のうち、最も適切なものはどれか。
□□□

1. 「建設協力金方式は、AさんがX社から建設資金を借り受けて、X社の要望に沿った店舗を建設し、その建物をX社に賃貸する方式です。契約期間満了後は、借主であるX社が建物を撤去し、甲土地は更地で返還されます」

2. 「等価交換方式により、マンションを建築する手法が考えられます。Aさんとしては、自己資金を使わず、マンションを取得することができます」

3. 「自己建設方式は、Aさんがマンション等の建設資金の調達や建設工事の発注、建物の管理・運営を自ら行う方式です。Aさん自らが貸主となって所有するマンションの賃貸を行うためには、あらかじめ宅地建物取引業の免許を取得する必要があります」

18 Aさんは「空き家を譲渡した場合の特別控除」にも関心があり、ファイナンシャル・プランナーのBさんに説明を受けた。Bさんの以下の説明の中で最も不適切なものはどれか。
□□□

1. この特例の適用を受けるためには、空き家の譲渡価額が1億円以下でなければなりません。

2. この特例の適用を受けるためには相続時に被相続人以外に居住者がいなかったことや相続してから貸付用や事業用に使用されていないことなどの要件を満たす必要があります。

3. この特例の適用を受けるためには、相続開始日から5年後の12月31日までに譲渡する必要があります。

16

P382

①建築面積

近隣商業地域等の指定建蔽率が80%の地域で、かつ防火地域内に耐火建築物を建てる場合は、建蔽率の制限がなくなり、建蔽率は100%になります。

建築面積の上限＝敷地面積×建蔽率
　　　　　　　＝400㎡×100%＝400㎡

②延べ床面積

延べ床面積の上限＝敷地面積×容積率で算出しますが、前面道路の幅が12m未満の場合に、指定容積率または以下の算式による数値の小さい方を用いて計算します。

・住居系用途地域の場合……前面道路の幅員×$\dfrac{4}{10}$

・その他の用途地域の場合…前面道路の幅員×$\dfrac{6}{10}$

宅地が2つの道路に面している場合、原則として道路の幅が広い方が前面道路になります。したがって前面道路の幅員は6m、近隣商業地域なので6mに$\dfrac{6}{10}$をかけます。$6×\dfrac{6}{10}＝360\%$となり、指定容積率の400%より小さい360%を用いて延べ床面積を算出します。

延べ床面積の上限＝400㎡×360%＝1,440㎡

date
/　/　/

17
P411

1 建設協力金方式は、土地所有者がテナントから建設資金の全部または一部を借りて建設した建物をテナントに貸し出す方式です。したがって、契約期間満了時には、テナント側は建物を取り壊して更地で返還する必要はありません。 ⇒ ✕

2 等価交換方式は、土地所有者が土地を出資し、デベロッパー（不動産開発業者）が建設資金を負担してマンションなどを建設し、土地所有者とデベロッパーが土地と建物を出資した割合に応じて交換方式で所有する方式です。したがって、Aさんは土地を出資することで、資金なしで、デベロッパーが建てたマンションを所有することができます。 ⇒ ○

3 自己建設方式は、土地所有者が土地を保有したまま、自ら資金調達し、有効活用の企画や建築、運営管理を行うことで、土地を有効活用する方法です。自身が所有する建物を家主として貸す場合は、宅地建物取引業にあたりませんので、宅地建物取引業の免許は不要です。 ⇒ ✕

18
P405

1 空き家の譲渡価額が1億円以下であることが要件です。「空き家を譲渡した場合の特別控除」は耐震基準を満たした空き家や空き家を取り壊して更地にして譲渡した場合に、最高3,000万円（対象となる相続人が3人以上いる場合は、1人あたり最高2,000万円）控除される制度です。 ⇒ ○

2 この特例の適用を受けるための要件として、相続時に被相続人以外に居住者がいなかったこと、相続してから貸付用や事業用に使用されていないこと、マンションなどの区分所有建物でないことなどの要件を満たす必要があります。 ⇒ ○

3 この特例の適用を受けるためには、相続開始日から3年後の12月31日までに譲渡する必要があります。 ⇒ ✕

11章
不動産

● **建蔽率**

建蔽率とは、敷地面積に対する建築面積の割合のこと

$$建蔽率（\%）＝\frac{建築面積}{敷地面積}×100$$

● **建蔽率の上限の緩和**

特定行政庁が指定する角地にある建築物の場合	10%加算
防火地域内で耐火建築物を、準防火地域内で耐火建築物・準耐火建築物を建てる場合（建蔽率が80%以外の地域）	10%加算
上記の両方に該当する場合	20%加算

● **容積率**

容積率とは、敷地面積に対する建築物の延べ面積（延べ床面積）の割合のこと

$$容積率（\%）＝\frac{建築物の述べ床面積}{敷地面積}×100$$

● **不動産の投資判断指標**

$$表面利回り（単純利回り）＝\frac{年間総収入}{購入金額（総投資額）}×100$$

$$純利回り（NOI利回り）＝\frac{年間純収入}{購入金額（総投資額）}×100$$

$$＝\frac{年間収入の合計額－諸経費}{購入金額（総投資額）}×100$$

実技

相続・事業承継

試験対策のポイント

● 親族関係図を用いて相続税の基礎控除額や各人の相続分を計算する問題は毎回出題

● 特に相続の放棄があった場合や代襲相続があった場合の相続分の考え方は重要

● 相続時精算課税や贈与税の配偶者控除の特例、配偶者に対する相続税の税額軽減、小規模宅地等の相続税の課税価格の特例に関する問題も出題頻度が高い

出題傾向

		R4年9月	R5年1月	R5年5月	R5年9月	R6年1月
贈与税	金財					2
	FP協会	1			1	1
相続の基礎	金財	1	1	2	1	
	FP協会	2	2	1	2	1
相続税の仕組み	金財	2	1	3	2	2
	FP協会		2	1		
相続財産の評価	金財	1	1	2	1	1
	FP協会			1		

第1問 次の設例に基づいて、下記の各問**1**～**4**に答えなさい。

FP協会 金財・個人 金財・生保

<設例>

　会社員の木村さん（54歳）は、2024年1月20日に病気により死亡した。木村さんの親族関係図等は、以下のとおりである。なお、木村さんは、自筆証書遺言を作成している。

〔木村さんの親族関係図〕

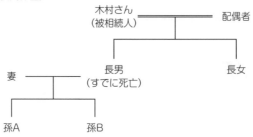

〔木村さんの相続財産（みなし相続財産を含む）〕
　現金または預貯金等……6,000万円
　自宅（宅地）…………　2,000万円（「小規模宅地等についての相続税の課税価格の計算の特例」適用後の相続税評価額）
　自宅（建物）…………　1,500万円（固定資産税評価額）
　死亡退職金……………　3,000万円
　死亡保険金……………　5,000万円（契約者（＝保険料負担者）・被保険者は木村さん、死亡保険金受取人は配偶者と長女）

※上記以外の条件は考慮せず、各問に従うこと。

---

1 遺言に関する次の記述のうち、正しいものはどれか。
□□□

1. 遺言は満18歳以上でなければ行うことはできない。

2. 自筆証書遺言は、本人が作成し署名押印して封印し、公証人の前で本人が住所氏名を記入、公証人が日付を記入し、作成される。

3. 公正証書遺言は、本人が口述して公証人が筆記するもので、証人2人以上の立会いが必要であるが、検認は不要となっている。

2 木村さんにかかる相続に関する以下の文章の空欄①～②に入る語句
□□□ の組合せとして、次のうち最も適切なものはどれか。

・孫Aさんの民法上の法定相続分は、（　①　）である。
・木村さんの相続における遺産に係る基礎控除額は、（　②　）である。

1. ①4分の1　　②4,800万円
2. ①8分の1　　②5,400万円
3. ①8分の1　　②9,000万円

3 死亡保険金（5,000万円）を配偶者が3,000万円、長女が2,000万円を
□□□ 受け取った場合、そのうち配偶者の相続税の価格に算入される保険
金の金額は、次のうちいくらか。

1. 　　400万円
2. 1,200万円
3. 1,800万円

4 仮に木村さんの相続における課税遺産総額（課税価格の合計額から
□□□ 遺産にかかる基礎控除額を控除した金額）を6,000万円とした場合
の相続税の総額は、次のうちどれか。

1. 　　725万円
2. 1,000万円
3. 1,100万円

〈相続税の速算表〉

課税対象額		税率	控除額
	1,000万円以下	10%	―
1,000万円超	3,000万円以下	15%	50万円
3,000万円超	5,000万円以下	20%	200万円
5,000万円超	10,000万円以下	30%	700万円
10,000万円超	20,000万円以下	40%	1,700万円
20,000万円超	30,000万円以下	45%	2,700万円
30,000万円超	60,000万円以下	50%	4,200万円
60,000万円超		55%	7,200万円

12章
相続・事業承継

1

P451

解答 **3**

1 遺言は、満15歳以上で意思能力を有する者であれば、誰でも可能であり、未成年であっても法定代理人の同意は不要です。 ⇒ ✕

2 問題文は秘密証書遺言の説明です。自筆証書遺言は、本人が原則、本文、日付、氏名を自書し、押印するもので、証人や立会人は不要です。なお、自筆証書遺言に添付する財産目録は自書以外でも可能です。 ⇒ ✕

3 公正証書遺言は、本人が口述し、公証人が筆記します。なお、証人2人以上の立会いが必要となりますが、家庭裁判所での検認は不要です。
⇒ ○

〈遺言の種類〉

種類	自筆証書遺言	公正証書遺言	秘密証書遺言
作成方法	本人が本文・日付・氏名を自書し押印 ※財産目録はパソコン等でも可能	本人が口述して公証人が筆記する （公証人役場に保管される）	本人が作成し署名押印して封印し、公証人の前で本人が住所氏名を記入、公証人が日付を記入する
証人	不要	証人2人以上の立会いが必要	証人2人以上の立会いが必要
検認	原則、必要	不要	必要

※自筆証書遺言は、法務局で保管されている場合は、家庭裁判所での検認は不要

間違えやすいポイント　自筆証書遺言と秘密証書遺言は家庭裁判所の検認が必要ですが、検認を受ける前に遺族が遺言書を開封した場合でも、遺言書自体は無効にはなりません。

date
／　／　／

2

P440

解答 **2**

①法定相続人は、配偶者、長女、長男の代襲相続人である孫Aと孫Bの4人です。配偶者と子が相続人の場合、配偶者の相続分は2分の1です。本来であれば残りの2分の1を長女と長男で相続するので、長女の相続分は2分の1×2分の1＝4分の1です。長男はすでに亡くなっているので孫Aと孫Bは、代襲相続人として長男が相続する予定であった4分の1を2人で相続することになるので、相続分は4分の1×2分の1＝8分の1になります。

②相続税の基礎控除額は3,000万円＋（600万円×法定相続人の数）で計算します。したがって、3,000万円＋600万円×4人＝5,400万円になります。なお、相続を放棄した者がいても、法定相続人の数に含めます。

3

P462

解答 **3**

死亡保険金の非課税限度額の総額は500万円×法定相続人の数で計算します。法定相続人の数は上記の通り、4人です。したがって、非課税限度額は500万円×4人＝2,000万円になります。死亡保険金を受け取った各人の非課税限度額は以下の計算式で算出します。

$$2,000万円 \times \frac{その相続人が受け取った死亡保険金の額}{すべての相続人が受け取った死亡保険金の合計（放棄者分は除く）}$$

より、配偶者の非課税金額は、

$$2,000万円 \times \frac{3,000万円}{3,000万円＋2,000万円} ＝ 1,200万円$$

配偶者が受け取った保険金額は3,000万円なので、3,000万円から非課税金額の1,200万円を差し引いた残りの1,800万円が相続税の課税価格に算入されます。

12章
相続・事業承継

相続税は「課税遺産総額×各法定相続人の法定相続分×相続税率」の総額です。

$$\langle 妻 \rangle \quad \left(6,000万円 \times \frac{1}{2} \right) \times 15\% - 50万円 = 400万円$$

$$\langle 長女 \rangle \quad \left(6,000万円 \times \frac{1}{4} \right) \times 15\% - 50万円 = 175万円 \quad \Bigg\} \ 合計725万円$$

$$\langle 孫AとB \rangle \left(6,000万円 \times \frac{1}{8} \right) \times 10\% = 各75万円$$
（計150万円）

 相続を放棄した者でも、生命保険の死亡保険金を受け取ることはできます。ただし、生命保険に関する非課税（500万円×法定相続人の数）の適用はありません。

date
／　／　／

第2問 次の設例に基づいて、下記の各問 5 ～ 7 に答えなさい。

FP協会 金財・個人 金財・生保

<設例>

藤本さん（68歳）には、妻の道子さん（66歳）と子の愛子さん（36歳）がいる。

藤本さんは、2024年中に道子さんへの居住用の土地・建物の贈与及び愛子さんへの生前贈与を考えている。

藤本さんの居住用建物と土地の価額（相続税評価額）及び現預金の残高は次のとおりである。

・自宅の建物　　　　　　　　3,000万円
・自宅建物の敷地（230㎡）　5,000万円
・現預金　　　　　　　　　　5,000万円（藤本さんの名義）
　　　　　　　　　　　　　　4,000万円（道子さん名義）
・上場株式　　　　　　　　　5,000万円（藤本さんの名義）

〈贈与税の速算表〉

一般の贈与			特例贈与（直系尊属からの贈与）		
課税価格（基礎控除後）	税率	控除額	課税価格（基礎控除後）	特例税率	控除額
200万円以下	10%	―	200万円以下	10%	―
300万円以下	15%	10万円	400万円以下	15%	10万円
400万円以下	20%	25万円	600万円以下	20%	30万円
600万円以下	30%	65万円	1,000万円以下	30%	90万円
1,000万円以下	40%	125万円	1,500万円以下	40%	190万円
1,500万円以下	45%	175万円	3,000万円以下	45%	265万円
3,000万円以下	50%	250万円	4,500万円以下	50%	415万円
3,000万円超	55%	400万円	4,500万円超	55%	640万円

※上記以外の条件は考慮せず、各問に従うこと。

---

5 「贈与税の配偶者控除の特例」に関する次の記述のうち、正しいものはどれか。

1. 「贈与税の配偶者控除の特例」は婚姻期間が10年以上の夫婦間での居住用不動産や居住用不動産の購入資金の贈与があった場合に適用となる。
2. 「贈与税の配偶者控除の特例」の適用を受けると、最高2,000万円を課税価格から控除し、別途、贈与税の基礎控除の110万円もあわせて2,110万円まで控除を受けることができる。
3. 「贈与税の配偶者控除の特例」は、海外にある居住用不動産または海外にある居住用不動産を取得するための金銭も対象となる。

6 藤本さんが自宅の土地と建物を妻の道子さんに2023年中に贈与した場合、道子さんにかかる贈与税の金額として、正しいものはどれか。今年、道子さんは他から贈与を一切受けておらず、贈与税の配偶者控除の適用要件はすべて満たしているとする。

1. 2,599万5,000円
2. 2,790万円
3. 2,839万5,000円

7 藤本さんと道子さんは、子の愛子さんに贈与することにした。愛子さんが、相続時精算課税制度を適用した場合、愛子さんがその時点で納める贈与税額として、正しいものは次のうちどれか。なお、愛子さんにはこれ以外の贈与はない。

藤本さんからの贈与金額 4,000万円（同年の贈与）
道子さんからの贈与金額 3,000万円（　〃　）

1. 356万円
2. 400万円
3. 878万円

解答・解説　第2問

5

P428

P428

解答 **2**

1 「贈与税の配偶者控除の特例」は、婚姻期間が20年以上である夫婦間で居住用不動産または居住用不動産を取得するための金銭の贈与があった場合に、2,000万円まで非課税となる特例です。　⇒ ✕

2 「贈与税の配偶者控除の特例」（2,000万円）と贈与税の基礎控除の110万円はあわせて適用を受けることができます。したがって、合計2,110万円までの贈与については、課税されません。　⇒ ○

3 贈与されるのは国内にある居住用不動産または国内にある居住用不動産を取得するための金銭であることが要件となっています。　⇒ ✕

＜贈与税の配偶者特別控除の特例の適用条件＞

- 婚姻期間が20年以上の夫婦間の贈与であること
- 過去において、同一配偶者からこの特例による贈与を受けていないこと（同一夫婦間では一生に一度のみの適用となる）
- 贈与されるのは、国内にある居住用不動産または居住用不動産を取得するための金銭であること
- 贈与を受けた翌年3月15日までにその居住用不動産に居住し、その後も引き続き居住する見込みであること
- この適用を受けるには、納税額がゼロの場合でも贈与税の申告が必要

6

P425

P425

解答 **3**

贈与財産の合計金額は、
自宅の建物3,000万円と自宅の敷地5,000万円の合計8,000万円です。
8,000万円から配偶者控除の特例（2,000万円）と基礎控除（110万円）を差し引いて税率を乗じます。また、配偶者への贈与なので、一般の贈与の対象です。
したがって、贈与税の金額は、
（8,000万円－2,000万円－110万円）×55％－400万円＝2,839万5,000円

12章
相続・事業承継

相続時精算課税制度の贈与者は、贈与があった年の1月1日現在60歳以上であれば、父と母と別々に適用できます。贈与を受ける者（受贈者）は、贈与があった年の1月1日現在18歳以上である者（子または孫）に限られます。相続時精算課税制度では、基礎控除の110万円までの贈与は除いて2,500万円を超える贈与については、20％の贈与税がかかります。

したがって、

〈藤本さんからの贈与〉　（4,000万円－110万円－2,500万円）×20％
　　　　　　　　　　　　＝278万円

〈道子さんからの贈与〉　（3,000万円－110万円－2,500万円）×20％
　　　　　　　　　　　　＝78万円

合計356万円が贈与税となります。

第3問 次の設例に基づいて、下記の各問 **8**〜**10** に答えなさい。

FP協会 金財・個人 金財・生保

<設例>

佐藤さんは2024年6月6日に死亡した。佐藤さんの相続財産は以下のとおりである。

現金・預金		3,000万円
有価証券（上場株式）	H株式会社の株式	5,000株
自宅土地 400㎡ 自宅建物 100㎡	路線価による評価額	5,000万円
賃貸マンションの土地 500㎡ 賃貸マンションの建物 400㎡	自用地評価額 借地権割合 70% 借家権割合 30% 賃貸マンションの賃貸割合は100%（満室）	1億円

H株式会社の株価に関するデータは、次のとおりである。

2024年6月6日の終値	1,300円
2024年6月中の毎日の終値の平均額	1,510円
2024年5月中の毎日の終値の平均額	1,250円
2024年4月中の毎日の終値の平均額	1,380円
2024年3月中の毎日の終値の平均額	1,200円

〔佐藤家の親族関係図〕

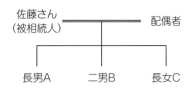

＊上記以外の条件は考慮せず、各問に従うこと。

8 自宅の土地を佐藤さんの妻が相続した場合の相続税の課税価格として、次のうち正しいものはどれか。なお、「小規模宅地等についての相続税の課税価格の計算の特例」の適用を受けるものとする。

1. 1,000万円　　**2.** 1,700万円　　**3.** 3,000万円

9 佐藤さんの相続財産のうち、上場株式であるH株式会社の株式を長男Aが相続する場合のH株の相続税評価に関する記述のうち、正しいものはどれか。

1. H株価の相続税の評価額は1,200円である。
2. H株価の相続税の評価額は1,510円である。
3. H株価の相続税の評価額は1,250円である。

10 賃貸マンションの土地は貸家建付地として評価されるが、この賃貸マンションの土地の相続税評価額として、正しいものは次のうちどれか。なお、「小規模宅地等についての相続税の課税価格の計算の特例」は考慮しないものとする。

1. 3,000万円　　**2.** 7,000万円　　**3.** 7,900万円

11 佐藤さんの現預金を遺産分割終了前に引き出し、葬儀費用にあてる場合、民法上、引き出せる金額として正しいものはどれか。

1. 預貯金の金額の2分の1×各相続人の法定相続分（1金融機関あたり上限は100万円）
2. 預貯金の金額の2分の1×各相続人の法定相続分（1金融機関あたり上限は150万円）
3. 預貯金の金額の3分の1×各相続人の法定相続分（1金融機関あたり上限は150万円）

解答・解説　第3問

8
P483

解答 **2**

被相続人の宅地（自宅土地）を配偶者が相続した場合は、相続税の申告期限まで居住しているかどうかに関係なく無条件で、特定居住用宅地等とみなされます。特定居住用宅地等に該当すると、400㎡のうち、330㎡までの宅地について評価額が80%減額になります。

減額される金額＝相続税評価額×$\frac{330㎡}{面積}$×80%より

5,000万円×$\frac{330㎡}{400㎡}$×80%＝3,300万円　　となります。

したがって、自宅土地の評価額5,000万円から減額される金額を差し引いて
5,000万円－3,300万円＝1,700万円　　が相続税の課税価格となります。

〈小規模宅地等の対象面積と減額割合〉

区分と要件	対象面積	減額割合
特定居住用宅地等 <要件> ・被相続人の居住用で、取得者が配偶者の場合 ・取得者が配偶者以外の同居親族の場合、相続税の申告期限まで宅地を所有し、居住を継続している場合など	330㎡	80%
特定事業用宅地等 <要件> ・取得した親族（配偶者を含む）が被相続人の事業を引き継ぎ、相続税の申告期限まで宅地を所有し、事業を継続していること	400㎡	80%
貸付事業用宅地等（不動産貸付を行っている宅地） <要件> ・取得した親族（配偶者を含む）が相続税の申告期限までに貸付事業を継続すること	200㎡	50%

※一定の条件を満たせば特定居住用宅地等（330㎡）と特定事業用宅地等（400㎡）とをあわせて730㎡までが減額の対象となります

上場株式等の相続税評価については、課税時期の終値及び課税時期以前3か月間の各月の終値の平均の中で、最も低い価格で評価します。したがって、この場合は6月6日の終値（1,300円）、6月中の毎日の終値の平均（1,510円）、5月中の毎日の終値の平均（1,250円）、4月中の毎日の終値の平均（1,380円）のうち、最も低い価格で評価するので、5月中の毎日の終値の平均1,250円で評価することになります。3月中の終値の平均額（1,200円）は6月以前4か月前にあたるので、対象に含まれません。

貸家建付地の評価額
＝自用地評価額×（1－借地権割合×借家権割合×賃貸割合）で算出します。
したがって、佐藤さんの賃貸マンションの土地の評価額は
1億円×（1－0.7×0.3×1）＝7,900万円

〈宅地上の権利の評価額〉

区分	権利の形態	評価額
自用地	自分が自由にできる土地	路線価方式または倍率方式で評価
借地権 （普通借地権）	建物の所有を目的に、地主から土地を借りて使用する権利のこと	評価額＝自用地評価額×借地権割合
貸宅地 （底地）	他人に貸し付ける目的の土地（借地権が設定されている宅地）	評価額＝自用地評価額×（1－借地権割合）
貸家建付地	宅地の所有者が建物を建て、建物を他人に貸し付けている場合の宅地	評価額＝自用地評価額×（1－借地権割合×借家権割合×賃借割合）

預貯金を遺産分割終了前に引き出す場合、預貯金の金額の3分の1×各相続人の法定相続分まで（上限は1金融機関あたり150万円）です。

date
／　／　／

第4問 次の設例に基づいて、下記の各問12～14に答えなさい。

FP 協会　金財・個人　金財・生保

<設例>
　東野さんは、2023年5月15日に病気により死亡した。

〔東野さんの親族関係図〕

※上記以外の条件は考慮せず、各問に従うこと。

12 東野さんの相続に関する以下の文章の空欄①～④に入る語句の組合せとして、次のうち最も適切なものはどれか。

㈠　東野さんの相続に係る相続税の申告書の提出期限は、原則として（　①　）である。

㈡　東野さんの父の相続分は（　②　）である。

㈢　民法で被相続人の遺産の一定割合の取得を相続人に保証しており、留保される相続財産の一定割合のことを（　③　）という。遺贈または相続によって（　③　）が侵害された相続人は、侵害を受けた範囲内においてその遺贈または相続の侵害額を請求することができる。これを（　③　）侵害額請求という。

㈣　（　③　）侵害額請求権は、遺留分が侵されたことを知った日から（　④　）以内に行使しないと消滅する。

1.　①2023年8月15日　②4分の1　③寄与分　④10年
2.　①2024年3月15日　②3分の1　③遺留分　④6か月
3.　①2024年3月15日　②ゼロ　　③遺留分　④1年

12章

相続・事業承継

13 妻圭子さんは相続税における配偶者の税額軽減の適用を受ける予定である。配偶者の税額軽減に関する次の記述のうち、最も不適切なものはどれか。

1. 配偶者の税額軽減の適用を受ける場合、相続税の申告期限までに遺産分割が確定していない場合でも、申告期限後3年以内に遺産分割が行われれば、適用可能である。
2. 配偶者の税額軽減の適用を受けるためには、婚姻期間が20年以上あることが条件となっている。
3. 配偶者の税額軽減の適用を受けることで、配偶者が相続した財産が法定相続分以上であっても、取得した財産が1億6,000万円までであれば、相続税はかからない。

14 東野さんが所有していた下記＜資料＞の宅地（貸宅地）の相続税評価額として、正しいものはどれか。なお、奥行価格補正率は1.0である。また、記載のない事項については、一切考慮しないこととする。

＜資料＞

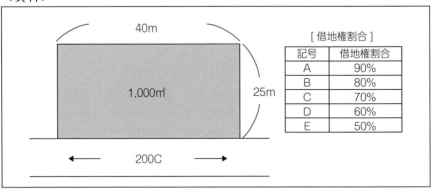

[借地権割合]

記号	借地権割合
A	90%
B	80%
C	70%
D	60%
E	50%

1. 60,000千円　　2. 140,000千円　　3. 600,000千円

解答・解説 第4問

12
P453

P453

解答 **3**

(ア) 相続税の申告期限は、相続の開始があったことを知った日の翌日から10か月以内に被相続人の死亡時の住所地を管轄する税務署長に提出します。したがって、東野さんが2023年5月15日に亡くなっているので、申告期限は2024年3月15日になります。

(イ) 相続人の中に、妻圭子さん以外に第1順位の子がいるので、第2順位である東野さんの父には相続分はありません。

(ウ) 民法で被相続人の遺産の一定割合の取得を相続人に保証しており、留保される財産の割合のことを遺留分といいます。遺留分権利者は、直系尊属と配偶者または子で、兄弟姉妹には遺留分はありません。

(エ) 遺留分を侵された相続人は、その侵害された遺留分を金銭で取り戻すことができますが、遺留分が侵害されたことを知った日から1年以内に権利を行使する必要があります。なお、相続の開始を知らなかった場合でも、相続開始から10年を経過すると時効により遺留分の権利(遺留分侵害額請求権)はなくなります。

13
P467

P467

解答 **2**

1 申告期限までに遺産分割が確定していなくても、申告期限後3年以内に遺産分割が行われれば配偶者の税額軽減は、適用可能です。 ⇒ ○

2 配偶者の税額軽減に婚姻期間に関する規定はありません。 ⇒ ×

3 記述のとおりです。配偶者が取得した財産が1億6,000万円までか、それを超えても法定相続分(この場合は2分の1)までであれば、相続税は課税されません。 ⇒ ○

12章
相続・事業承継

貸宅地の評価額は自用地評価額×（1－借地権割合）で評価します。1つの道路にしか面していない宅地の自用地評価額は、路線価×奥行価格補正率×地積（面積）で算出します。なお前面道路の200Cとは1㎡あたりの路線価が20万円（1,000円×200）で、借地権割合が70％であることを表しています。

したがって、自用地評価額＝20万円×1.0×1,000㎡＝2億円

貸宅地の評価額＝2億円×（1－0.7）＝6,000万円　となります。

date
／　／　／

12章 相続・事業承継 重要項目

12章｜相続・事業承継　重要項目

●法定相続分の例

配偶者の相続割合	他の相続人の相続割合		
2分の1	第1順位	子	2分の1
3分の2	第2順位	直系尊属	3分の1
4分の3	第3順位	兄弟姉妹	4分の1

●死亡保険金の非課税金額

死亡保険金の非課税金額＝500万円×法定相続人の数※

●相続税の基礎控除額

基礎控除額＝3,000万円＋（600万円×法定相続人の数※）

※法定相続人の数え方

・相続の放棄者がいても、放棄はなかったものとして法定相続人として数に加える
・養子の数は　　　　　実子と養子がいる場合………養子1人まで法定相続人とする
　　　　　　　　　　　実子がいない場合……………養子2人まで法定相続人とする
・特別養子縁組の場合は実子として扱う

●財産ごとの相続税評価額

対象財産	相続税評価額
借地権	自用地評価額×借地権割合
貸宅地（底地）	自用地評価額×（1－借地権割合）
貸家建付地	自用地評価額×（1－借地権割合×借家権割合×賃貸割合）
家屋	固定資産税評価額
貸家	固定資産税評価額×（1－借家権割合×賃貸割合）
使用貸借している土地	自用地評価額

●小規模宅地等の対象面積と減額割合

区分と要件	対象面積	減額割合
特定居住用宅地等	330㎡	80%
特定事業用宅地等	400㎡	80%
貸付事業用宅地等	200㎡	50%

スマホ学習用ファイルのダウンロード方法

　弊社ウェブサイトより、スマホ学習に適したPDFファイルをダウンロードできます。本書に掲載した頻出事項などを収録しています。

※スマートフォンでのPDFファイル閲覧には、各スマートフォンのOSに適合したアプリケーションのインストールや、アップデートなどが必要になる場合があります

1. ウェブサイトにアクセス

　以下のQRコードから、本書のウェブページ［https://bookplus.nikkei.com/atcl/catalog/24/04/15/01355/］にアクセスできます。

　QRコードを使わずにアクセスする場合は、カタログ［https://bookplus.nikkei.com/catalog/］で本書名を入力・検索ください。

2. PDFファイルをダウンロード

　本書のページから、PDFファイルをダウンロードできます。

3. パスワードを入力

　ダウンロードしたPDFファイルを閲覧する際に、パスワードの入力が必要です。

> ファイルのパスワード　fpukr12009

13章

模擬試験

学科

共通

問題／解答・解説

※学科試験はFP協会と金財で共通の問題が出題されます

【第1問】 次の各問1～30を読んで、正しいものまたは適切なものは1を、誤っているものまたは不適切なものは2を選びなさい。

問1　税理士資格を有しないFPが、顧客に対して具体的な税務相談を行った場合でも、無償であれば税理士法に抵触することはない。

問2　定年後の60歳から20年間にわたって、年金以外に毎年100万円を自分の保有財産を取り崩して受け取りたい。年利1.5％で複利運用するとして、60歳時点で必要な金額を求める際に使用する係数は、年金現価係数である。

問3　住宅金融支援機構のフラット35（買取型）では、繰上げ返済を行う際に手数料が必要である。

問4　健康保険の任意継続被保険者となった場合、加入期間は原則として2年間となっている。

問5　特別支給の老齢厚生年金の受給要件は、老齢基礎年金の受給資格期間を満たしており、厚生年金保険の加入期間が1か月以上あり、支給開始年齢に達していることである。

問6　保険契約期間が1年以内の短期の保険契約の場合、クーリング・オフの適用はなく、原則として契約の撤回や解除はできない。

問7　生命保険の見直しの方法の一つである延長（定期）保険は、以後の保険料の払込みを中止して、その時点での解約返戻金をもとに、元の契約の保険期間を変えずに保障額を下げた一時払いの定期保険などに変更するものをいう。

問8　生命保険に付加した傷害特約の保険料は、生命保険料控除の対象となる。

問9　夫が契約者（＝保険料負担者）および満期保険金の受取人、妻が被保険者である生命保険契約において、夫が受け取った満期保険金は所得税の対象となる。

問10　海外旅行傷害保険は、旅行で家を出発してから家に帰るまでに被ったけがによる治療費や死亡などに対して保険金が支払われる。

問11 日銀短観（全国企業短期経済観測調査）の中の業況判断DIは、業況が「良い」「さほど良くない」「悪い」のアンケートの回答を集計し、「良い」と回答した割合から「悪い」と回答した割合を差し引いた値である。

問12 国内の証券取引所に上場している内国株式を普通取引により売買する場合、約定日から起算して４営業日目に決済が行われる。

問13 配当利回りは、１株あたりの配当金の額を１株あたりの当期純利益で割って算出する。

問14 追加型株式投資信託において、収益分配金を支払った後の基準価額が受益者の個別元本よりも低い場合、当該受益者に対する分配金には元本払戻金（特別分配金）が発生しており、元本払戻金は非課税となる。

問15 ポートフォリオ運用において、資産Aと資産Bの２資産に分散投資した場合、両資産の相関係数が１のとき、ポートフォリオのリスクの低減効果が最も高くなる。

問16 退職所得を有する者が「退職所得の受給に関する申告書」を提出し、すでに所得税の源泉徴収がされている場合でも、その退職所得に関して確定申告は必要である。

問17 所得税や相続税及び固定資産税は直接税に該当し、消費税やたばこ税及び酒税は間接税に該当する。

問18 障害者や遺族が受け取る公的年金は非課税である。

問19 所得税において、扶養控除や医療費控除または生命保険料控除等は「所得控除」の対象であり、配当控除や住宅借入金等特別控除は「税額控除」の対象である。

問20 青色事業専従者給与の支払いの対象となる親族は、配偶者控除、配偶者特別控除及び扶養控除の対象にならない。

問21 不動産の登記事項証明書は、対象不動産の所有者以外の者であっても、所定の手数料を納付して交付を請求することができる。

問22 不動産の登記記録における権利部の甲区には所有権以外の権利に関する事項を、乙区には所有権に関する登記事項を記録するものと規定されている。

問23 　事業用定期借地権の利用目的は事業用に限定され、契約は必ず公正証書で行わなければならない。

問24 　用途制限が異なる２つ以上の用途地域にわたって、建築物を建設する場合は、面積が過半を占める用途地域の方の用途制限が適用される。

問25 　「建物の区分所有等に関する法律」（区分所有法）によると、集会の決議は、区分所有者の定数と専有部分の床面積の保有割合から算出する議決権による。

問26 　離婚に伴い慰謝料を受け取った場合や財産分与を受けた場合は、贈与税が課税される。

問27 　相続の限定承認は、相続人全員が共同して家庭裁判所に限定承認の届出を行わなければならない。

問28 　配偶者居住権とは、被相続人の持家に住んでいる配偶者が、被相続人の死亡後もその家に一生涯居住することができる権利のことである。

問29 　相続税の課税価格が、基礎控除額である「3,000万円＋（600万円×法定相続人の数)」以下であっても、相続税の申告は必要である。

問30 　類似業種比準方式とは、事業内容が類似する上場会社の株価をベースに類似業種の「１株あたりの配当金」、「１株あたりの利益金額」、「１株あたりの純資産額」の３つの要素を対象企業と比較して取引相場のない株式を評価する方法である。

【第2問】 次の各問31～60の（　　）内にあてはまる最も適切な文章、語句、数字またはそれらの組合せを1～3の中から選びなさい。

問31 元本を年利2％で10年間複利運用し、10年後に100万円を受け取るために現在必要な金額を求めるには、（　　）を使用する。

1．現価係数
2．終価係数
3．資本回収係数

問32 下記のA図とB図は、住宅ローンの返済方法を示したものである。A図は（　①　）方式を、B図は（　②　）方式を表しており、両図のイの部分は（　③　）を表している。

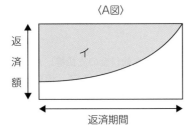
〈A図〉

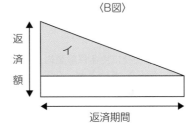
〈B図〉

1．①元利均等返済　②元金均等返済　③元金
2．①元金均等返済　②元利均等返済　③利息
3．①元利均等返済　②元金均等返済　③利息

問33 住宅金融支援機構のフラット35（買取型）は、（　①　）タイプの住宅ローンであり、（　②　）時点での金利が適用される。

1．①固定金利　②融資実行
2．①変動金利　②融資実行
3．①固定金利　②融資申込

問34 健康保険の給付の対象となっている被扶養者とは、原則として年収（　①　）未満（60歳以上の者や障害者の場合は180万円未満）でかつ、被保険者の年収の（　②　）未満である者をいう。

1．①103万円　②2分の1
2．①130万円　②2分の1
3．①130万円　②3分の1

問35 遺族厚生年金の年金額は、被保険者の死亡時点で計算した老齢厚生年金の報酬比例部分の額の （ ① ） 相当額であり、被保険者期間が （ ② ） に満たない場合は （ ② ） で計算する。

1．①3分の2　②480月
2．①4分の3　②400月
3．①4分の3　②300月

問36 国内で事業を行う損害保険会社が破綻した場合、自賠責保険については、原則として損害保険契約者保護機構による保護の対象となり、保険金の （　　） が補償される。

1．80％
2．90％
3．100％

問37 生命保険会社に生命保険契約上の履行義務（保険金や給付金の支払等） が発生する時期を （ ① ） というが、 （ ① ） は、保険会社の承諾を前提として、申込書の提出（申込み）、告知（診査）、 （ ② ） の3つがすべて完了したときとされている。

1．①責任開始日　　②第1回保険料払込み
2．①契約締結日　　②ご契約のしおりの交付
3．①保険義務発生日　②契約確認

問38 生命保険の保険料のうち、将来の死亡保険金の支払いの財源となる純保険料は、 （ ① ） 及び （ ② ） に基づいて計算される。

1．①予定死亡率　②予定利率
2．①予定死亡率　②予定事業費率
3．①予定利率　　②予定事業費率

問39 特定三大疾病保障保険は、特定疾病により所定の状態に該当したときに保険金が支払われるが、この場合の特定疾病とは、一般に （　　） をいう。

1．がん、肝硬変、高血圧性疾患
2．がん、脳梗塞、糖尿病
3．がん、脳卒中、急性心筋梗塞

問40 自動車事故により、個人の契約者（＝被保険自動車の所有者）が受け取った自動車保険の車両保険金は、所得税法上、（　　）となる。

1．一時所得
2．雑所得
3．非課税

問41 一般に、景気の拡大局面（好景気）では物価が上昇して（①）の状態になる傾向があり、相対的に貨幣価値が（②）する。

1．①デフレ　②低下
2．①インフレ　②低下
3．①インフレ　②上昇

問42 日本銀行が買いオペ（買いオペレーション）を行うと、一般に市場の資金量が（①）し、市場金利は（②）する。

1．①減少　②低下
2．①増加　②上昇
3．①増加　②低下

問43 利率や残存期間などの条件が同じ債券を比較した場合、通常、格付けの高い債券ほど価格は（①）、最終利回りは（②）なる。

1．①高く　②高く
2．①低く　②高く
3．①高く　②低く

問44 株式を指値注文によって売却する場合には、希望する価格の（①）を指定するが、その際に同一銘柄に複数の指値の売り注文がある場合には、価格の（②）注文から優先して取引が成立する。

1．①下限　②低い
2．①下限　②高い
3．①上限　②低い

問45 個人が10,000米ドルを日本円に換える際に、交換日のTTSが１米ドル82円、TTBが１米ドル80円であった場合、日本円での受取額は（　　）である。なお、為替手数料や税金は考慮しないこととする。

1. 80万円
2. 81万円
3. 82万円

問46 所得税において土地・建物等に係る譲渡所得及び、上場株式等に係る譲渡所得等は、（　　）の対象となる。

1. 源泉分離課税
2. 総合課税
3. 申告分離課税

問47 不動産所得の計算上、不動産所得の損失金額が500万円、そのうち土地の取得のための借入金の利子が70万円あった場合、損益通算の対象となる金額は（　　）である。

1. 70万円
2. 430万円
3. 500万円

問48 上場株式等を証券会社を通じて譲渡し、譲渡損が発生した場合、確定申告することで翌年以後（　　）にわたって、株式等の譲渡益などから繰越控除ができる。

1. 3年間
2. 5年間
3. 7年間

問49 納税者本人の合計所得金額が（　　）を超える場合、配偶者控除および配偶者特別控除の適用を受けることができない。

1. 800万円
2. 1,000万円
3. 2,000万円

問50　青色申告の申請済みの者で正規の簿記の原則に従って記帳しており、事業的規模に該当する不動産所得や事業所得がある場合には、「青色申告特別控除」として原則、（　①　）、正規の簿記の原則に従って記帳等を行っていない場合、（　②　）を控除することができる。さらに（　①　）の要件を満たした者が、電子情報処理組織（e-Tax）を利用して申告する場合や帳簿を電子データで保存する場合は（　③　）を控除できます。

1．①55万円　②10万円　③65万円
2．①63万円　②20万円　③65万円
3．①65万円　③50万円　③68万円

問51　土地の価格のうち、基準地標準価格は、（　①　）が毎年（　②　）時点を基準日として9月下旬に公表する。

1．①国税庁　　②1月1日
2．①都道府県　②7月1日
3．①都道府県　②1月1日

問52　宅地または建物等の媒介契約のうち、（　①　）では、依頼者は他の宅地建物取引業者に重ねて媒介の依頼をすることも自分で相手を探すこと（自己発見取引）も禁じられているが、（　②　）では、依頼者は他の宅地建物取引業者に重ねて媒介の依頼をすることも自己発見取引も可能である。

1．①一般媒介契約　　　②専属媒介契約
2．①専任媒介契約　　　②専属専任媒介契約
3．①専属専任媒介契約　②一般媒介契約

問53　不動産の売買契約において、買主は不動産の品質や種類に契約内容に適合しない箇所があることを知った日から原則、（　　　）以内に売主に「契約内容に不適合な箇所があること」を通知することで、売主の責任を追及することが可能になる。

1．1年
2．2年
3．3年

問54　固定資産税の住宅用地に対する課税標準の特例の適用により、小規模住宅用地（200㎡以下の部分）については課税標準となるべき価格の（ ① ）の額が課税標準とされ、一般住宅用地（200㎡超の部分）については課税標準となるべき価格の（ ② ）の額が課税標準とされる。

1．①5分の1　②3分の1
2．①6分の1　②3分の1
3．①6分の1　②2分の1

問55　不動産の譲渡所得は、所有期間により長期譲渡所得と短期譲渡所得に分かれ、譲渡した年の（ ① ）時点において所有期間が（ ② ）の場合は長期譲渡所得になる。

1．①1月1日　②5年超
2．①1月1日　②10年超
3．①譲渡日　②10年超

問56　下記の親族関係図において、被相続人が亡くなったときにすでに死亡していた二男Cの代襲相続人である孫Dの法定相続分は、（　　）となる。

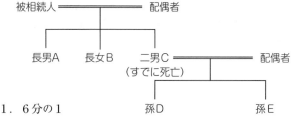

1．6分の1
2．8分の1
3．12分の1

問57 相続税の計算において生命保険金等の非課税限度額を算定するときや、遺産に係る基礎控除額を算定するときに用いられる「法定相続人の数」に含めることのできる養子の数は、原則として、被相続人に実子がいる場合は（ ① ）、被相続人に実子がいない場合は（ ② ）までとなっている。

1．①0人 ②1人
2．①1人 ②2人
3．①2人 ②3人

問58 相続または遺贈により財産を取得した者が（ ）である場合は、相続税の算出税額に20%相当額が加算される。

1．被相続人の父母
2．被相続人の兄弟姉妹
3．被相続人の代襲相続人である孫

問59 相続税における財産評価において、貸家建付地の評価額は、（ ）の算式により評価する。

1．自用地としての評価額×借地権割合
2．自用地としての評価額×（1−借地権割合×借家権割合×賃貸割合）
3．自用地としての評価額×（1−借地権割合）

問60 相続税の財産評価上、「小規模宅地等の相続税の課税価格の特例」の適用を受けた場合、特定事業用宅地等については、（ ① ）までの面積について、相続税評価額が（ ② ）減額となる。

1．①330㎡ ②80%
2．①400㎡ ②50%
3．①400㎡ ②80%

【第1問】
〔ライフプランニングと資金計画〕

問1　2

有償・無償を問わず、具体的な税務相談や税務書類の作成を行うことは税理士業務にあたり、税理士資格を有しないFPが行うことはできません。なお、仮の事例を用いて税金の計算や一般的な税制の説明を行うことは可能です。

問2　1

一定期間にわたって毎年希望する金額を受け取るために必要な金額を求めるときには年金現価係数を使用します（希望する受取額（年金額）×年金現価係数＝必要金額）。

問3　2

住宅金融支援機構のフラット35（買取型）では、繰上げ返済は通常、100万円以上（インターネット経由のサービスでは10万円以上）から可能で、その際、手数料は不要です。

問4　1

健康保険の任意継続被保険者期間は、2年間です。なお、任意継続被保険者になるためには、退職日の翌日から20日以内に申請しなければなりません。

問5　2

特別支給の老齢厚生年金の受給要件は、60歳から65歳に達するまでの者で老齢基礎年金の受給資格期間（10年以上）を満たしており、かつ厚生年金保険の加入期間が1年以上あることです。

〔リスク管理〕

問6　1

保険契約期間が1年以内の短期の契約の場合はクーリング・オフの適用がなく、保険契約の撤回や解除はできません。また、以下のような場合も撤回や解除はできません。

①保険会社の指定した医師の診査が終了している場合
②加入が義務付けられている自賠責保険などの場合

問7　2

問題文は払済保険の説明です。延長（定期）保険とは、以後の保険料の払込みを中止し、その時点での解約返戻金で保険金額を変えないで一時払いの定期保険（保険期間は短くなる）に切り替えることをいいます。

問8　2

傷害特約の保険料は3つの生命保険料控除（一般、個人年金、介護医療）のいずれも対象外です。

問9　1

問題文のように契約者（＝保険料負担者）と満期保険金の受取人が同一人物である生命保険の満期金については、被保険者が誰であっても所得税（一時所得）の対象になります。

問10　1

国内旅行傷害保険や海外旅行傷害保険では、旅行で家を出発してから家に帰るまでに被ったけがによる治療費や死亡、後遺症などに対して保険金（実費）が支払われます。細菌性食中毒などの食中毒についても特約なしで保険金が支払われます。

〔金融資産運用〕

問11　1

業況判断DIは、業況が「良い」「さほど良くない」「悪い」のアンケートの回答を集計し、「良い」と回答した割合から「悪い」と回答した割合を差し引いた値です。日銀短観は3か月に一度、業種別・規模別に分けた企業経営者にアンケートをとり発表されるもので、景気を判断するうえで重要な指標の一つです。

問12　2

取引所に上場している株式を取引した場合、売買した日（約定日）から起算して（約定日を含めて）3営業日目に決済を行います。つまり、株を買った場合、約定日を含めて3営業日目に代金を支払うことになります。

問13　2

問題文は配当性向の算出方法です。配当利回りは1株あたりの年配当金額を株価で割って算出します。

問14　1

追加型株式投資信託において、収益分配金を支払った後の基準価額（分配落ち後の基準価額）が受益者の個別元本よりも低い場合、受益者が受け取る分配金には元本払戻金（特別分配金）が発生しています。なお、元本払戻金は非課税です。

問15　2

ポートフォリオ運用において、資産Aと資産Bの2資産に分散投資した場合、両資産の相関係数が−1（両資産が逆の動きになる）のとき、ポートフォリオのリスクの低減効果が最も高くなります。

〔タックスプランニング〕

問16　2

「退職所得の受給に関する申告書」を提出し、すでに所得税が源泉徴収がされている場合は、その退職所得に関して確定申告は不要です。「退職所得の受給に関する申告書」が提出されていない場合、収入金額の20.42％が源泉徴収されているので、確定申告して精算する必要があります。

問17　1

所得税、相続税、固定資産税、都市計画税などは直接税に該当し、消費税やたばこ税、酒税および印紙税などは間接税に該当します。

問18　1

障害年金や遺族年金は非課税です。なお、老齢年金は雑所得の対象です。

問19　1

扶養控除や医療費控除および生命保険料控除などは「所得控除」であり、配当控除や住宅借入金等特別控除（住宅ローン控除）は「税額控除」です。所得控除は所得金額から差し引いて課税所得金額を減額するもので、税額控除は、算出した税金額から直接差し引くものです。

問20　1

青色事業専従者給与の支払い対象となっている親族は、配偶者控除、配偶者特別控除および扶養控除の対象になりません。

〔不動産〕

問21　1

登記事項証明書の交付請求は、手数料を支払えば誰でも可能であり、オンライン請求も可能です。受取方法は登記所の窓口または郵送により受け取ります。

問22　2

不動産の登記記録における権利部の甲区には所有権に関する登記事項（所有権保存登記など）を、乙区には所有権以外の権利に関する事項（抵当権、賃借権など）を記録するものと規定されています。

問23　1

事業用定期借地権の利用目的は、事業用に限定され、居住用は不可となっています。また、契約は必ず公正証書で行うことになっています。

問24 1
用途制限が異なる２つ以上の用途地域にわたって建築物を建設する場合は、面積が過半を占める（面積が大きい方）用途地域の制限が適用されます。

問25 1
「建物の区分所有等に関する法律」（区分所有法）によると、区分所有者の意思決定は集会の決議により行います。集会の決議は、区分所有者の定数と専有部分の床面積の保有割合から算出する議決権によります。

〔相続・事業承継〕
問26 2
離婚に伴い慰謝料を受け取った場合や財産分与を受けた場合は、贈与税は非課税になります。その他、扶養義務者間（親子間等）における、通常必要な範囲での生活費・教育費の援助、社交上必要と認められる香典、祝物、お見舞金なども原則として贈与税はかからず、非課税です。

問27 1
相続の限定承認は、相続人全員が共同して家庭裁判所に限定承認の届出を行わなければなりません。なお、限定承認は相続の開始を知った日から３か月以内に行わなければなりません。

問28 1
配偶者居住権とは、被相続人の持家に住んでいる配偶者が、被相続人の死亡後もその家に居住することができる権利のことで、原則、配偶者居住権を取得した配偶者は一生涯、無償でその家に住み続けることができます。

問29 2
相続税の課税価格が、基礎控除額である「3,000万円＋（600万円×法定相続人の数)」以下の場合は相続税の申告は不要です。なお、法定相続人の数には、相続を放棄した者も含まれます。

問30 1
類似業種比準方式とは、事業内容が類似する上場会社の株価をベースに類似業種の「１株あたりの配当金」、「１株あたりの利益金額」、「１株あたりの純資産額」の３つの要素を対象企業と比較して、取引相場のない株式（非上場会社の株式）を評価する方法です。

【第2問】
〔ライフプランニングと資金計画〕

問31 1

元本を一定期間複利運用して、一定期間後に目標額を受け取るためには現在いくら必要になるかを求める場合には現価係数を使用します。

・終価係数は元本を一定利率で一定期間運用した場合、元利合計がいくらになるかを計算する場合に使用します。

・資本回収係数は、元本を運用しながら一定期間受け取る場合に、毎年いくらの金額を受け取れるのかを求める場合に使用します。

問32 3

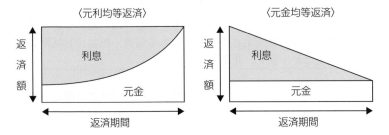

元利均等返済は、毎回の返済額を一定とする返済方法で、当初は利息部分の返済額が多くなります。元金均等返済は元金部分の返済額を一定とする返済方法で、利息は元金の残高によって計算されるので徐々に減少していきます。

問33 1

住宅金融支援機構のフラット35（買取型）は、全期間固定金利タイプの住宅ローンであり、融資実行時点での金利が適用されます。契約申込み時の金利ではありません。

問34 2

健康保険の給付の対象となっている被扶養者とは、原則として年収130万円未満（60歳以上の者や障害者の場合は180万円未満）でかつ、被保険者の年収の2分の1未満である者をいいます。ただし、年収が130万円未満であっても、一定の条件に該当する者は被扶養者にはならず、自ら健康保険に加入しなければなりません。

問35 3

遺族厚生年金の年金額は、被保険者の死亡時点で計算した老齢厚生年金の報酬比例部分の4分の3相当額であり、被保険者期間が300月に満たない場合は300月で計算します。

〔リスク管理〕

問36　3

国内で事業を行う損害保険会社が破綻した場合、自賠責保険、地震保険については、契約した保険金額の100％が補償されます。

問37　1

生命保険会社に生命保険契約上の履行義務（保険金や給付金の支払いなど）が発生する時期を責任開始日といいます。責任開始日は、保険会社の承諾を前提として、申込書の提出、告知または診査、第1回目の保険料の支払いの3つがすべて完了したときとされています。

問38　1

生命保険の保険料のうち、将来の死亡保険金の支払いの財源となる純保険料は、予定死亡率および予定利率に基づいて計算されます。予定事業費率は保険を運営・維持するために必要となる付加保険料を算出するための基礎率です。

問39　3

特定三大疾病保障保険は、がん、脳卒中、急性心筋梗塞の三大生活習慣病にかかった場合に、所定の状態と診断されれば、生存期間中でも死亡保険金と同額の保険金を受け取ることができます。

問40　3

個人の契約者が受け取った自動車保険の車両保険金や火災保険の保険金、傷害保険、所得補償保険などから支払われる保険金は非課税です。また、対人賠償責任保険、対物賠償責任保険などの損害賠償に対する保険金も非課税です。

〔金融資産運用〕

問41　2

一般に、景気の拡大局面（好景気）では消費が増えるので物価が上昇してインフレの状態になる傾向があります。物価が継続的に上昇していくので、結果的に貨幣価値は低下していきます。

問42　3

日本銀行が買いオペ（買いオペレーション）を行うと、一般に市場に資金を供給することになるので、市場の資金量が増加し、資金が余ってくるので市場金利は低下傾向となります。

問43　3

利率や残存期間などの条件が同じ債券を比較した場合、通常、格付けの高い債券ほど信用があるので価格は高くなり、購入価格が高くなる分、最終利回りは低くなります。

問44 1

株式の売り注文で指値で注文を出す場合には、希望する価格の下限を指定して注文を行います。例えば1,000円以上で売りたい場合は1,000円の指値で注文を出せば、1,000円未満で取引が成立することはありません。また、同一銘柄に複数の指値の売り注文がある場合には、最も価格の低い注文から優先して取引が成立します。これを価格優先の原則といいます。なお、同一銘柄に成行注文があれば、指値注文より成行注文が優先されます。

問45 1

外貨を円に換金する（顧客が円を買う）場合にはTTBのレートを用いるので、10,000米ドル×80円＝80万円となります。（円を外貨に換金する場合は、TTSのレートを用いる）

なお、外貨を日本円に換金する場合に、円を外貨に交換したときより為替が円安になっていれば為替差益が、円高になっていれば為替差損が発生します。

〔タックスプランニング〕

問46 3

土地・建物等にかかる譲渡所得および、上場株式等にかかる譲渡所得等は、申告分離課税の対象となります。

問47 2

損失が発生した場合に他の所得と損益通算の対象となる所得は、原則として不動産所得、事業所得、山林所得、譲渡所得ですが、不動産所得の計算上、土地の取得のための借入金の利子は損益通算の対象とはなりません。したがって、損益通算できる不動産所得は500万円－70万円で430万円となります。

問48 1

上場株式等を証券会社を通じて譲渡し、譲渡損が発生した場合、確定申告することで翌年以後3年間にわたって、株式等の譲渡益などから繰越控除ができます。繰越控除の適用を受けるためには毎年確定申告が必要です。

なお、非上場株式の譲渡損失は繰越控除の対象外です。

問49 2

納税者本人の合計所得金額が1,000万円を超える場合、配偶者控除および配偶者特別控除のどちらも適用を受けることができません。

問50 1

青色申告の申請済みの者で正規の簿記の原則に従って記帳しており、事業的規模に該当する不動産所得や事業所得がある場合には、「青色申告特別控除」として、原則、55万円を控除できます。さらに55万円の青色申告特別控除の要件を満たした者が、電子情報処理組織（e-Tax）を利用して申告する場合や、帳簿を電子データで保存する場合は65万円控除できます。正規の簿記の原則

に従って記帳を行っていない場合や山林所得などは10万円を控除することができます。なお、青色申告をしようとする年の3月15日（1月16日以後に事業を開始する場合は開始後2か月以内）までに「青色申告承認申請書」を税務署に提出し、承認を受けることが必要です。

〔不動産〕

問51　2

基準地標準価格は、都道府県が毎年7月1日時点を基準日として9月下旬に公表します。基準地標準価格は公示価格の補完的な価格で、評価水準は公示価格の100％です。

問52　3

専属専任媒介契約では、依頼者は他の宅地建物取引業者に重ねて媒介の依頼をすることも自分で相手を探すこと（自己発見取引）も禁じられています。一般媒介契約では、依頼者は他の宅地建物取引業者に重ねて媒介の依頼をすることも自己発見取引も可能です。なお、専任媒介契約では他の宅地建物取引業者に重ねて媒介の依頼をすることは禁止されていますが、自己発見取引は可能です。

問53　1

不動産の売買契約において、買主は不動産の品質や種類について、契約内容に不適合な箇所があることを知った日から原則、1年以内に、契約内容に不適合な箇所があることを売主に通知することで、売主の責任を追及することが可能になり、補修や減額請求、契約の解除が可能になります。また、売主に責任がある場合、損害賠償請求も可能です。

問54　2

固定資産税の住宅用地に対する課税標準の特例の適用により、小規模住宅用地（200㎡以下の部分）については固定資産税評価額が6分の1に、一般住宅用地（200㎡超の部分）については固定資産税評価額が3分の1に軽減されます。

問55　1

不動産の譲渡所得は、譲渡した年の1月1日時点において所有期間が5年超の場合は長期譲渡所得になり、5年以下の場合は短期譲渡所得になります。
長期譲渡所得の場合、税率は20％（復興税込みで20.315％）、短期譲渡所得の場合は39％（復興税込みで39.63％）となります。

〔相続・事業承継〕

問56　3

本来、配偶者と長男A及び長女B、二男Cが法定相続人となりますが、二男Cがすでに死亡しているので、孫D、孫Eが二男Cの代襲相続人となります。
結果的に配偶者と子が法定相続人となるので、配偶者の法定相続分は2分の1、

残り２分の１を長男A、長女Bと二男Cの代襲相続人である孫DとEで相続します。長男Aと長女Bは２分の１×３分の１で６分の１、本来二男Cも６分の１が相続分となるので、それを孫DとEで２分し、12分の１となります。

問57　2

「法定相続人の数」に含めることのできる養子の数は、原則として、被相続人に実子がいる場合は１人、被相続人に実子がいない場合は２人までとなっています。なお、特別養子縁組の場合は実子扱いになります。

問58　2

相続または遺贈により財産を取得した者が、配偶者または被相続人の一親等の血族（子・父母）以外である場合には、その相続税額に20％相当額を加算します。兄弟姉妹は二親等なので20％が加算されます。なお、代襲相続人は本来の相続人（被相続人の子）と同じ扱いとなるので、20％加算の対象ではありません。

問59　2

相続税における財産評価において、貸家建付地の評価額は、「自用地評価額×（１－借地権割合×借家権割合×賃貸割合）」で算出した額となります。なお、借地権の評価は「自用地評価額×借地権割合」、貸宅地の評価額は「自用地評価額×（１－借地権割合）」で算出します。

問60　3

相続税の財産評価上、「小規模宅地等の相続税の課税価格の特例」の適用を受けた場合、特定事業用宅地等については、400㎡までの面積について、相続税評価額が80％減額されます。

区分と要件	対象面積	減額割合
特定事業用宅地等 <要件> ・取得した親族が被相続人の事業を引き継ぎ、相続税の申告期限まで宅地を所有し、事業を継続していること ・相続開始前３年以内に新しく事業に使用された宅地等については、原則、特定事業用宅地等の特例の対象から除外	400㎡	80％
特定居住用宅地等 <要件> ・被相続人の居住用で、取得者が配偶者の場合 ・取得者が配偶者以外の同居親族の場合、相続税の申告期限まで宅地を所有し、居住を継続している場合など	330㎡	80％
貸付事業用宅地等（不動産貸付を行っている宅地） <要件> ・相続税の申告期限までに貸付事業を継続すること	200㎡	50％

14章

模擬試験

実技

金財・個人資産相談業務
問題／解答・解説

【第1問】 次の設例に基づいて、下記の 問1 ～ 問3 に答えなさい。

≪ 設 例 ≫

　　X社に勤務するAさんは、妻Bさんおよび長男Cさんとの3人暮らしである。Aさんは、大学生である長男Cさんのもとに日本年金機構から「国民年金被保険者資格取得届」が届いたことを機に、学生の国民年金保険料については学生納付特例制度が設けられていると聞いたことがあり、この制度について知りたいと考えている。そこで、Aさんは、公的年金制度について、ファイナンシャル・プランナーのMさんに相談することにした。

　　Aさんおよびその家族に関する資料は、以下のとおりである。

〈Aさんおよびその家族に関する資料〉
（1）Aさん（会社員）
生年月日：1960年4月20日
厚生年金保険、全国健康保険協会管掌健康保険、雇用保険に加入している。

〔公的年金の加入歴（見込みを含む）〕

1980年4月	1983年4月		2020年4月
国民年金 任意未加入期間 36月	厚生年金保険 被保険者期間 444月		厚生年金保険 被保険者期間 60月（加入見込み）
20歳	23歳	60歳	65歳

（2）妻Bさん（専業主婦）
生年月日：1963年5月3日
高校卒業後から30歳でAさんと結婚するまでは厚生年金保険に加入。結婚後は第3号被保険者として国民年金に加入している。

（3）長男Cさん（大学生）
生年月日：2004年6月5日

※妻Bさんは、現在および将来においても、Aさんと同居し、生計維持関係にあるものとする。
※家族全員、現在および将来においても、公的年金制度における障害等級に該当する障害の状態にないものとする。

問1 Mさんは、国民年金の学生納付特例制度について説明した。Mさんが、Aさんに対して説明した以下の文章の空欄①～③に入る語句の組合せとして最も適切なものは、次のうちどれか。

「日本国内に住所を有する20歳以上（ ① ）未満の方は、原則として、国民年金の被保険者となります。長男Cさんは、第1号被保険者として国民年金に加入し、国民年金の保険料の納付義務を負うことになります。なお、保険料の納付が困難な場合、一定の要件のもとに保険料の納付が猶予される学生納付特例制度を利用することができます。この学生納付特例制度により納付が猶予された保険料は、所定の手続により、（ ② ）前までさかのぼって追納することができますが、保険料を追納しなかった場合、納付が猶予された期間は、老齢基礎年金の（ ③ ）には反映されませんのでご注意ください」

1．①60歳　②2年　③受給資格期間
2．①60歳　②10年　③年金額
3．①65歳　②10年　③受給資格期間

問2 Mさんは、Aさんおよび妻Bさんに係る公的年金制度の老齢給付の概要を図示した。Mさんが、Aさんに示した以下の図表の空欄①～③に入る語句の組合せとして最も適切なものは、次のうちどれか。

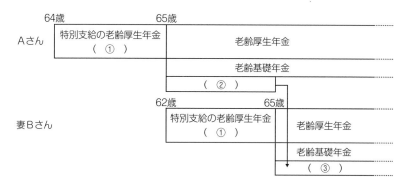

1．①報酬比例部分　②振替加算　③加給年金
2．①報酬比例部分　②加給年金　③振替加算
3．①定額部分　②加給年金　③特別加算

Mさんは、Aさんおよび妻Bさんに係る公的年金についてアドバイスした。MさんのAさんに対するアドバイスとして、次のうち最も適切なものはどれか。

1．「Aさんが65歳以後も厚生年金保険の被保険者としてX社に勤務した場合、老齢厚生年金は、在職老齢年金の仕組みにより、年金額の一部が支給停止となる場合があります」
2．「国民年金の第3号被保険者が出産する場合、原則、出産予定日の前月から4か月間、国民年金保険料の支払いが免除される制度があります」
3．「国民年金の第3号被保険者である妻Bさんは月額400円の国民年金の付加保険料を納付することができ、その場合、妻Bさんは、老齢基礎年金の受給時に付加年金を受給することができます」

【第2問】次の設例に基づいて、下記の 問4 ～ 問6 に答えなさい。

-------- ≪ 設 例 ≫ --------

　会社員のＡさん（45歳）は、証券会社の担当者から、『新NISA口座』を利用した資産運用について提案を受けた。Ａさんは以前から興味を持っていたＸ株式会社の株式（以下、「Ｘ社株式」という）を購入したいと考えており、購入にあたって株式投資の仕組みや株式に関する各種投資指標について知りたいと思っている。また、Ａさんは外貨預金についても預入を検討している。そこで、Ａさんは、ファイナンシャル・プランナーのＭさんに相談することにした。

　Ａさんが購入を検討しているＸ社株式に関する資料は、以下のとおりである。

〈Ｘ社株式に関する資料〉
・業種：食品小売業
・特徴：地域に密着した営業を展開
・株価：500円
・当期純利益　　　　　：40億円
・純資産（自己資本）：800億円
・発行済株式数　　　：2億株
・前期の配当金の額（年額）：8円（1株当たり）

〈Ａさんが預入れを検討している外貨預金に関する資料〉
・米ドル建定期預金（為替予約なし）
・預入期間　　　：1年
・利率（年率）　：0.5％（満期時一括支払）

※上記以外の条件は考慮せず、各問に従うこと。

Mさんは、2024年中の新NISA（つみたて投資枠と成長投資枠）について説明した。Mさんが、Aさんに対して説明した以下の文章の空欄①～④に入る語句の組合せとして最も適切なものは、次のうちどれか。

「新NISAは、個人投資家が新NISA口座を利用して上場株式等に投資する場合に配当等や譲渡益等が非課税となる税制優遇制度です。2024年中に新NISA口座の成長投資枠でX社株式を購入する場合、非課税枠の上限は（　①　）となり、その非課税期間は（　②　）となります。なお、つみたて投資枠の非課税枠の上限は年間（　③　）です。また、つみたて投資枠のみで生涯投資枠の1,800万円まで投資することは（　④　）」

1．①120万円　②20年間　③240万円　④できます。
2．①240万円　②無期限　③120万円　④できます。
3．①240万円　②無期限　③80万円　④できません。

問5　Mさんは、株式投資の仕組みについて説明した。MさんのAさんに対する説明として、次のうち最も適切なものはどれか。

1．「国内上場株式を売買する際には、証券会社に対して売買委託手数料を支払うことになりますが、この手数料はどの証券会社であっても同じ額です」
2．「指値注文により国内上場株式を買い付ける場合、指値注文は成行注文に優先するため、売買が成立しやすくなります」
3．「指値注文により国内上場株式を買い付ける場合、想定していた価格より低い価格で売買が成立する可能性があります」
4．X社は前期に1株当たり8円の配当金を払っているが、配当金の額は会社の定款で定められているので、決算期ごとに同額が支払われます。

問6　Aさんが、《設例》および下記の〈資料〉の条件で、為替予約を付けずに円貨を外貨に交換して10,000米ドルを外貨預金に預け入れ、満期時に円貨で受け取った場合における元利金の合計額として、次のうち最も適切なものはどれか。なお、税金は考慮しないものとする。

〈資料〉満期時における適用為替レート（円／米ドル）
TTS：112円　TTM：111円　TTB：110円

1．1,105,500円　　2．1,115,550円　　3．1,125,600円

【第3問】 次の設例に基づいて、下記の 問7 ～ 問9 に答えなさい。

≪ 設 例 ≫

　会社員のAさん（48歳）は、妻Bさん（45歳）および長男Cさん（18歳）との3人暮らしである。Aさんは、2024年中に入院治療を受けたため、これに係る医療費について医療費控除の適用を受けたいと考えている。
　Aさんの2024年分の収入等に関する資料等は、以下のとおりである。

〈Aさんの家族構成〉
・Aさん　　　：会社員
・妻Bさん　　：2024年中にパートタイマーとして給与収入125万円を得ている。
・長男Cさん：高校生（18歳）。2024年中に収入はない。

〈Aさんの2024年分の収入等に関する資料〉
・給与収入の金額　　　　　：700万円
・不動産の賃貸収入の金額：170万円（不動産の賃貸収入に係る必要経費は60万円）

〈Aさんが2024年中に支払った医療費に関する資料〉
・Aさんの入院治療費の金額：20万円
上記はすべて医療費控除の対象となる医療費である。なお、Aさんはこの入院治療費について、医療保険から入院給付金7万円を受け取っている。

※妻Bさんおよび長男Cさんは、Aさんと同居し、生計を一にしている。
※家族は、障害者および特別障害者には該当しない。
※家族の年齢は、2024年12月31日現在のものである。

※上記以外の条件は考慮せず、各問に従うこと。

問7　Aさんの2024年分の所得税に関する次の記述のうち、最も不適切なものはどれか。

1．妻Bさんの2024年中の給与収入の金額が103万円以上であるため、Aさんは、妻Bさんについて配偶者控除の適用を受けることができない。
2．Aさんは、長男Cさんについて、特定扶養親族として、63万円の控除を受けることができる。
3．不動産所得の金額については、20万円を超えているため、Aさんは、所得税の確定申告をしなければならない。

Aさんの2024年分の総所得金額は、次のうちどれか。なお、Aさんは青色申告の承認を受けていないものとする。

〈資料〉給与所得控除額

給与収入金額	控除額
162万5000円以下	55万円
162万円超180万円以下	収入金額×40%−10万円
180万円超360万円以下	収入金額×30%＋8万円
360万円超660万円以下	収入金額×20%＋44万円
660万円超850万円以下	収入金額×10%＋110万円
850万円超	195万円

1．520万円　　2．630万円　　3．800万円

Aさんの2024年分の医療費控除の金額は、次のうちどれか。

1．20万円−7万円−10万円＝3万円
2．20万円−10万円＝10万円
3．20万円−7万円＝13万円

【第4問】 次の設例に基づいて、下記の 問10 ～ 問12 に答えなさい。

------------------------------------ ≪ 設 例 ≫ ------------------------------------

　Aさん（62歳）は、5年前に父親の相続により取得した甲土地と乙土地を保有している。甲土地は、父親が存命中から青空駐車場として賃貸しており、乙土地は更地になっている。

最近になって、Aさんは、デベロッパーのX社から「甲土地は、最寄駅から徒歩3分で、都心へのアクセスがよい。需要が見込めるので、甲土地を賃貸アパートでの有効活用を考えてみませんか」と提案を受けた。

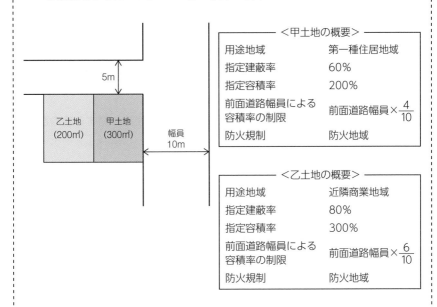

<甲土地の概要>

用途地域	第一種住居地域
指定建蔽率	60%
指定容積率	200%
前面道路幅員による容積率の制限	前面道路幅員×$\frac{4}{10}$
防火規制	防火地域

<乙土地の概要>

用途地域	近隣商業地域
指定建蔽率	80%
指定容積率	300%
前面道路幅員による容積率の制限	前面道路幅員×$\frac{6}{10}$
防火規制	防火地域

・甲土地は、建蔽率の緩和について特定行政庁が指定する角地である
・指定建蔽率および指定容積率とは、それぞれ都市計画において定められた数値である

上記以外の条件は考慮せず、各問に従うこと。

甲土地上に賃貸アパート（耐火建築物）を建築する場合の法令上の規制に関する以下の文章の空欄①～③に入る語句の組合せとして最も適切なものは、次のうちどれか。

建蔽率は、建築物の（　①　）の敷地面積に対する割合のことである。建蔽率は、都市計画により上限が定められているが、所定の条件を満たすことにより、その上限が緩和されることがある。甲土地については、指定建蔽率が60％の地域であるが、特定行政庁が指定する角地にあり、防火地域内で耐火建築物を建てる場合、建蔽率の上限は緩和され、（　②　）加算される。なお、乙土地にような建蔽率が80％の地域で、防火地域内で耐火建築物を建てる場合、建蔽率は（　③　）になる。

1．①建築面積　　②20％　③100％
2．①建築面積　　②10％　③90％
3．①延べ床面積　②20％　③100％

問11　Aさんが賃貸アパートを建築・保有する場合の税金に関する次の記述のうち、最も適切なものはどれか。

1．不動産取得税の標準税率は、5％である。
2．Aさんが建築した賃貸アパートの建物について所有権の保存登記を行う場合、登録免許税は課されない。
3．Aさんが建築した賃貸アパートの建物およびその敷地に係る固定資産税の課税標準の基礎となる価格（固定資産税評価額）の評価替えは、原則として、3年に1度行われる。

問12　Aさんが甲土地に賃貸アパートを建築する場合の①最大建築面積および②最大延べ床面積は、次のうちどれか。

1．①210㎡　②600㎡
2．①240㎡　②600㎡
3．①240㎡　③1,200㎡

【第5問】 次の設例に基づいて、下記の 問13 ～ 問15 に答えなさい。

≪ 設 例 ≫

Aさんは、2024年8月に病気により75歳で死亡した。Aさんは、妻Bさんおよび長女Cさんとの3人暮らしであった。長男Dさんは結婚し、独立している。Aさんは生前に自筆証書遺言を作成しており、その内容に従い、Aさんの自宅は妻Bさんが相続する予定であるが、他の財産については遺言書には記載されておらず、相続人で協議を行うこととなった。

Aさんの親族関係図および主な財産の状況等は、以下のとおりである。

〈Aさんの親族関係図〉

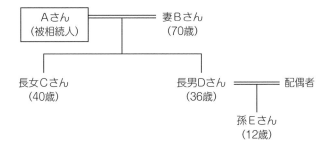

〈Aさんの主な財産の状況（相続税評価額）〉
・預貯金 ：5,000万円
・有価証券：4,000万円
・自宅の敷地（350㎡）：9,800万円
（「小規模宅地等についての相続税の課税価格の計算の特例」適用前）
・自宅の建物 ：2,000万円

〈Aさんが加入していた生命保険契約に関する資料〉
保険の種類 ：終身保険
契約者（＝保険料負担者）・被保険者：Aさん
死亡保険金受取人：妻Bさん
死亡保険金額 ：2,000万円

〈妻Bさんが2024年中に行うことを予定している贈与の内容〉
・長女Cさんに対して、現金500万円を贈与する予定である。
・長男Dさんに対して、現金3,000万円を贈与する予定である。

相続開始後の手続きに関する次の記述のうち、最も不適切なものはどれか。

1．自宅で自筆証書による遺言書を発見した相続人は、相続の開始を知った後、遅滞なく、その遺言書を家庭裁判所に提出してその検認を請求しなければならない。
2．協議により遺産を分割するためには、共同相続人全員が分割の内容について合意する必要がある。
3．相続税の申告は、原則として、相続人が相続の開始があったことを知った日の翌日から4か月以内に行わなければならない。

問14　Aさんの相続に係る相続税に関する次の記述のうち、最も不適切なものはどれか。

1．妻Bさんが「配偶者に対する相続税額の軽減」の適用を受けるためには、Aさんの相続開始時において、Aさんとの婚姻期間が20年以上でなければならない。
2．妻Bさんが取得した死亡保険金に係る生命保険金の非課税限度額は、「500万円×法定相続人の数」の算式により算出する。
3．妻Bさんが相続税の申告期限までに、相続した自宅の敷地および建物を売却した場合、「小規模宅地等における特定居住用宅地等の特例」を受けることができる。

問15　長男Dさんが、2024年中にBさんから現金3,000万円の贈与を受け、この贈与について相続時精算課税を選択した場合の長男Dさんの2024年分の贈与税額は、次のうちどれか。なお、長男Dさんは、この贈与以外に過去および2024年中に財産の贈与を受けていないものとする。

1．（3,000万円 − 2,500万円）× 10% = 50万円
2．（3,000万円 − 110万円 − 2,500万円）× 20% = 78万円
3．（3,000万円 − 110万円 − 2,000万円）× 20% = 178万円

実技　金財・個人資産相談業務（解答・解説）

【第1問】

問1　2

①国民年金の被保険者（加入者）は日本国内に住所がある20歳以上60歳未満のすべての者が対象です。

②学生納付特例制度により納付を猶予された保険料は、過去10年前までさかのぼって追納できます。

③学生納付特例制度により保険料を猶予された期間は、老齢基礎年金の受給資格期間にはカウントされますが、年金額には反映されません（追納しないと年金額は増えません）。

問2　2

①Aさんと妻Bさんは老齢基礎年金の受給資格期間（10年以上）を満たしており、厚生年金にも1年以上加入しているので、特別支給の老齢厚生年金を受給できます。Aさんは1960年4月20日生まれなので、特別支給の老齢厚生年金の報酬比例部分を64歳から受給できます。妻Bさんは、1963年（昭和38年）5月3日生まれなので、63歳から特別支給の老齢厚生年金の報酬比例部分を受給できます。

②厚生年金の被保険者期間が20年以上で、65歳未満の配偶者がいる場合には、加給年金が加算されます。加給年金はこの場合、65歳以降の老齢厚生年金の支給開始時期から妻Bさんが65歳になって自身の老齢基礎年金が受給できるようになるまで、Aさんの老齢基礎年金に加算されます。

③妻Bさんが65歳になって、自身の老齢基礎年金が受給できるようになると加給年金は支給されなくなりますが、代わりに妻Bさんに振替加算が支給されるようになります。

問3　1

1. 適切　60歳以後に厚生年金の適用事業者で働きながら老齢厚生年金を受給する場合、在職老齢年金の仕組みにより、老齢厚生年金は、基本月額（月々の年金の額）と総報酬月額相当額（月々の賃金の平均）の合計が50万円を超える場合、50万円を超える金額の2分の1相当額の厚生年金が支給停止になります。

2. 不適切　国民年金の第1号被保険者が出産する場合、原則、出産予定日ま

たは出産日の前月から4か月間、国民年金保険料の支払いが免除され、その期間分の保険料は納付済みと見なされます。

3. **不適切** 付加年金に加入できるのは、国民年金の第1号被保険者（自営業者や学生など）のみです。国民年金の第1号被保険者は、月額400円を納付することで、老齢基礎年金に付加年金として「200円×付加年金に加入した月数」の金額を上乗せして受給できます。

【第2問】

問4　2

①2024年中に新NISA口座の成長投資枠で投資する場合の非課税枠の上限は1年あたり240万円です。

②非課税期間は無期限です。

③つみたて投資枠の非課税枠は年120万円までです。

④生涯投資枠は1,800万円となっており、つみたて投資枠のみで1,800万円まで投資できます。

一方、成長投資枠のみに投資する場合、1,200万円が上限になります。

問5　3

1. **不適切** 株式の売買手数料は、証券会社ごとに自由に設定できるので、同額ではありません。

2. **不適切** 上場株式の注文方法には指値注文（値段を指定して注文する）と成行注文（値段を指定しないで注文する）があり、成行注文の方が優先されます。

3. **適切** 株式の買い注文を指値で行う場合、買いたい値段の上限を指定して注文を行うので、注文値段より安い価格で取引が成立する場合もあります。なお、売り注文を指値で行う場合は、注文値段より高い値段で売れる場合もあります。

4. **不適切** 配当金額は業績などに応じて増減するので、一定額が支払われるわけではありません。

問6　1

顧客が円を外貨に換える際はTTS、顧客が外貨を円に換える際はTTBを用います。したがって、満期時の円換算する場合の為替レートは110円を用います。

１年後の米ドルベースでの利子は、10,000米ドル×0.5％＝50米ドル。満期時の米ドルベースの元利合計額は、10,000米ドル＋50米ドル＝10,050米ドル。円換算での元利合計額＝10,050米ドル×110円＝1,105,500円。

【第３問】

問７　2

1. 適切　配偶者控除は、納税者の合計所得金額が1,000万円以下で配偶者の収入が給与のみの場合、年収103万円以下（所得金額では48万円以下）であれば、配偶者控除の対象です。妻Ｂさんの給与収入は125万円なので、配偶者控除の適用を受けることはできません。なお、Ａさんの合計所得金額が1,000万円以下で妻Ｂさんの合計所得金額が133万円以下であれば配偶者特別控除の適用は受けられます。

2. 不適切　特定扶養控除は19歳以上23歳未満の者が対象で、控除額は63万円です。長男のＣさんは、18歳なので一般の扶養控除（38万円控除）の対象です。

3. 適切　給与所得者であっても以下の場合は確定申告が必要です。
   ・年間給与等の収入額が2,000万円を超える者
   ・給与所得および退職所得以外の所得金額が20万円を超える場合　など
   Ａさんは不動産所得を20万円以上得ているので、確定申告が必要です。

問８　2

Ａさんの所得は、給与所得と不動産所得の２つです。給与所得は給与収入－給与所得控除で算出します。

給与所得控除額＝700万円×10％＋110万円＝180万円

給与所得＝700万円－180万円＝520万円

不動産所得は不動産収入－必要経費で算出します。

$$＝170万円－60万円$$
$$＝110万円$$

以上より、Ａさんの総所得金額＝520万円＋110万円＝630万円。

問９　1

医療費控除額＝（１年間に支払った医療費の合計額－生命保険などで補填された金額）－（10万円または総所得金額の５％の少ない方の金額）で算出します。

Ａさんの総所得金額は630万円なので、630万円の５％は31万5,000円となり、

少ない方の10万円を差し引きます。したがって、医療費控除額＝20万円－7万円－10万円＝3万円。なお、医療費控除は生計を一にする妻Bさんや長男Cさんなどの家族の医療費をAさんが支払った場合、その金額も対象です。

【第4問】

問10　1

建蔽率とは、敷地面積に対する建築面積の割合のことです。特定行政庁が指定する角地にある場合、建蔽率は10％緩和され、さらに、建蔽率が80％以外の地域で防火地域内に耐火建築物を建てる場合や準防火地域に耐火建築物・準耐火建築物を建てる場合、建蔽率の上限は10％緩和され、合計で20％加算されます。

なお、近隣商業地域等の建蔽率が80％の地域で、防火地域内で耐火建築物を建てる場合、建蔽率は制限がなくなり100％になります。また、容積率は緩和されません。

問11　3

1．不適切　不動産取得税の標準税率は4％です。ただし、土地や住宅用の建物の場合は、3％です。

2．不適切　登録免許税は、所有権の保存登記や移転登記、抵当権の設定登記等を行う場合に課税されます。

3．適切　固定資産税評価額は、固定資産税や不動産取得税、都市計画税を算出する基準になるもので、評価額は3年ごとに見直されます。なお、評価額の水準は公示価格の70％程度です。

問12　2

【最大建築面積】

最大建築面積は敷地の面積×建蔽率で計算します。甲土地の指定建蔽率は60％ですが、上記の通り、20％緩和されて80％になります。

したがって、最大建築面積＝300㎡×80％＝240㎡になります。

【最大延べ床面積】

最大延べ床面積は敷地の面積×容積率で計算します。なお、宅地の面する前面道路の幅員（道路幅）が12m未満の場合、容積率は指定容積率（200％）と前面道路の幅員×$\frac{4}{10}$（住居系地域の場合）を比較して、小さい方が容積率にな

ります。

なお、敷地が2つの道路に面している場合、幅員が広い方が前面道路となるので、このケースでは10mです。

$10\text{m} \times \dfrac{4}{10} \times 100 = 400\%$。つまり、このケースでは小さい方の200%が容積率になります。

したがって、最大延べ床面積＝300㎡×200％＝600㎡

【第5問】

問13　3

1．**適切**　自筆証書遺言書を発見した相続人は、原則として自筆証書遺言書を家庭裁判所に提出して、検認を受ける必要があります。ただし、自筆証書遺言が法務局で保管されている場合、家庭裁判所での検認は不要です。また、公正証書遺言は公証人役場に保管されているので検認不要です。

2．**適切**　協議分割は、共同相続人全員の協議により分割する方法です。法定相続分通りに分割する必要はありませんが、分割の内容について共同相続人全員の合意が必要で、協議成立後は遺産分割協議書を作成し、共同相続人全員が署名・押印します。

3．**不適切**　相続税の申告期限は、相続開始があったことを知った日の翌日から10か月以内です。なお、被相続人に所得があった場合、確定申告が必要（準確定申告という）ですが、準確定申告の期限は、相続開始があったことを知った日の翌日から4か月以内です。

問14　1

1．**不適切**　「配偶者に対する相続税額の軽減」は、配偶者が財産を取得した場合に、法定相続分相当額、または1億6,000万円のいずれか多い方の金額までは、相続税がゼロになる特例です。適用要件に婚姻期間による制限はなく、婚姻期間が短期間であっても適用されます。なお、「配偶者に対する相続税額の軽減」を適応する場合、相続税額が結果的にゼロとなる場合でも、相続税の申告は必要です。

2．**適切**　契約者（＝保険料負担者）・被保険者 が同じAさん、死亡保険金の受取人が妻Bさんの場合、相続税の対象となり、妻Bさんが受け取った生命保険金は、「500万円×法定相続人の数」までは非課税です。

3．**適切**　配偶者が自宅の敷地および建物を相続した場合、相続税の申告期限

前にその敷地等を売却した場合でも、「小規模宅地等における特定居住用宅地等の特例」を受けることができます。なお、Aさんの自宅敷地（350㎡）、相続税評価額（9,800万円）について、「小規模宅地等における特定居住用宅地等の特例」を受けることで、減額される金額は以下の通りです。

$$9,800万円 \times \frac{330㎡}{350㎡} \times 80\% = 7,392万円$$

問15　2

相続時精算課税の適用を受けた場合、110万円の基礎控除の適用を受けることができます。累計の贈与額がこの110万円を除いて2,500万円を超えた場合、超えた金額に対して20％の贈与税が課税されます。なお、相続時精算課税の適用を受けた財産は、基礎控除の110万円を除いて相続があったときに贈与時の時価で相続財産と合算し、相続税を算出します。

15章
模擬試験

実技

FP協会・資産設計提案業務
問題／解答・解説

【第1問】下記の問1について答えなさい。

問1　ファイナンシャル・プランナー（FP）が業務を行うにあたっては、関連業法を遵守することが重要である。FPが押さえておくべき関連業法に関する記述のうち、最も適切なものはどれか。

1. 金融商品取引業者でないFPが、顧客の希望により景気動向等の投資の前提となる情報を提供した。
2. 弁護士資格等のないFPが無償で顧客の遺言書作成の手続きを行った。
3. 税理士資格を有していないFPが、無償で相談者の確定申告のための書類作成を行った。

【第2問】次の設例に基づいて、下記の各問2〜4に答えなさい。

----- ≪ 設 例 ≫ -----

鈴木さんは、大学卒業後16年間の会社勤めの後独立し、現在まで自営業を営んできた。

〔鈴木さんの勤務実績と家族構成〕

鈴木さん　1960年（昭和35年）10月16日生まれ、自営業者
　　　　　1983年（昭和58年）4月から1999年（平成11年）3月まで民間の企業に勤務。その後現在に至るまで個人事業主である。
妻　　　　1963年（昭和38年）2月11日生まれ、専業主婦
鈴木さん夫妻には25歳になる長男がいる。

問2　鈴木さんの長男は司法試験の勉強のために勤務先を退職する予定である。これを受けて、鈴木さんは雇用保険についてFPに相談した。雇用保険に関する次の記述のうち、誤っているものはどれか。

1. 雇用保険の基本手当の受給要件として、自己都合による退職の場合は、離職の日以前2年間に、原則として、被保険者期間が12か月以上あることとなっている。
2. 基本手当の給付日数は退職理由や被保険者期間、離職時の年齢などにより異なる。
3. 自己都合による退職の場合、基本手当の受給にあたって7日間の待期期間後、さらに1か月間は支給されない。

問3 国民年金保険料の納付に関する次の文章の空欄①〜③に入る語句または数値の組合せとして適切なものはどれか。

　2024年度の国民年金の月額保険料は（　①　）だが、その国民年金の保険料に月額（　②　）の付加年金保険料を納付することで将来の年金を増やすことができる。付加年金の受給額は（　③　）×付加保険料納付月数で計算され、老齢基礎年金に上乗せして支給される。

1．①1万6,520円　②200円　③400円
2．①1万6,980円　②200円　③400円
3．①1万6,980円　②400円　③200円

問4 鈴木さんは国民年金基金の加入を検討している。国民年金基金に関する記述について、誤っているものはどれか。

1．加入対象者は、国民年金の第1号被保険者で、国民年金保険料の滞納者などは加入できない。
2．国民年金基金の掛金は、全額生命保険料控除の対象となる。
3．国民年金基金に加入すると、付加年金には加入できない。

【第3問】 下記の問5について答えなさい。

問5　下記は、会社員の西田さんの家庭のキャッシュフロー表（一部抜粋）である。このキャッシュフロー表に関する次の記述のうち、最も不適切なものはどれか。なお、計算にあたっては、キャッシュフロー表中に記載の整数を使用することとする。また、計算結果については万円未満を四捨五入することとする。

〔西田家のキャッシュフロー表〕　　　　　　　　　　　　　　　　（単位：万円）

経過年数			現在	1年	2年
家族構成／年齢	西田　真	本人	42歳	43歳	44歳
	美穂	妻	39歳	40歳	41歳
	真美	長女	13歳	14歳	15歳
ライフイベント			真美 中学入学		自宅の 改修
		変動率			
収入	給与収入（夫）	1％	750	758	766
	給与収入（妻）	—	192	192	192
	収入合計	—		950	958
支出	基本生活費	1％	330		（ア）
	住宅関連費	—	106	106	305
	教育費	2％	130		
	保険料	—	57	57	57
	一時的支出	—	80		150
	その他支出	—	25	25	25
	支出合計	—			
年間収支		—	（イ）	▲50	
金融資産残高		2％	655	（ウ）	

＊年齢は各年12月31日現在のものとする。

＊記載されている数値は正しいものとする。

＊問題作成の都合上、一部空欄にしてある。

1．空欄（ア）に入る数値と計算方法：330×（1＋0.01）² ＝337

2．空欄（イ）に入る数値と計算方法：942－728＝214

3．空欄（ウ）に入る数値と計算方法：655×（1＋0.02）＝668

【第４問】 次の設例に基づいて、下記の各問６～８について答えなさい。

━━━━━━ ≪ 設 例 ≫ ━━━━━━

会社員の東和也さんは、パートとして働いている妻と２人の子どもの４人家族である。現在、自分自身が加入している生命保険について見直すことを検討している。そこで、東さんはファイナンシャル・プランナーの堀田さんに、相談することにした。

下記の〔資料〕に基づき、東和也さんが加入している生命保険の保障内容に関する次の問題に答えよ。なお、保険契約は有効に継続しているものとし、和也さんはこれまでに下記〔資料〕の保険から保険金または給付金を一度も受け取っていないものとする。

〔資料〕

保険証券記号番号
○○△△××□□

定期保険特約付終身保険

保険契約者	東　和也　様	保険契約者印
被保険者	東　和也　様　　　　契約年齢　39歳 1965（昭和40）年６月10日生まれ　男性	東

◇契約日（保険期間の始期）
　2004年10月１日
　（平成16年）
◇主契約の保険期間
　終身
◇主契約の保険料払込期間
　60歳払込満了

受取人	（死亡保険金） 東　順子　様	（被保険者との続柄） 妻	（受取割合） 10割
	（特定疾病保障保険金） 被保険者　様		

◆ご契約内容

終身保険金額（主契約保険金額）	500万円
定期保険特約保険金額	1,500万円
生活保障特約年金年額	200万円
特定疾病保障定期保険特約保険金額	500万円
災害入院特約［本人・妻型］入院５日目から　日額	5,000円
疾病入院特約［本人・妻型］入院５日目から　日額	5,000円
不慮の事故や疾病により所定の手術を受けた場合、手術の種類に応じて 　（入院給付金日額の10倍・20倍・40倍）手術給付金を支払います。	
成人病入院特約　　　　　　　入院５日目から　日額	5,000円
リビングニーズ特約	
※妻の場合は、本人の給付金の６割の日額となります。	
生活保障特約の年金種類　５年確定年金	

◆お払込みいただく合計保険料

毎回　　××,×××円／月

［保険料払込方法(回数)］団体月払

◇社員配当金支払方法
　利息をつけて積立

◇特約の払込期間及び保険期間
　21年

保険証券記号番号 （○○○）△△△△△		保険種類 がん保険（愛称 ＊＊＊＊＊）	
保険契約者	東　和也　様	保険契約者印	◇契約日（保険期間の始期） 　2005年（平成17年） 　12月1日 ◇主契約の保険期間 　終身 ◇主契約の保険料払込期間 　終身払込
被保険者	東　和也　様 昭和40年6月10日生まれ　　男性	東	
受取人	（給付金） 被保険者　様		
	（死亡保険金） 東　順子　様（妻）	（受取割合） 10割	

◆ご契約内容

主契約 ［本人型］	がん診断給付金　初めてがんと診断されたとき　　200万円 がん入院給付金　1日につき　　　　　　日額　10,000円 がん通院給付金　1日につき　　　　　　日額　 5,000円 がん手術給付金　1回につき　　　手術の種類に応じてがん 　　　　　　　　　　　　　　　　入院給付金日額の10倍・ 　　　　　　　　　　　　　　　　20倍・40倍 死亡保険金　　　がんによる死亡の場合は、がん入院給付金 　　　　　　　　日額の50倍（がん以外の死亡の場合は、が 　　　　　　　　ん入院給付金日額の10倍）

◆お払込みいただく合計保険料

毎回　　×,×××円
［保険料払込方法］ 月払

問6　空欄に入る語句として正しいものはどれか。

和也さんが、2024年中に脳卒中（特定疾病に該当する）で急死した場合に、順子さんに支払われる一時金の合計は（　）である。また、生活保障特約より年額200万円の年金が5年間支払われる。

1．2,000万円　　2．2,210万円　　3．2,510万円

問7　空欄に入る語句として正しいものはどれか。

和也さんが、2024年中に事故により8日間入院した場合に支払われる入院給付金の合計額は（　）である。なお、和也さんはこれまで保険金や給付金は一度も受け取っていない。

1．1万5,000円　　2．2万円　　3．4万円

問8　東さんが、2024年中に初めてがんと診断され、その後100日間入院し、給付倍率10倍の手術を1回受けた場合、支払われる給付金は、がん診断給付金（ア）、がん入院給付金（イ）、がん手術給付金（ウ）の合計である。次のうち、誤っているものはどれか。

1．空欄（ア）に入る金額は、「200万円」である。
2．空欄（イ）に入る金額は、「100万円」である。
3．空欄（ウ）に入る金額は、「20万円」である。

【第5問】 次の設例に基づいて、下記の各問9〜14に答えなさい。

-------- ≪ 設 例 ≫ --------

池田さん（35歳、会社員）は、今後は積極的に投資商品での運用を検討したいと考え、経済について勉強している。

問9 下記は、経済用語についてまとめた表である。空欄（ア）〜（ウ）に入る経済用語に関する次の記述のうち、最も不適切なものはどれか。

経済用語	主な内容
（ ア ）	日本銀行調査統計局が3か月に1度（年4回）実施している業種別、規模別に分けた企業経営者へのアンケート調査
（ イ ）	景気に敏感な指標の量的な動きを合成した指標で、景気変動の大きさ（強弱）やテンポ（量感）を把握するもの
（ ウ ）	日本銀行が発表している企業間の取引や貿易取引における商品の価格変動を表した指数。為替相場などの変動の影響を受けやすい

1．空欄（ア）に入る用語は、「日銀短観（全国企業短期経済観測調査）」である。
2．空欄（イ）に入る用語は、「DI（ディフュージョン・インデックス）」である。
3．空欄（ウ）に入る用語は、「企業物価指数（CGPI）」である。

問10 池田さんは、株式投資の代表的な投資指標についても基本的な理解を深めたいと考えた。下記の条件が与えられた場合、①自己資本利益率（ROE）、②配当性向の組合せとして正しいものは次のうちどれか。なお、計算は表示単位の小数点以下第3位を四捨五入すること。

株価	400円
発行済株式総数	1億株
自己資本	300億円
1株あたり配当金	20円
1株あたり当期純利益	25円

1．①8.33%　②5％
2．①8.33%　②80%
3．①6.67%　②80%

問11 池田さんは2024年中の医療費の支払いが多かった。下記〔資料〕は池田さんの2024年中の医療費の状況である。池田さんの医療費控除の対象となる医療費の合計額として正しいものはどれか。なお、すべて、池田さんおよび生計を一にする妻が支払った医療費である。

〔資料〕

けがにより10日間入院した費用	21万円
（生命保険からの補てん金5万円を受け取っている）	
健康増進のためのサプリメントの購入費	3万円
病院へのけが治療のための交通費（公共交通機関を使用）	
	2万円
人間ドックの費用	5万円
（※）人間ドックにより疾病は発見されていない	

1．18万円　　2．21万円　　3．26万円

問12 池田さんは2024年4月に長期間入院し、9月の保険診療に係る総医療費が100万であった。高額療養費として払戻しを受けることができる金額として正しいものはどれか。なお、池田さんの標準報酬月額は45万円とする。

<70歳未満の医療費の自己負担額>

標準報酬月額	自己負担限度額
83万円以上	25万2,600円 +（総医療費 − 84万2,000円）× 1 %
53万～79万円	16万7,400円 +（総医療費 − 55万8,000円）× 1 %
28万～50万円	8万100円 +（総医療費 − 26万7,000円）× 1 %
26万円以下	57,600円
住民税非課税者	35,400円

1．87,430円　　2．212,570円　　3．219,570円

問13 池田さんは2024年に下記の養老保険の満期保険金を受け取った。池田さんの一時所得金額として正しいものはどれか。他に一時所得はないものとする。

<養老保険（保険期間20年）>
・契約者（保険料負担者）：池田さん
・満期保険金受取人　　：池田さん
・保険料払込方法　　　：月払い
・満期保険金　　　　　：550万円
・支払保険料総額　　　：400万円

1．50万円　　2．100万円　　3．150万円

問14 FPの井上さんは、池田さんのライフプランの提案を行うにあたって池田家のバランスシートを作成することにした。下表の空欄（ア）（イ）にあてはまる金額の組合せとして、正しいものはどれか。なお、下記の資料に基づいて解答することとし、＜設例＞に記載のある情報以外の情報については一切考慮しないこととする。

〔池田家の保有財産（時価）〕　　　　　　　　　　　　　（単位：万円）

金融資産	
預金	2,500
上場株式	400
生命保険（解約返戻金相当額）	350
不動産	
土地（自宅敷地）	3,000
建物（自宅家屋）	800
その他動産等	180

〔負債残高〕
住宅ローン（自宅）　　　：800万円（債務者は池田さん）
自動車ローン（自家用）：100万円（債務者は池田さん）

〔池田家のバランスシート〕

［資産］		［負債］	
金融資産		住宅ローン	×××
預金	×××	自動車ローン	×××
上場株式	×××		
生命保険（解約返戻金相当額）			
	×××		
不動産		負債合計	×××
土地（自宅敷地）	×××		
建物（自宅家屋）	×××	［純資産］	（イ）
その他動産等	×××		
資産合計	（ア）	負債・純資産合計	×××

1．（ア）6,880（万円）　　（イ）5,980（万円）
2．（ア）7,050（万円）　　（イ）6,150（万円）
3．（ア）7,230（万円）　　（イ）6,330（万円）

【第6問】 次の設例に基づいて、下記の各問15〜16に答えなさい。

------ ≪ 設 例 ≫ ------

会社員の川村さん（58歳）は、2024年9月末に退職し、2,500万円の退職一時金を支給される予定である。川村さんの退職時における勤務先での勤続年数は35年7か月である。川村さんは退職時の税務について、税理士でファイナンシャル・プランナーの山本さんに相談した。※その他の条件は考慮しない

問15 川村さんが勤務先から2,500万円の退職一時金を受け取った場合、所得税における退職所得の金額として正しいものはどれか。

1．290万円
2．325万円
3．580万円

問16 川村さんは、退職金のうち1,500万円を老後の生活資金に充てようと思っている。仮に、1,500万円を年利2％で複利運用しながら20年間で均等に取り崩すこととした場合、毎年の生活資金に充てることができる金額として、正しいものはどれか。解答にあたっては、万円未満を四捨五入し、また、税金は一切考慮しないこととする。

〔資料〕係数早見表
年率2％、期間20年の場合

現価係数	減債基金係数	資本回収係数
0.67297	0.04116	0.06116

1．92万円
2．109万円
3．1,009万円

【第7問】 次の設例に基づいて、下記の各問17〜18に答えなさい。

≪ 設 例 ≫

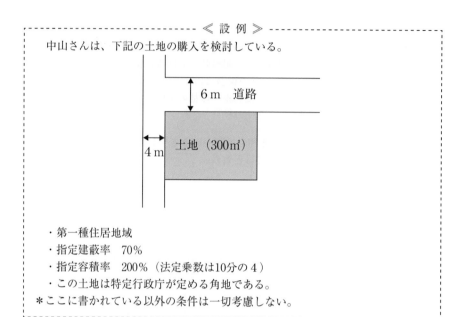

中山さんは、下記の土地の購入を検討している。

6m　道路

4m　土地（300㎡）

・第一種住居地域
・指定建蔽率　70%
・指定容積率　200%（法定乗数は10分の4）
・この土地は特定行政庁が定める角地である。
＊ここに書かれている以外の条件は一切考慮しない。

問17　中山さんが設例の土地に建物を建築するにあたり、新築できる①最大建築面積と、②最大延べ床面積の組合せとして正しいものはどれか。

1．①180㎡　②600㎡
2．①240㎡　②600㎡
3．①240㎡　②720㎡

問18　中山さんは土地の購入にあたり、不動産の登記記録や売買契約について調べることにした。登記等に関する次の記述のうち、正しいものはどれか。

1．土地の所有者が中山さんであることを確認するためには、登記記録の表題部を確認すればよい。
2．不動産登記には公信力がないことから、登記記録に記録されている事項を信用し、本当の所有者でない者と取引をした者は法的に保護されない。
3．手付金が交付された場合に、売買の相手方が契約の履行に着手した後であっても、買主は手付金を放棄すれば契約を解除できる。

【第8問】 次の設例に基づいて、下記の各問19～20に答えなさい。

―――――――――― ≪ 設 例 ≫ ――――――――――

　木下さんは現在、生前贈与などを検討している。

　木下さんの親族関係図は以下のとおりであり、養子D、E及びFは普通養子である。木下さんは70歳、子は実子、養子ともに20歳以上である。

〔親族関係図〕

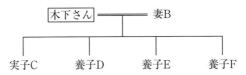

〔参考〕暦年課税に係る贈与税の速算表

一般の贈与			特例贈与（直系尊属からの贈与）		
課税価格（基礎控除後）	税率	控除額	課税価格（基礎控除後）	税率	控除額
200万円以下	10%	―	200万円以下	10%	―
300万円以下	15%	10万円	400万円以下	15%	10万円
400万円以下	20%	25万円	600万円以下	20%	30万円
600万円以下	30%	65万円	1,000万円以下	30%	90万円
1,000万円以下	40%	125万円	1,500万円以下	40%	190万円
1,500万円以下	45%	175万円	3,000万円以下	45%	265万円
3,000万円以下	50%	250万円	4,500万円以下	50%	415万円
3,000万円超	55%	400万円	4,500万円超	55%	640万円

＊上記以外の条件は考慮せず、各問に従うこと。

問19 仮に、現時点（2024年中）において木下さんに相続が発生した場合、木下さんの相続における「相続税の基礎控除額」は、次のうちどれか。

1．4,800万円　　　　2．6,000万円　　　　3．8,000万円

問20 養子Dは、2024年中に木下さんから現金1,500万円の贈与を受け、実子Cは2,600万円の贈与を受けた。養子Dは暦年課税贈与、実子Cは相続時精算課税制度を適用した場合、その時点で養子Dと実子Cが支払う贈与税額は次のうちどれか。なお、養子D、実子Cは、他に贈与はない。

1．（養子D）300万円　　（実子C）0円
2．（養子D）366万円　　（実子C）0円
3．（養子D）366万円　　（実子C）20万円

【第1問】

問1　1

1. 適切　金融商品取引業者でないFPであっても、経済状況や景気動向等の投資の前提となる一般的な情報を提供することは可能です。なお、具体的な投資助言などを行うことはできません。

2. 不適切　弁護士資格や行政書士などの資格のないFPは有償・無償にかかわらず、遺言書作成の手続きなどの**法律事務**を行うことはできません。

3. 不適切　税理士資格等を有しないFPは、有償・無償を問わず、具体的な税務相談や税務書類の作成を行ってはなりません。なお、仮の事例を用いて、一般的な税金の説明を行う程度であれば、税理士法に抵触しません。

【第2問】

問2　3

1. 適切　記述のとおりです。ただし、倒産や解雇による場合（特定受給資格者）は、離職月以前の1年間に被保険者期間が6か月以上あることとなっています。

2. 適切　記述のとおりです。なお、自己都合による退職の場合、雇用保険の加入期間が20年以上あれば、年齢に関係なく150日基本手当が支給され、加入期間が1年以上10年未満であれば90日支給されます。

3. 不適切　自己都合による退職の場合は、7日間の待期期間後、原則として、さらに2か月間は基本手当は支給されません。倒産や解雇による場合の待期期間は7日間のみです。

問3　3

2024年度の国民年金の月額保険料は、1万6,980円です。付加年金保険料は、月額400円を納付することにより、200円×付加保険料納付月数分の年金が老齢基礎年金に上乗せして支給されます。

問4　2

1. 正しい　国民年金基金の加入対象者は、国民年金の第1号被保険者です。ただし、国民年金保険料を免除されている者や保険料滞納者などは加入できません。

2．誤り　　国民年金基金の保険料は、全額社会保険料控除の対象です。

3．正しい　国民年金基金と付加年金は同時に加入できません。なお、個人型の確定拠出年金（iDeCo）には同時加入できますが、掛金は国民年金基金の保険料と個人型の確定拠出年金（iDeCo）の掛金の合計で月額６万8,000円までです。

【第３問】

問５　3

1．適切　　将来の基本生活費は、現在の金額×（１＋変動率）^{年数} で算出します。基本生活費の変動率は１％なので、現在の330万円×（１＋0.01）^{2}＝337万円で計算します。

2．適切　　収入合計942万円（750万円＋192万円）から支出合計の728万円（330万円＋106万円＋130万円＋57万円＋80万円＋25万円）を差し引いて計算します。

3．不適切　現在の金融資産残高の655万円×（１＋変動率２％）から年間収支のマイナス50万円を差し引き618万円となります。

【第４問】

問６　3

和也さんが2024年中に特定疾病で死亡した場合、順子さんが受け取れる保険金（一時金）は以下の金額となります。

- ・主契約の保険金額　　　　　　　　　　　　500万円
- ・定期保険特約保険金額　　　　　　　　　1,500万円
- ・特定疾病保障定期保険特約保険金額　　　　500万円
- ・がん保険　　　　　　　10万円（１万円×10倍）

計　2,510万円

その他に生活保障特約年金が年200万円、５年間（５年確定年金）にわたり支払われます。

問７　2

災害入院特約により、入院５日目から日額5,000円が支払われます。したがって、５日目から８日目までの４日間に5,000円ずつ、計２万円支払われます。なお、事故による入院なので、疾病入院特約やがん保険からは支払われません。

問８　3

1．適切　　初めてがんと診断されたときのがん診断給付金は200万円です。

2．適切　　入院給付金は１日につき１万円なので100日の入院の場合、１万円×100日＝100万円となります。

3．不適切　がん手術給付金は、入院給付金日額の10倍の手術を１回受けているので、入院給付金日額１万円×10倍＝10万円となります。

問9　2

　1．適切　　記述のとおりです。なお、日銀短観の中でも業況判断DIが注目
　　　　　　　されています。これは、業況が「良い」「さほど良くない」「悪
　　　　　　　い」と回答したアンケート結果に基づいて、「良い」と回答し
　　　　　　　た割合から「悪い」と回答した割合を差し引いて表されます。
　2．不適切　問題文はCI（コンポジット・インデックス）の説明です。DI
　　　　　　　は景気の現状や転換点をとらえるもので、3か月前と比較して
　　　　　　　改善している指標の割合を示しています。
　3．適切　　記述のとおりです。

問10　2

$$自己資本利益率（\%）= \frac{当期純利益}{自己資本} \times 100$$　　より、

$$\frac{25円 \times 1億株}{300億円} \times 100 = 8.33\cdots \fallingdotseq 8.33\% \quad \cdots\cdots①$$

$$配当性向（\%）= \frac{1株あたり配当金}{1株あたり当期純利益} \times 100$$　　より、

$$\frac{20円}{25円} \times 100 = 80\% \quad \cdots\cdots②$$

問11　1

医療費控除の対象となる医療費は、けがによる入院費21万円のうち保険から補
てんされる金額（5万円）を除いた16万円と、けがや病気で通院した際のバス
代や電車代などの公共交通機関の交通費（2万円）です。健康増進のためのサ
プリメントの購入費やジムでのトレーニング代および疾病が見つからなかった
ときの人間ドックの費用は医療費に含めることができません。なお、疾病が見
つかった場合の人間ドックの費用は対象となります。
したがって、医療費控除の対象となる医療費の金額は（21万円－5万円）＋
2万円＝18万円となります。
なお、この金額から、山田さんの総所得金額等の額×5％と10万円のいずれ
か低い方を差し引いた金額が医療費控除額となります。

問12　2

池田さんの標準報酬月額は45万円なので、自己負担限度額は 8 万100円 + （総医療費 − 26万7,000円）× 1 ％で算出します。

自己負担限度額 = 8 万100円 + （100万円 − 26万7,000円）× 1 ％ = 87,430円

池田さんの自己負担額は30万円（100万円のうち、自己負担は 3 割）なので、30万円と87,430円の差額が高額療養費として払い戻される。30万円 − 87,430円 = 212,570円

問13　2

一時所得 = 収入金額 − 収入を得るために支出した金額 − 特別控除50万円　で算出します。したがって、一時所得 = 550万円 − 400万円 − 特別控除50万円 = 100万円

なお、一時所得が黒字の場合、その 2 分の 1 （この場合は50万円）が他の所得と合算されます。一時所得が赤字（マイナス）の場合は、一時所得はなかったものとされます。

問14　3

（ア）

資産合計		負債合計	
預金	2,500万円	住宅ローン	800万円
上場株式	400万円	自動車ローン	100万円
生命保険（解約返戻金額）	350万円		
土地（自宅敷地）	3,000万円		
建物（自宅家屋）	800万円		
その他動産等	180万円		
計	7,230万円	計	900万円

（イ）純資産 = 資産合計 − 負債合計で算出するので、
7,230万円 − 900万円 = 6,330万円

【第 6 問】

問15　1

退職所得 = （退職金の額 − 控除額）× 1/2で算出します。

また、退職所得控除額の計算は、勤続年数が20年超の場合は800万円 + 70万円 ×（勤続年数 − 20年）となり、さらに、勤続年数が 1 年に満たない場合は 1 年として計算します。〈設例〉の場合は35年 7 か月なので、勤続年数は36年として計算します。

したがって、

・退職所得控除額 = ｛800万円 + 70万円 × （36年 − 20年）｝ = 1,920万円

・退職所得 = （2,500万円 − 1,920万円） × $\frac{1}{2}$ = 290万円

となります。

問16　1
一定金額を複利運用しながら一定期間で取り崩すとき毎年受け取れる金額を求める場合は、資本回収係数を用います。したがって、1,500万円 × 0.06116 = 917,400円 ≒ 92万円（万円未満四捨五入）となります。

【第7問】

問17　2
・この土地は特定行政庁が定める角地にあるので、建蔽率は10％緩和されます
・敷地が接する前面道路の幅員が12m未満なので「指定容積率」と「前面道路幅員×法定乗数」を比較して、どちらか少ない方がその土地の容積率となります（なお、容積率は緩和されません）
　住居系地域の法定乗数は$\frac{4}{10}$です
・幅の広い道路を前面道路とするので、この場合は6mの道路が前面道路となります（6m × $\frac{4}{10}$ × 100 = 240％）

《最大建築面積の計算》
建蔽率は10％緩和されるので、80％となります。
よって最大建築面積は、敷地面積×建蔽率で計算するので、300㎡ × 80％ = 240㎡となります。…①

《最大延べ床面積の計算》
6m × $\frac{4}{10}$ × 100 = 240％ ＞指定容積率200％より、容積率は指定容積率の200％が適用されます。最大延べ床面積＝敷地面積×容積率で計算するので、

最大延べ床面積 = 300㎡ × 200％ = 600㎡となります。…②

問18　2

　1　誤り　「所有者が誰なのか」などの所有権に関する事項は表題部ではなく、登記記録の権利部の甲区に記載され、それ以外の権利に関する事項は権利部の乙区に記載されます。したがって、所有者を確認するには、権利部の甲区を確認する必要があります。

　2　正しい　記述のとおりです。登記には公信力がないため、権利関係などについて、本当の所有者でない者と取引した場合でも、法的には保護されません。

　3　誤り　相手方が契約の履行に着手する前であれば、買主は手付金を放棄することで契約を解除できます。なお、売主は買主が契約の履行に着手する前であれば、手付金の倍額を買主に支払えば、契約を解除できます。

【第8問】

問19　1

相続財産にかかる基礎控除額は、「3,000万円＋600万円×法定相続人の数」により計算します。ただし、法定相続人の数に算入する養子の数については制限があり、実子がいる場合には養子1人を、いない場合には養子2人を法定相続人の数に含めます。したがって、この場合は実子Cがいるので養子1人を法定相続人としてカウントし、法定相続人は3人（妻B、実子C、養子1人）として計算します。

3,000万円＋600万円×3人＝4,800万円

問20　2

〈養子Dの贈与税額〉

暦年課税贈与による贈与税額は、課税価格から基礎控除額（110万円）を控除し、速算表の直系尊属からの贈与の税率にあてはめて計算します。したがって、（1,500万円－110万円）×40％－190万円＝366万円となります。

〈実子Cの贈与税額〉

相続時精算課税制度を適用した場合、基礎控除の110万円を除いて2,500万円までは課税されませんが、これを超える部分については20％課税されます。したがって、

2,600万円－110万円－2,500万円＝－10万円となり、贈与税は課税されません。

16章

過去問

学科

共通
問題／解答・解説
（2023年9月試験）

※学科試験はFP協会と金財で共通の問題が出題されます
なお、解答には2024年度の法改正等に応じた解説も
記載しています。

学科（問題）

【第1問】 次の各文章（ 問1 ～ 問30 ）を読んで、正しいものまたは適切なものには〇を、誤っているものまたは不適切なものには×を、解答用紙にマークしなさい。〔30問〕

問1 ファイナンシャル・プランナーが顧客と投資顧問契約を締結し、当該契約に基づき金融商品取引法で定める投資助言・代理業を行うためには、内閣総理大臣の登録を受けなければならない。

問2 アルバイトやパートタイマーが、労働者災害補償保険の適用を受けるためには、1週間の所定労働時間が20時間を超えていなければならない。

問3 国民年金の第1号被保険者は、日本国内に住所を有する20歳以上60歳未満の自営業者や学生などのうち、日本国籍を有する者のみが該当する。

問4 国民年金基金の加入員は、所定の事由により加入員資格を喪失する場合を除き、加入している国民年金基金から自己都合で任意に脱退することはできない。

問5 住宅ローンの一部繰上げ返済では、返済期間を変更せずに毎月の返済額を減額する返済額軽減型よりも、毎月の返済額を変更せずに返済期間を短くする期間短縮型のほうが、他の条件が同一である場合、通常、総返済額は少なくなる。

問6 国内で事業を行う生命保険会社が破綻した場合、生命保険契約者保護機構による補償の対象となる保険契約については、高予定利率契約を除き、既払込保険料相当額の90％まで補償される。

問7 定期保険特約付終身保険（更新型）は、定期保険特約を同額の保険金額で更新する場合、更新にあたって被保険者の健康状態についての告知や医師の診査は必要ない。

問8 変額個人年金保険は、特別勘定の運用実績によって、将来受け取る年金額や死亡給付金額は変動するが、解約返戻金額は変動しない。

問9 自動車保険の車両保険では、一般に、被保険自動車が洪水により水没したことによって被る損害は、補償の対象となる。

問10 地震保険では、保険の対象である居住用建物または生活用動産（家財）の損害

の程度が「全損」「大半損」「小半損」「一部損」のいずれかに該当した場合に、保険金が支払われる。

問11 景気動向指数において、コンポジット・インデックス（CI）は、景気拡張の動きの各経済部門への波及度合いを測定することを主な目的とした指標である。

問12 追加型の国内公募株式投資信託において、収益分配金支払後の基準価額が受益者の個別元本を下回る場合、当該受益者に対する収益分配金は、その全額が普通分配金となる。

問13 債券の信用格付とは、債券やその発行体の信用評価を記号等で示したものであり、一般に、BBB（トリプルビー）格相当以上の格付が付された債券は、投資適格債とされる。

問14 日経平均株価は、東京証券取引所スタンダード市場に上場している代表的な225銘柄を対象として算出される。

問15 オプション取引において、他の条件が同一であれば、満期までの残存期間が長いほど、プレミアム（オプション料）は高くなる。

問16 電車・バス等の交通機関を利用して通勤している給与所得者が、勤務先から受ける通勤手当は、所得税法上、月額10万円を限度に非課税とされる。

問17 確定拠出年金の個人型年金の老齢給付金を全額一時金で受け取った場合、当該老齢給付金は、一時所得として所得税の課税対象となる。

問18 セルフメディケーション税制（特定一般用医薬品等購入費を支払った場合の医療費控除の特例）の対象となるスイッチOTC医薬品等の購入費を支払った場合、その購入費用の全額を所得税の医療費控除として総所得金額等から控除することができる。

問19 上場不動産投資信託（J-REIT）の分配金は、確定申告をすることにより所得税の配当控除の適用を受けることができる。

問20 給与所得者のうち、その年中に支払を受けるべき給与の収入金額が1,000万円を超える者は、所得税の確定申告をしなければならない。

問21 不動産の登記事項証明書は、対象不動産について利害関係を有する者以外であっても、交付を請求することができる。

問22　借地借家法によれば、定期建物賃貸借契約（定期借家契約）では、貸主に正当の事由があると認められる場合でなければ、貸主は、借主からの契約の更新の請求を拒むことができないとされている。

問23　都市計画法によれば、市街化区域については、用途地域を定めるものとし、市街化調整区域については、原則として用途地域を定めないものとされている。

問24　建築基準法によれば、建築物の敷地が2つの異なる用途地域にわたる場合、その全部について、建築物の用途制限がより厳しい用途地域の建築物の用途に関する規定が適用される。

問25　「居住用財産を譲渡した場合の長期譲渡所得の課税の特例」（軽減税率の特例）の適用を受けるためには、譲渡した居住用財産の所有期間が譲渡した日の属する年の1月1日において10年を超えていなければならない。

問26　個人が死因贈与により取得した財産は、課税の対象とならないものを除き、贈与税の課税対象となる。

問27　親族間において著しく低い価額の対価で土地の譲渡が行われた場合、原則として、その譲渡があった時の土地の時価と支払った対価との差額に相当する金額が、贈与税の課税対象となる。

問28　共同相続人は、被相続人が遺言により相続分や遺産分割方法の指定をしていない場合、法定相続分どおりに相続財産を分割しなければならない。

問29　相続税の申告書の提出は、原則として、その相続の開始があったことを知った日の翌日から10カ月以内にしなければならない。

問30　相続人が相続により取得した宅地が「小規模宅地等についての相続税の課税価格の計算の特例」における特定居住用宅地等に該当する場合、その宅地のうち330㎡までを限度面積として、評価額の80%相当額を減額した金額を、相続税の課税価格に算入すべき価額とすることができる。

【第2問】次の各文章（ 問31 ～ 問60 ）の（　　）内にあてはまる最も適切な文章、語句、数字またはそれらの組合せを1～3のなかから選び、その番号を解答用紙にマークしなさい。〔30問〕

問31　Aさんの2023年分の可処分所得の金額は、下記の〈資料〉によれば、（　　）である。

〈資料〉2023年分のAさんの収入等

給与収入	：750万円（給与所得：565万円）
所得税・住民税：	80万円
社会保険料	：100万円
生命保険料	：20万円

1．385万円
2．550万円
3．570万円

問32　全国健康保険協会管掌健康保険の被保険者に支給される傷病手当金の額は、原則として、1日につき、傷病手当金の支給を始める日の属する月以前の直近の継続した（ ① ）の各月の標準報酬月額の平均額を30で除した額に、（ ② ）を乗じた額である。

1．①6カ月間　②3分の2
2．①12カ月間　②3分の2
3．①12カ月間　②4分の3

問33　雇用保険の基本手当を受給するためには、倒産、解雇、雇止めなどの場合を除き、原則として、離職の日以前（ ① ）に被保険者期間が通算して（ ② ）以上あることなどの要件を満たす必要がある。

1．①1年間　②6カ月
2．①2年間　②6カ月
3．①2年間　②12カ月

問34 子のいない障害等級１級に該当する者に支給される障害基礎年金の額は、子のいない障害等級２級に該当する者に支給される障害基礎年金の額の（　　　）に相当する額である。

1．1.25倍
2．1.50倍
3．1.75倍

問35 住宅金融支援機構と民間金融機関が提携した住宅ローンであるフラット35（買取型）の融資額は、土地取得費を含めた住宅建設費用または住宅購入価額以内で、最高（①）であり、融資金利は（②）である。

1．①8,000万円　②固定金利
2．①　1億円　②固定金利
3．①　1億円　②変動金利

問36 生命保険の保険料は、大数の法則および（①）に基づき、予定死亡率、予定利率、（②）の３つの予定基礎率を用いて計算される。

1．①適合性の原則　　②予定事業費率
2．①適合性の原則　　②予定損害率
3．①収支相等の原則　②予定事業費率

問37 自動車損害賠償責任保険（自賠責保険）において、被害者１人当たりの保険金の支払限度額は、加害車両が１台の場合、死亡による損害については（①）、傷害による損害については（②）である。

1．①3,000万円　②120万円
2．①3,000万円　②150万円
3．①4,000万円　②150万円

問38 個人賠償責任保険（特約）では、被保険者が（　　　）、法律上の損害賠償責任を負うことによって被る損害は、補償の対象となる。

1．業務中に自転車で歩行者に衝突してケガをさせてしまい
2．自動車を駐車する際に誤って隣の自動車に傷を付けてしまい
3．買い物中に誤って商品を落として破損させてしまい

問39 スーパーマーケットを経営する企業が、火災により店舗が全焼し、休業した場合の利益損失を補償する保険として、（　　）がある。

1．請負業者賠償責任保険
2．企業費用・利益総合保険
3．施設所有（管理）者賠償責任保険

問40 医療保険等に付加される先進医療特約では、（　　）時点において厚生労働大臣により定められている先進医療が給付の対象となる。

1．申込日
2．責任開始日
3．療養を受けた日

問41 一定期間内に国内で生産された財やサービスの付加価値の合計額から物価変動の影響を取り除いた指標を、（　　）という。

1．実質GDP
2．名目GDP
3．GDPデフレーター

問42 投資信託の運用において、株価が企業の財務状況や利益水準などからみて、割安と評価される銘柄に投資する運用手法を、（　　）という。

1．グロース運用
2．バリュー運用
3．パッシブ運用

問43 表面利率（クーポンレート）３％、残存期間２年の固定利付債券を額面100円当たり105円で購入した場合の最終利回り（年率・単利）は、（　　）である。なお、税金等は考慮しないものとし、計算結果は表示単位の小数点以下第３位を四捨五入している。

1．0.48％
2．0.50％
3．0.53％

問44 株式の投資指標として利用されるROEは、（ ① ）を（ ② ）で除して算出される。

1．①当期純利益　②自己資本
2．①当期純利益　②総資産
3．①営業利益　②総資産

問45 外貨預金の預入時において、預入金融機関が提示する（　　）は、預金者が円貨を外貨に換える際に適用される為替レートである。

1．TTB
2．TTM
3．TTS

問46 固定資産のうち、（　　）は減価償却の対象とされない資産である。

1．特許権
2．ソフトウエア
3．土地

問47 所得税において、ふるさと納税の謝礼として地方公共団体から受ける返礼品に係る経済的利益は、（　　）として総合課税の対象となる。

1．一時所得
2．配当所得
3．雑所得

問48 所得税において、所定の要件を満たす子を有し、現に婚姻をしていない者がひとり親控除の適用を受けるためには、納税者本人の合計所得金額が（　　）以下でなければならない。

1．200万円
2．350万円
3．500万円

問49 所得税において、控除対象扶養親族のうち、その年の12月31日時点の年齢が（ ① ）以上（ ② ）未満である者は、特定扶養親族に該当する。

1．①16歳　②19歳
2．①18歳　②22歳
3．①19歳　②23歳

問50 その年の1月16日以後新たに事業所得を生ずべき業務を開始した納税者が、その年分から所得税の青色申告の承認を受けようとする場合、原則として、その業務を開始した日から（　　）以内に、青色申告承認申請書を納税地の所轄税務署長に提出しなければならない。

1．2カ月
2．3カ月
3．6カ月

問51 相続税路線価は、相続税や（ ① ）を算定する際の土地等の評価額の基準となる価格であり、地価公示法による公示価格の（ ② ）を価格水準の目安として設定される。

1．①贈与税　　②70%
2．①贈与税　　②80%
3．①固定資産税　②80%

問52 下記の200㎡の土地に建築面積120㎡、延べ面積160㎡の2階建ての住宅を建築した場合、当該建物の建蔽率は、（　　）である。

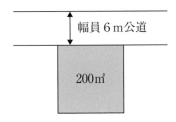

幅員6m公道

200㎡

1．60%
2．80%
3．100%

問53 建物の区分所有等に関する法律（区分所有法）によれば、規約の変更は、区分所有者および議決権の各（　　　）以上の多数による集会の決議によらなければならない。

1．3分の2
2．4分の3
3．5分の4

問54 投資総額5,000万円で購入した賃貸用不動産の年間収入の合計額が270万円、年間費用の合計額が110万円である場合、この投資の純利回り（NOI利回り）は、（　　　）である。

1．2.2%
2．3.2%
3．5.4%

問55 自己が居住していた家屋を譲渡する場合、その家屋に居住しなくなった日から（①）を経過する日の属する年の（②）までに譲渡しなければ、「居住用財産を譲渡した場合の3,000万円の特別控除」の適用を受けることができない。

1．①3年　②3月15日
2．①3年　②12月31日
3．①5年　②12月31日

問56 「直系尊属から教育資金の一括贈与を受けた場合の贈与税の非課税」の適用を受けた場合、受贈者1人につき（①）までは贈与税が非課税となるが、学校等以外の者に対して直接支払われる金銭については、（②）が限度となる。

1．①1,000万円　②500万円
2．①1,500万円　②300万円
3．①1,500万円　②500万円

問57 下記の〈親族関係図〉において、Aさんの相続における妻Bさんの法定相続分は、（　　）である。

〈親族関係図〉

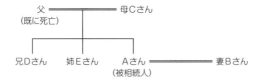

1. 2分の1
2. 3分の2
3. 4分の3

問58 下記の〈親族関係図〉において、Aさんの相続における相続税額の計算上、遺産に係る基礎控除額は、（　　）である。

〈親族関係図〉

1. 4,500万円
2. 4,800万円
3. 5,400万円

問59 「配偶者に対する相続税額の軽減」の適用を受けた場合、配偶者の相続税の課税価格が、相続税の課税価格の合計額に対する配偶者の法定相続分相当額または（　　）のいずれか多い金額までであれば、原則として、配偶者が納付すべき相続税額は算出されない。

1. 1億2,000万円
2. 1億6,000万円
3. 1億8,000万円

問60 貸家建付地の相続税評価額は、（　　　　）の算式により算出される。

1. 自用地としての価額×（1－借地権割合）
2. 自用地としての価額×（1－借家権割合×賃貸割合）
3. 自用地としての価額×（1－借地権割合×借家権割合×賃貸割合）

16章
学科（問題）

【第1問】

問1　○

ファイナンシャル・プランナーが顧客と投資顧問契約を締結し、当該契約に基づき金融商品取引法で定める投資助言・代理業を行うためには、内閣総理大臣の登録を受けなければなりません。登録を受けなくても資産運用に関する一般的な情報を提供することは可能です。

問2　×

労働時間や雇用形態に関係なく、アルバイトやパートタイマー、外国人などすべての労働者は労災保険の加入が義務付けられています。

問3　×

国民年金の第1号被保険者は、日本国内に住所を有する20歳以上60歳未満の自営業者や学生などで、国籍は関係なく外国人も含まれます。

問4　○

国民年金基金に加入した場合、原則として自己都合で任意に脱退することはできません。

問5　○

住宅ローンの繰上げ返済の方法には、返済期間短縮型と返済額圧縮（軽減）型があります。返済期間短縮型は毎月の返済額を変更せずに返済期間を短くする方法であり、返済額圧縮（軽減）型は、返済期間を変更せずに毎月の返済額を減額する方法です。他の条件が同一である場合、通常、返済期間短縮型の方が利息の軽減効果が大きく、総返済額は少なくなります。

問6　×

生命保険会社が破綻した場合、生命保険契約者保護機構による補償の対象となるのは、高予定利率契約を除いて、保険会社が積み立てた責任準備金の90%までです。既に払い込んだ保険料や契約した保険金額の90%ではありません。

問7　○

定期保険特約付終身保険（更新型）とは、終身保険に10年や20年といった期間だけ定期保険特約を付けた保険で、定期保険が満期になるごとに更新していきます。

定期保険特約を同額の保険金額で更新する場合、更新にあたって被保険者の健康状態についての告知や医師の診査は必要ありません。

問8　×

変額個人年金保険は、特別勘定の運用実績によって、将来受け取る年金額が変動する保険です。運用状況により解約返戻金や満期保険金額は変動しますが、被保険者が死亡した場合の死亡保険金（基本保険金）は最低保証されています。

問9　○

車両保険では、一般に洪水による損害や火災、盗難、衝突、自損事故等による損害は、補償の対象となります。

問10　○

地震保険は、地震や噴火、またはこれらによる津波による住居のみに使用される建物（住居と店がいっしょになっている店舗併用住宅も含まれる）とその家財に対する損害を補償する保険です。

損害の程度が「全損」「大半損」「小半損」「一部損」のいずれかに該当した場合に、保険金が支払われます。「全損」の場合は保険金額全額、大半損の場合は保険金額の60％、小半損の場合は保険金額の30％、一部損の場合は5％が支払われます。

問11　×

コンポジット・インデックス（CI）は景気変動の大きさ（強弱）やテンポ（量感）を把握する指数で、景気全体の動向を知るために複数の景気指標を1つに統合した総合的な経済指標です。

問12　×

追加型の公募株式投資信託の収益分配金は、普通分配金と元本払戻金（特別分配金）に分けられます。分配金を支払うと投資信託の基準価額（値段）はその分下がります。分配金を支払った後の基準価額が受益者の個別元本（購入価額）を上回っている場合、受益者（投資家）に対する収益分配金は、その全額が普通分配金となります。

> ・普通分配金＝分配金を支払った後の基準価額≧投資家の購入価額（個別元本）
> ・元本払戻金＝分配金を支払った後の基準価額＜投資家の購入価額（個別元本）

問13　○

債券の信用格付が一般に、BBB（トリプルB）以上の債券は「投資適格債」、BB（ダブルB）以下の債券は投資不適格債（ハイ・イールド債、ジャンク債ともいう）といいます。

問14　×

日経平均株価（日経225）は、東京証券取引所のプライム市場に上場している代表的な225銘柄を対象として算出される平均株価（修正平均株価）です。株価の高い銘柄（値がさ株）の変動の影響を受けやすい傾向があります。つまり、値がさ株の値段が大きく上がったら、日経平均株価も大きく値上がりし、値がさ株が大きく下がったら、日経平均株価も大きく下がる傾向があります。

問15　○

オプション取引には、コール・オプションとプット・オプションの2種類があります。

コール・オプションは原商品（株式や債券等）を特定の価格で買うことができる権利のことであり、プット・オプションは原商品を特定の価格で売ることができる権利のことです。

オプション（コール・オプションとプット・オプション）は他の条件が同一であれば、満期までの残存期間が長いほどプレミアムは高くなり、残存期間が短いほどプレミアムは安くなります。

問16　×

通勤手当は、所得税法上、月額15万円までが非課税となります。15万円を超えた金額については、給与とみなされ所得税が課税されます。

問17　×

確定拠出年金の個人型年金（iDeCo）の老齢給付金を全額一時金で受け取った場合は退職所得となり、退職所得控除が適用されます。年金受取りにした場合は雑所得となり、総合課税の対象になります。

問18　×

セルフメディケーション税制とは対象となるスイッチOTC医薬品等を購入した場合、その購入費用が年間で1万2,000円を超えた場合に、1万2,000円を超えた全額を医療費控除として総所得金額等から控除することができる制度です。ただし、控除額は8万8,000円が上限です。

問19　×

上場不動産投資信託（J-REIT）の分配金は、所得税の配当控除の適用を受けることはできません。

問20　×

給与所得者のうち、給与の収入金額が2,000万円を超える者は、所得税の確定申告をしなければなりません。その他、給与所得および退職所得以外の所得金額が20万円を超える者も確定申告が必要です。

問21　○

不動産の登記事項証明書（登記されている内容を証明するもの）は、法務局で申請書に記入し、手数料を支払えば、誰であっても交付を請求することができます。

問22　×

定期借家契約は、契約期間が満了になったときには更新なく、契約が終了する建物の賃貸借契約です。したがって、貸主（大家）に正当な事由がなくても期限がくれば契約は終了します。

問23 ○

市街化区域とは、すでに市街地になっている区域や10年以内に優先的に市街化を図るべき区域のことです。市街化調整区域は、自然環境を残し、市街地になるのを抑制する区域のことです。市街化区域については、用途地域を定めるものとし、市街化調整区域については、原則として用途地域を定めないものとされています。

問24 ×

建築物の敷地が2つの異なる用途地域にわたる場合、その全部について、面積が過半を占める用途地域の制限を受けます。

問25 ○

「居住用財産を譲渡した場合の長期譲渡所得の課税の特例」(軽減税率の特例)の適用を受けるためには、譲渡した居住用財産の所有期間が譲渡した日の属する年の1月1日において10年を超えていなければなりません。この軽減税率の特例は「居住用財産を譲渡した場合の3,000万円の特別控除」と併せて適用を受けることが可能です。

問26 ×

死因贈与とは贈与者が亡くなることによって効力を生じる贈与で、生前に贈与者(贈与する者)と受贈者(贈与を受ける者)が合意していることが必要です。贈与者が亡くなった場合に財産が受贈者に渡るので、相続税の対象になります。

問27 ○

時価よりも著しく低い価額の対価で土地の譲渡が行われた場合、原則として、その譲渡があった時の土地の時価と支払った対価との差額に相当する金額がみなし贈与財産となり、贈与税の課税対象となります。

問28 ×

共同相続人(すべての相続人)は、通常、遺言がある場合、遺言に従って分割する指定分割が優先されます。遺言がない場合や遺産分割方法の指定がない場合などは、相続人全員の協議によって分割することも可能です。したがって、法定相続分通りに相続する必要はありません。

問29 ○

相続税の申告書は、原則として、その相続の開始があったことを知った日の翌日から10か月以内に、亡くなった者の死亡時の住所地の税務署に提出します。

問30 ○

「小規模宅地等についての相続税の課税価格の計算の特例」における特定居住用宅地等に該当する場合、その宅地のうち330㎡までを限度として、評価額の80%を相続税評価額から減額することができます。

特定事業用宅地等に該当する場合は、400㎡までを限度として、評価額の80%、貸付事業用宅地等に該当する場合は、200㎡までを限度として、評価額の50%

を相続時評価額から減額できます。

【第2問】

問31　3

可処分所得とは、年収から所得税・住民税と社会保険料の合計を差し引いた金額です。

可処分所得＝年収－（所得税・住民税＋社会保険料）

可処分所得＝750万円－（80万円＋100万円）＝570万円

なお、給与所得とは給与収入（年収）から給与所得控除を差し引いた金額のことです。

問32　2

傷病手当金の額は、原則として、1日につき、傷病手当金の支給を始める月の直前の12か月間の各月の標準報酬月額の平均額を30で除した額（標準報酬日額という）に3分の2を乗じた額です。休業4日目から最長1年6か月支給されます。

問33　3

雇用保険の基本手当を受給するためには、倒産、解雇、雇止めなどの場合（特定受給資格者）を除き、定年や自己都合退職した者（一般受給資格者）は原則として、離職の日以前の2年間に被保険者期間が通算して12か月以上あることが要件となっています。なお、特定受給資格者は、離職の日以前の1年間に被保険者期間が通算して6か月以上あることが要件となっています。

問34　1

障害等級1級に該当する者に支給される障害基礎年金の額は、障害等級2級に該当する者に支給される障害基礎年金の額の1.25倍の額です。なお、受給対象者に未婚で18歳の3月末日までの子または20歳未満で障害等級1級・2級に該当する子がいる場合、年金額が増額されます（子の加算という）。

問35　1

フラット35（買取型）の融資額は、100万円以上、8,000万円以下で、融資金利は全期間固定金利です。なお、住宅等の購入代金以上に融資を受けることはできません。

問36　3

生命保険の保険料は、大数の法則および収支相等の原則に基づき、3つの予定基礎率に基づいて計算されます。3つの予定基礎率とは、予定死亡率、予定利率、予定事業費率のことをいいます。

予定死亡率	生命表を基に算出した死亡率のこと。それを基に男女別・年齢別の死亡数を予想する
予定利率	保険料の運用利回りのこと（保険会社は加入者から集めた保険料を国債等の有価証券で運用している）
予定事業費比率	保険料に対する保険会社の人件費などの費用の割合のこと

問37　1

自賠責保険において、被害者1人当たりの保険金の支払限度額は、加害車両が1台の場合、死亡による損害については最高3,000万円、傷害による損害については120万円となっています。なお、後遺障害がある場合にはその程度によって75万円から4,000万円が支払われます。

問38　3

買い物中に誤って商品を落として破損させてしまった場合、個人賠償責任保険の補償の対象になります。なお、個人賠償責任保険は以下の場合、補償の対象になりません。

・仕事中（業務上）の賠償事故
・自動車事故による賠償
・他人の物を預かっている場合や借りている場合の賠償事故
・同居の家族の物に対する賠償事故

問39　2

火災によりスーパーマーケットの店舗が全焼し、休業した場合にスーパーマーケットを経営する企業の利益損失を補償する保険は、企業費用・利益総合保険です。

「請負業者賠償責任保険」とは、建設工事などを請け負った業者が、業務中の偶然の事故で他人にけがをさせたり、他人の物を壊した場合にその損害額が補償される保険です。

「施設所有（管理）者賠償責任保険」とは、デパートなどの施設の所有者がその施設の構造上の欠陥や管理不備が原因で発生した事故による損害賠償金を補償する保険です。

問40　3

医療保険に付加される先進医療特約では、治療を受けた時点において厚生労働大臣により定められている先進医療が給付の対象となります。

問41　1

一定期間内に国内で生産された財やサービスの付加価値の合計額を名目GDPといいます。簡単にいうと1年間に使われたお金の合計額といえます。その金額から物価変動の影響を取り除いた指標を、実質GDPといいます。実質GDPは前年と物価が変わらなかったとした場合、1年間でどのぐらいお金が使われ

たのかを表す指標です。

　なお、GDPデフレーターとは、名目GDP÷実質GDPで計算される物価指標です。

問42　2

投資信託の運用において、株価が企業の財務状況や利益水準などからみて、割安と評価される銘柄に投資する運用手法を、バリュー運用（バリュー投資）といいます。グロース運用（グロース投資）とは、成長性が期待できる企業の株式に投資する運用方法、パッシブ運用（インデックス運用）とは、日経平均株価などの指数を運用するときのベンチマーク（運用の基準）として、ベンチマークの動きに連動するように運用する方法のことです。

問43　1

$$\text{最終利回り}(\%) = \frac{\text{利率} + \dfrac{(\text{償還価格} - \text{購入価格})}{\text{残存期間}}}{\text{購入価格}} \times 100$$

$$= \frac{3\% + \dfrac{(100円 - 105円)}{2年}}{105円} \times 100$$

$$= 0.4761\%$$

$$= 0.48\% \quad (\text{小数点以下第3位を四捨五入})$$

　※債券の償還価格は100円です。

問44　1

ROE（自己資本利益率）は、会社の収益率をみる指標で、ROEが高いほど収益力が高い会社といえます。ROEは自己資本を使って最終利益（税引き後の当期純利益）をいくら生み出したかで計算されます。

$$\text{ROE}（\text{自己資本利益率}） = \frac{\text{当期純利益}}{\text{自己資本}} \times 100$$

問45　3

外貨預金を金融機関に預ける場合に、預入金融機関が提示するTTSは、預金者が円を外貨に換える際に適用される為替レートのことです。

TTS	顧客が円からドルなどの外貨に換えるときに適用される為替レート（顧客が円を売るときに適用される）
TTB	顧客が外貨から円に換えるときに適用される為替レート（顧客が円を買うときに適用される）
TTM	TTSとTTBの平均値

問46　3

土地は減価償却の対象ではありません。なお、減価償却とは自動車などの固定資産の時間の経過にともなう価値の減少分を、使用する期間に分けて費用として計上することをいいます。

問47　1

ふるさと納税の謝礼として地方公共団体から受ける返礼品に係る経済的利益は、一時所得として総合課税の対象となります。

問48　3

「ひとり親控除」とは、婚姻していない者の中で、以下の3つの要件すべてを満たしている者に対して、35万円が所得から控除される制度です。

　　① 　合計所得金額が500万円以下であること
　　② 　事実上婚姻関係と同様の関係にある者がいないこと
　　③ 　生計を一にする子（総所得金額が48万円以下）がいること

問49　3

控除対象扶養親族のうち、その年の12月31日時点の年齢が19歳以上23歳未満である者は、特定扶養親族に該当し、納税者本人の所得から63万円が控除されます。

なお、16歳以上19歳未満、23歳以上70歳未満の扶養親族がいる場合は38万円が控除されます。16歳未満の親族については扶養控除は適用されません。

また、70歳以上の老人扶養親族については、同居している場合は58万円、同居でない場合は48万円が控除されます。

問50　1

青色申告の要件は、青色申告しようとする年の3月15日までに「青色申告承認申請書」を納税地の税務署に提出し、承認を受けることが原則です。ただし、その年の1月16日以後新たに業務を開始した者が、その年分から所得税の青色申告の承認を受けようとする場合、原則として、その業務を開始した日から2か月以内に、青色申告承認申請書を納税地の所轄税務署長に提出しなければなりません。

問51　2

相続税路線価（相続税評価額）は、相続税や贈与税を算定する際の土地等の評価額の基準となる価格で、毎年の1月1日を基準日として国税庁から発表されています。評価の水準は公示価格の80%程度を目安として設定されています。

問52 1

・建蔽率（%）＝$\dfrac{\text{建築面積}}{\text{敷地面積}}$×100で計算します。

$$=\dfrac{120\text{m}^2}{200\text{m}^2}\times100=60\%$$

問53 2

区分所有法において、規約の変更や設定および廃止する場合は、区分所有者および議決権の各4分の3以上の多数による集会の決議によらなければなりません。なお、建物の建替え決議は各5分の4以上の多数による集会の決議によらなければなりません。

問54 2

純利回り（NOI利回り）とは、投資した不動産の購入金額に対して、年間の純収入（収入から費用を差し引いた金額）がどのぐらいあったのかの割合を表しています。

純利回り（NOI利回り）＝$\dfrac{\text{年間総収入}-\text{諸経費}}{\text{投資金額}}$×100で計算します。

$$=\dfrac{270\text{万円}-110\text{万円}}{5{,}000\text{万円}}\times100=3.2\%$$

問55 2

個人が居住していた家屋を譲渡する場合、その家屋に居住しなくなった日から3年を経過する日の属する年の12月31日までに譲渡しなければ、「居住用財産を譲渡した場合の3,000万円の特別控除」の適用を受けることができません。「居住用財産を譲渡した場合の3,000万円の特別控除」は居住していた期間や所有期間に関係なく、要件を満たしていれば適用されます。なお、店舗併用住宅の場合、居住用部分のみが控除の対象になりますが、居住用部分の割合が90％以上あれば、建物すべてが居住用とみなされます。

問56 3

「直系尊属から教育資金の一括贈与を受けた場合の贈与税の非課税」の適用を受けた場合、学校等に支払われる場合、受贈者1人につき1,500万円までは贈与税が非課税となります。
学校等以外の塾等に対して直接支払われる金銭については、500万円が限度となります。

問57 2

Aさんの法定相続人は妻Bさんと母Cさんの2人です。第2順位の母Cさんがいるので、第3順位の兄Dさん、姉Eさんは法定相続人ではありません。したがって、配偶者と直系尊属である母が相続人となるので、法定相続分は、妻Bさん3分の2、母Cさん3分の1になります。

問58　2

相続税の基礎控除額＝3,000万円＋600万円×法定相続人の人数（相続を放棄した者も含む）

で計算します。法定相続人は妻Ｂさん、父Ｃさん、母Ｄさんの３人です。兄Ｅさんは第３順位であり、第２順位の父・母がいるので法定相続人ではありません。

したがって、相続税の基礎控除額＝3,000万円＋600万円×３人
　　　　　　　　　　　　　　　　　　＝4,800万円

問59　2

「配偶者に対する相続税額の軽減」の適用を受けた場合、配偶者の相続税の課税価格が、相続税の課税価格の合計額に対する配偶者の法定相続分相当額または１億6,000万円のいずれか多い金額までであれば、原則として、配偶者が納付すべき相続税額はゼロになります。

なお、「配偶者に対する相続税額の軽減」の適用を受けて、相続税額がゼロになる場合でも、相続税の申告は必要です。

問60　3

貸家建付地とは、自分の土地にアパート等を建てて、そのアパートを他人に貸付けている場合のその宅地のことをいいます。

貸家建付地の相続税評価額は、自用地評価額×（１−借地権割合×借家権割合×賃貸割合）の算式により算出されます。

16章
学科（解答・解説）

17章

過去問

実技

金財・個人資産相談業務

問題／解答・解説

（2023年9月試験）

【第1問】 次の設例に基づいて、下記の各問 問1 ～ 問3 に答えなさい。

― ＜設例＞ ―

　会社員のAさん（36歳）は、妻Bさん（35歳）、長男Cさん（3歳）および二男Dさん（0歳）との4人暮らしである。Aさんは、今年4月に二男Dさんが誕生したことを機に、今後の資金計画を改めて検討したいと考えている。Aさんは、その前提として、病気やケガで入院等した場合の健康保険の保険給付や自分が死亡した場合の公的年金制度からの遺族給付の支給など、社会保険制度の概要について理解しておきたいと思っている。

　そこで、Aさんは、ファイナンシャル・プランナーのMさんに相談することにした。

〈Aさんの家族構成〉

Aさん　　　：1986年12月3日生まれ
　　　　　　　会社員（厚生年金保険・全国健康保険協会管掌健康保険に加入している）

妻Bさん　　：1988年5月14日生まれ
　　　　　　　国民年金に第3号被保険者として加入している。

長男Cさん：2020年8月20日生まれ

二男Dさん：2023年4月1日生まれ

〈公的年金加入歴（2023年8月分まで）〉

20歳		22歳		36歳
Aさん	国民年金 保険料納付済期間 （28月）		厚生年金保険 被保険者期間 （173月）	

20歳		22歳	Aさんと結婚	35歳
妻Bさん	国民年金 保険料納付済期間 （35月）	厚生年金保険 被保険者期間 （101月）	国民年金 第3号被保険者期間 （48月）	

※妻Bさん、長男Cさんおよび二男Dさんは、現在および将来においても、Aさんと同居し、Aさんと生計維持関係にあるものとする。

※家族全員、現在および将来においても、公的年金制度における障害等級に該当する障害の状態にないものとする。

※上記以外の条件は考慮せず、各問に従うこと。

問1 現時点（2023年9月10日）においてAさんが死亡した場合、妻Bさんに支給される遺族基礎年金の年金額（2023年度価額）は、次のうちどれか。

1. 795,000円 + 228,700円 = 1,023,700円
2. 795,000円 + 228,700円 + 76,200円 = 1,099,900円
3. 795,000円 + 228,700円 + 228,700円 = 1,252,400円

問2 Mさんは、現時点（2023年9月10日）においてAさんが死亡した場合に妻Bさんに支給される遺族厚生年金について説明した。Mさんが、Aさんに対して説明した以下の文章の空欄①～③に入る語句の組合せとして、次のうち最も適切なものはどれか。

「遺族厚生年金の額は、原則として、死亡した者の厚生年金保険の被保険者記録を基礎として計算した老齢厚生年金の報酬比例部分の額の（ ① ）に相当する額になります。ただし、Aさんの場合、その計算の基礎となる被保険者期間の月数が（ ② ）に満たないため、（ ② ）とみなして年金額が計算されます。
また、二男Dさんの18歳到達年度の末日が終了し、妻Bさんの有する遺族基礎年金の受給権が消滅したときは、妻Bさんが（ ③ ）に達するまでの間、妻Bさんに支給される遺族厚生年金の額に中高齢寡婦加算が加算されます」

1. ①3分の2　②240月　③65歳
2. ①4分の3　②240月　③60歳
3. ①4分の3　②300月　③65歳

問3 Mさんは、健康保険の保険給付について説明した。MさんのAさんに対する説明として、次のうち最も適切なものはどれか。

1. 「Aさんが業務外の事由による病気やケガの療養のために、連続して3日間休業し、4日目以降の休業した日について事業主から賃金が支払われなかった場合は、所定の手続により、傷病手当金が支給されます」
2. 「Aさんに係る医療費の一部負担金の割合は、原則として、入院・外来を問わず、実際にかかった費用の1割です」
3. 「医療機関等に支払った医療費の一部負担金の額が自己負担限度額を超えた場合、所定の手続により、自己負担限度額を超えた額が高額療養費として支給されます。この一部負担金には、差額ベッド代や入院時の食事代も含まれます」

【第2問】 次の設例に基づいて、下記の各問 問4 ～ 問6 に答えなさい。

≪ 設 例 ≫

　会社員のAさん（58歳）は、国内の銀行であるX銀行の米ドル建定期預金の
キャンペーン広告を見て、その金利の高さに魅力を感じているが、これまで外貨
建金融商品を利用した経験がなく、留意点や課税関係について知りたいと思って
いる。
　そこで、Aさんは、ファイナンシャル・プランナーのMさんに相談することに
した。

〈X銀行の米ドル建定期預金に関する資料〉
　・預入金額　　　：10,000米ドル
　・預入期間　　　：6カ月
　・利率（年率）　：4.0％（満期時一括支払）
　・為替予約なし
　※上記以外の条件は考慮せず、各問に従うこと。

問4　Mさんは、《設例》の米ドル建定期預金について説明した。MさんのA
さんに対する説明として、次のうち最も適切なものはどれか。

1．「米ドル建定期預金の満期時の為替レートが、預入時の為替レートに比べ
　て円高・米ドル安となった場合、円換算の運用利回りは向上します」
2．「X銀行に預け入れた米ドル建定期預金は、金額の多寡にかかわらず、預
　金保険制度の保護の対象となりません」
3．「X銀行の米ドル建定期預金に10,000米ドルを預け入れた場合、Aさんが
　満期時に受け取ることができる利息額は400米ドル（税引前）になります」

問5　Aさんが、《設例》および下記の〈資料〉の条件で、10,000米ドルを預け入れ、満期時に円貨で受け取った場合における元利金の合計額として、次のうち最も適切なものはどれか。なお、計算にあたっては税金等を考慮せず、預入期間6カ月は0.5年として計算すること。

〈資料〉適用為替レート（円／米ドル）

	TTS	TTM	TTB
預入時	129.00円	128.50円	128.00円
満期時	131.00円	130.50円	130.00円

1．1,326,000円
2．1,331,100円
3．1,336,200円

問6　Mさんは、Aさんに対して、《設例》の米ドル建定期預金に係る課税関係について説明した。Mさんが説明した以下の文章の空欄①～③に入る語句の組合せとして、次のうち最も適切なものはどれか。

i）「AさんがX銀行の米ドル建定期預金に預け入れをした場合、当該預金の利子に係る利子所得は、所得税および復興特別所得税と住民税を合わせて20.315％の税率による（　①　）の対象となります」

ii）「外貨預金による運用では、外国為替相場の変動により、為替差損益が生じることがあります。為替差益は（　②　）として、所得税および復興特別所得税と住民税の課税対象となります。なお、為替差損による損失の金額は、外貨預金の利子に係る利子所得の金額と損益通算することが（　③　）」

1．①源泉分離課税　②雑所得　　③できません
2．①源泉分離課税　②一時所得　③できます
3．①申告分離課税　②雑所得　　③できます

【第3問】 次の設例に基づいて、下記の各問 問7 ～ 問9 に答えなさい。

≪ 設 例 ≫

　小売店を営む個人事業主であるＡさんは、開業後直ちに青色申告承認申請書と青色事業専従者給与に関する届出書を所轄税務署長に対して提出している青色申告者である。

〈Ａさんとその家族に関する資料〉
・Ａさん（45歳）　　　：個人事業主（青色申告者）
・妻Ｂさん（40歳）　　：Ａさんが営む事業に専ら従事している。2023年中に、青色事業専従者として、給与収入90万円を得ている。
・長男Ｃさん（15歳）　：中学生。2023年中の収入はない。
・母Ｄさん（73歳）　　：2023年中の収入は、公的年金の老齢給付のみであり、その収入金額は120万円である。

〈Ａさんの2023年分の収入等に関する資料〉
・（1）事業所得の金額　　　　　　　　　　　：　580万円（青色申告特別控除後）
・（2）一時払変額個人年金保険（10年確定年金）の解約返戻金
　　　契約年月　　　　　　　　　　　　　：　2015年10月
　　　契約者（＝保険料負担者）・被保険者：　Ａさん
　　　死亡保険金受取人　　　　　　　　　：　妻Ｂさん
　　　解約返戻金額　　　　　　　　　　　：　480万円
　　　正味払込保険料　　　　　　　　　　：　400万円

※妻Ｂさん、長男Ｃさんおよび母Ｄさんは、Ａさんと同居し、生計を一にしている。
※Ａさんとその家族は、いずれも障害者および特別障害者には該当しない。
※Ａさんとその家族の年齢は、いずれも2023年12月31日現在のものである。
※上記以外の条件は考慮せず、各問に従うこと。

問7 所得税における青色申告制度に関する以下の文章の空欄①～③に入る語句または数値の組合せとして、次のうち最も適切なものはどれか。

ⅰ）「事業所得の金額の計算上、青色申告特別控除として最高（ ① ）万円を控除することができます。（ ① ）万円の青色申告特別控除の適用を受けるためには、事業所得に係る取引を正規の簿記の原則に従い記帳し、その記帳に基づいて作成した貸借対照表、損益計算書その他の計算明細書を添付した確定申告書を法定申告期限内に提出することに加えて、e-Taxによる申告（電子申告）または電子帳簿保存を行う必要があります。なお、確定申告書を法定申告期限後に提出した場合、青色申告特別控除額は最高（ ② ）万円となります」

ⅱ）「青色申告者が受けられる税務上の特典として、青色申告特別控除のほかに、青色事業専従者給与の必要経費算入、純損失の３年間の繰越控除、純損失の繰戻還付、棚卸資産の評価について（ ③ ）を選択することができることなどが挙げられます」

1．①55　②10　③低価法
2．①65　②10　③低価法
3．①65　②55　③定額法

問8 Ａさんの2023年分の所得税の課税に関する次の記述のうち、最も適切なものはどれか。

1．「Ａさんが受け取った一時払変額個人年金保険の解約返戻金は、源泉分離課税の対象となります」
2．「Ａさんは、妻Ｂさんに係る配偶者控除の適用を受けることができ、その控除額は38万円です」
3．「Ａさんは、母Ｄさんに係る扶養控除の適用を受けることができ、その控除額は58万円です」

問9 Ａさんの2023年分の所得税における総所得金額は、次のうちどれか。

1．580万円
2．595万円
3．610万円

【第４問】 次の設例に基づいて、下記の各問 問10 ～ 問12 に答えなさい。

≪ 設 例 ≫

Ａさん（55歳）は、昨年、父親の相続によりＸ市内の実家（甲土地および建物）を取得した。法定相続人は、長男のＡさんのみであり、相続に係る申告・納税等の手続は完了している。

Ａさんは、別の都市に自宅を所有し、家族と居住しているため、相続後に空き家となっている実家（築45年）の売却を検討している。しかし、先日、友人の不動産会社の社長から、「甲土地は、最寄駅から徒歩５分の好立地にあり、相応の住宅需要が見込める。自己建設方式による賃貸マンションの建築を検討してみてはどうか」との提案があったことで、甲土地の有効活用にも興味を持ち始めている。

〈甲土地の概要〉

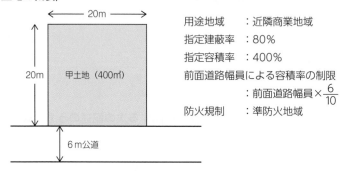

用途地域 ：近隣商業地域
指定建蔽率 ：80%
指定容積率 ：400%
前面道路幅員による容積率の制限
：前面道路幅員×$\frac{6}{10}$
防火規制 ：準防火地域

・指定建蔽率および指定容積率とは、それぞれ都市計画において定められた数値である。
・特定行政庁が都道府県都市計画審議会の議を経て指定する区域ではない。

※上記以外の条件は考慮せず、各問に従うこと。

問10 甲土地に耐火建築物を建築する場合の①建蔽率の上限となる建築面積と②容積率の上限となる延べ面積の組合せとして、次のうち最も適切なものはどれか。

1．①360㎡　②1,440㎡
2．①360㎡　②1,600㎡
3．①400㎡　②1,600㎡

問11 「被相続人の居住用財産（空き家）に係る譲渡所得の特別控除の特例」（以下、「本特例」という）に関する次の記述のうち、最も不適切なものはどれか。

1．「本特例の適用を受けるためには、相続した家屋について、1981年5月31日以前に建築されたこと、相続開始直前において被相続人以外に居住をしていた人がいなかったことなどの要件を満たす必要があります」
2．「本特例の適用を受けるためには、譲渡の対価の額が5,000万円以下でなければなりません」
3．「本特例の適用を受けるためには、確定申告書にX市から交付を受けた被相続人居住用家屋等確認書を添付する必要があります」

問12 甲土地の有効活用等に関する次の記述のうち、最も適切なものはどれか。

1．「自己建設方式とは、Aさんが所有する土地の上に、事業者が建設資金を負担してマンション等を建設し、完成した建物の住戸等をAさんと事業者がそれぞれの出資割合に応じて取得する手法です」
2．「甲土地が貸付事業用宅地等に該当すれば、『小規模宅地等についての相続税の課税価格の計算の特例』の適用を受けることができます。貸付事業用宅地等は、相続税の課税価格の計算上、330㎡までの部分について50％の減額が受けられます」
3．「Aさんが金融機関から融資を受けて賃貸マンションを建築した場合、Aさんの相続における相続税額の計算上、当該借入金の残高は債務控除の対象となります」

【第5問】 次の設例に基づいて、下記の各問 問13 ～ 問15 に答えなさい。

≪ 設 例 ≫

　Aさん（83歳）は、妻Bさん（81歳）との2人暮らしである。Aさん夫妻には2人の子がいるが、Aさんは、孫Eさん（24歳）にも相応の資産を承継させたいと考えており、遺言の作成を検討している。

〈Aさんの親族関係図〉

〈Aさんが保有する主な財産（相続税評価額）〉

現預金	：	3,000万円
上場株式	：	4,000万円
自宅（土地250㎡）	：	5,000万円（注）
自宅（建物）	：	1,000万円
賃貸マンション（土地400㎡）：		1億円（注）
賃貸マンション（建物）	：	8,000万円
合計	：	3億1,000万円

（注）「小規模宅地等についての相続税の課税価格の計算の特例」適用前の金額

※上記以外の条件は考慮せず、各問に従うこと。

問13 遺言に関する次の記述のうち、最も適切なものはどれか。

1．「公正証書遺言は、証人2人以上の立会いのもと、遺言者が遺言の趣旨を公証人に口授し、公証人がこれを筆記して作成するものです」
2．「自筆証書遺言は、所定の手続により法務局（遺言書保管所）に保管することができますが、法務局に保管された自筆証書遺言は、相続開始時に家庭裁判所による検認手続が必要となります」
3．「Aさんの遺言による相続分の指定や遺贈によって相続人の遺留分が侵害された場合、その遺言は無効となります」

問14 仮に、Ａさんの相続が現時点（2023年９月10日）で開始し、Ａさんの相続に係る課税遺産総額（課税価格の合計額－遺産に係る基礎控除額）が２億1,000万円であった場合の相続税の総額は、次のうちどれか。

1．3,500万円
2．4,250万円
3．6,750万円

〈資料〉相続税の速算表（一部抜粋）

法定相続分に応ずる取得金額		税率	控除額
万円超	万円以下		
	～ 1,000	10%	－
1,000 ～	3,000	15%	50万円
3,000 ～	5,000	20%	200万円
5,000 ～	10,000	30%	700万円
10,000 ～	20,000	40%	1,700万円
20,000 ～	30,000	45%	2,700万円

問15 現時点（2023年９月10日）において、Ａさんの相続が開始した場合に関する次の記述のうち、最も不適切なものはどれか。

1．「Ａさんの相続における相続税額の計算上、遺産に係る基礎控除額は、4,500万円となります」
2．「自宅の敷地と賃貸マンションの敷地について、『小規模宅地等についての相続税の課税価格の計算の特例』の適用を受けようとする場合、適用対象面積は所定の算式により調整され、完全併用はできません」
3．「孫Ｅさんが遺贈により財産を取得した場合、相続税額の２割加算の対象となります」

実技　金財・個人資産相談業務（解答・解説）

【第1問】

問1　3

●遺族基礎年金の受給要件

Aさんのように厚生年金に加入している者が亡くなった場合は、遺族基礎年金に上乗せして遺族厚生年金が支給されます。遺族基礎年金の受給要件は基礎年金の加入者（被保険者）が亡くなったとき、または老齢基礎年金の受給資格期間が25年以上ある者が亡くなったときに、子または子のある配偶者に支給されます。子とは18歳の末日までの未婚の者、または20歳未満で1級、2級の障害者で未婚の者をいいます。

なお、要件を満たした配偶者と子がいる場合は、配偶者に全額支給されます。Aさんには子の要件を満たした長男Cさん、二男Dさんがいますが、Aさんが亡くなった場合、妻Bさんに遺族基礎年金が全額支給されます。

Aさんは厚生年金に加入しているので、要件を満たしている妻Bさんは遺族基礎年金を受給できます。

●支給額（2023年度額）

妻Bさんに支給される遺族基礎年金額は、老齢基礎年金の満額（79万5,000円）と子の加算額が支給されます。長男Cさんは2020年生まれ、二男Dさんは2023年生まれで、子の要件を満たしていますので、妻Bさんに子の加算が支給されます。子の加算額は子2人目までは1人につき22万8,700円、3人目からは1人につき7万6,200円が支給されます。

・遺族基礎年金額＝79万5,000円＋22万8,700＋22万8,700円＝125万2,400円

> 2024年度額では、遺族基礎年金の額は81万6,000円、子の加算額は子2人目までは1人につき23万4,900円、3人目からは7万8,300円になっています。
> したがって、遺族基礎年金の額は以下の金額になります。
> ・遺族基礎年金額＝81万6,000円＋23万4,900円＋23万4,900円＝128万5,800円

問2　3

遺族厚生年金の額は、被保険者（Aさん）が亡くなった時点で計算した老齢厚生年金の報酬比例部分の額の4分の3相当額となります。ただし、亡くなった時点で被保険者（Aさん）の厚生年金の被保険者期間の月数が300月に満たない場合、被保険者期間を300月とみなして年金額が計算されます。

遺族基礎年金は子または子のある配偶者に支給されるので、二男Dさんが18歳の年度末を過ぎた場合、妻Bさんは遺族基礎年金の受給権が消滅し、妻Bさんには遺族基礎年金が支給されなくなります。そこで救済方法として、妻Bさんが65歳に達するまでの間、妻Bさんに支給される遺族厚生年金に「中高齢寡婦加算」が加算されます。なお、妻Bさんが65歳になると中高齢寡婦加算は支給されなくなるので、代わりに支給されるのが「経過的寡婦加算」です。

問3　1

1．適切

健康保険の傷病手当金は、被保険者が同じ病気やけがで働けず、連続して3日以上休業し、給与が支払われない場合に、直前12か月間の標準報酬月額（給与の平均額を30日で割った額）の3分の2の額が休業4日目から支給されます。なお、支給期間は最長で最初の開始日から通算して1年6か月です。

2．不適切

医療費の自己負担割合は69歳以下の者は3割です。（小学校入学前の者は2割負担）。

Aさんは現在36歳なので、医療費の自己負担割合は3割です。なお、70歳から74歳の者は2割負担（現役並み所得者は3割負担）、75歳以上の後期高齢者は原則、1割負担ですが、所得に応じて2割負担や3割負担になります。

3．不適切

高額療養費制度とは、同じ月（1か月の間）に病気やけがで診療を受け、自己負担額が一定水準を超えた場合に、超えた金額が高額療養費として払い戻される制度です。

健康保険が適用されない入院時の食事代や個室に入院した場合の差額ベッド代は高額療養費の対象に含まれず、全額自己負担になります。

問4　2

1．不適切

米ドル建ての定期預金に資金を預ける場合、円を売ってドルを買う（円からドルに交換する）ことになります。したがって、満期時にドルの価値が円に対して値上がり（円安・ドル高）した場合に為替差益（ドルの値上がり益）が発生し、円に換算したときの運用利回りは上昇します。問題文は逆になっています。

2．適切

外貨預金は、国内外の銀行のどこの支店に預けている場合も、預金保険制度の保護の対象になりません。なお、国内銀行の海外支店に預けている円預金も保護の対象外です。

3．不適切

外貨預金の利率（年率）は4％、預入期間は6か月です。したがって、1年間預けた場合は税引き前で10,000米ドル×4％＝400米ドルの利息が付きますが、預入期間は6か月なので半分の200米ドルになります。

問5　1

外貨預金を金融機関に預ける場合に、預金者が円を外貨に換える際に適用される為替レートがTTS、顧客が外貨を円に換える場合に適用される為替レートがTTBです。

TTS	顧客が円からドルなどの外貨に換えるときに適用される為替レート（顧客が円を売るときに適用される）
TTB	顧客が外貨から円に換えるときに適用される為替レート（顧客が円を買うときに適用される）
TTM	TTSとTTBの平均値

10,000米ドルを預け入れ、満期時に円貨で受け取った場合、ドルを売って円を買うことになるので、TTBが適用されます。満期時のTTBは130円です。

（6か月間の利息の額）　　　10,000米ドル×4％×0.5年＝200米ドル
（米ドルでの元利合計額）　　10,000米ドル＋200米ドル＝10,200米ドル
（円に換算の満期金額）　　　10,200米ドル×130円＝132万6,000円

問6 1

① 米ドル建定期預金に預け入れをした場合、外貨預金の利子に係る利子所得は、国内の定期預金と同じ税制が適用され、所得税および復興特別所得税と住民税を合わせて20.315％の税率による源泉分離課税の対象となります。

② 外貨預金の為替差益は雑所得となり、総合課税の対象になります。預入時より外貨より円高になった場合には為替差損が発生します。為替差損による損失の金額は、他に雑所得がある場合、損益通算できますが、それ以外の所得とは損益通算できません。したがって、外貨預金の利子に係る利子所得の金額と損益通算することはできません。

【第3問】

問7 2

① 事業所得の金額の計算上、青色申告特別控除として最高65万円を控除することができます。

【65万円の青色申告特別控除の適用を受けるための要件】
・事業所得に係る取引を正規の簿記の原則に従い記帳し、その記帳に基づいて作成した貸借対照表、損益計算書その他の計算明細書を添付した確定申告書を申告期限内に提出すること
・上記内容に加えて、e-Taxによる申告（電子申告）または電子帳簿保存を行っていること

② 「青色申告者が受けられる税務上の特典としては以下のようなものがあります。
・青色申告特別控除（10万円、55万円、65万円）の適用を受けることができる
　　※確定申告書を法定申告期限後に提出した場合、青色申告特別控除額は最高10万円となる
・青色事業専従者給与を必要経費に算入できる（親族に支払っている給与を全額必要経費にすることができる）
・所得より損失が多い場合、損益通算後に残った損失（純損失）を3年間繰越して、翌年以後3年間の所得から控除できる

・その年の所得が純損失になった場合、前年にさかのぼって前年の黒字の所得との損益通算できる（純損失の繰戻し還付）
・商品や製品などの棚卸資産の評価額を計算する場合に低価法を選択することができる
　低価法とは、資産の取得時の価格と現在の価格（時価）を比較して、いずれか低い方の価額を期末の棚卸資産の評価額とすることができるもの

問8　3

1．不適切

Aさんが受け取った一時払変額個人年金保険の解約返戻金は、払込保険料との差額が一時所得となります。ただし、保険期間が5年以下または契約してから5年以内に解約した場合、その差額については「金融類似商品」とみなされ、源泉分離課税の対象となります。Aさんの場合、契約日は2015年10月なので、5年以上経過後に解約しているので、一時所得の対象です。

2．不適切

妻BさんはAさんが営む事業に専ら従事しています。2023年中に、青色事業専従者として、給与収入90万円を得ているので、「青色事業専従者給与」の対象になっています。この場合、配偶者控除や配偶者特別控除は適用されません。

3．適切

母Dさん（73歳）は70歳以上で、年金収入のみです。65歳以上の年金受給者は、年金収入が158万円以下であれば、扶養控除の対象になります。母Dさんは70歳以上なので、老人扶養親族に該当し、同居なので58万円が控除されます。

問9　2

Aさんの総所得金額は、事業所得（青色申告特別控除後）の580万円と一時払変額個人年金保険（10年確定年金）の解約返戻金の金額の合計額です。一時払変額個人年金保険（10年確定年金）の解約返戻金の金額は一時所得になります。一時所得は以下の算式で計算されます。

・一時所得＝対象となる総収入金額－対象となる支出金額－50万円（特別控除）
　　　　　＝480万円－400万円－50万円
　　　　　＝30万円

一時所得がある場合、その2分の1の金額が総所得金額に加算されます。したがって、15万円が総所得金額に加算されます。以上より、

総所得金額＝580万円＋15万円＝595万円

【第4問】

問10　1

①建蔽率の上限となる建築面積

甲土地の指定建蔽率は80％ですが、甲土地は準防火地域内にあります。準防火地域に耐火建築物を建てる場合、建蔽率は10％加算され90％になります。

最大建築面積は敷地面積×建蔽率で計算します。

したがって、建築面積＝400㎡×90％＝360㎡になります。

なお、甲土地のような指定建蔽率が80％の近隣商業地域や商業地域内で、そこが防火地域以内にあり、耐火建築物を建てる場合は建蔽率の制限はなくなり100％になります。

②容積率の上限となる延べ（床）面積

容積率は、前面道路の幅が12m未満の場合、指定容積率と下記で計算した容積率の小さい数値が容積率となります。甲土地の場合、問題部にあるように近隣商業地域なので6／10になります。

　　・住居系用途地域の場合、前面道路幅×4／10

　　・その他の用途地域の場合、前面道路幅×6／10

　　※甲土地が2つの道路に面している場合、広い方が前面道路になります。

●甲土地の容積率

甲土地の前道路に6／10を乗じた値は、6m×6／10×100＝360％、指定容積率は400％なので、小さい方の360％が容積率になります。

●最大延べ（床）面積

　　最大延べ床面積＝面積×容積率で計算します。したがって、

　　　　　　　　　＝400㎡×360％＝1440㎡になります。

問11　2

1．適切

「空き家を譲渡した場合の3,000万円の特別控除」とは、相続や遺贈により取得した一定の耐震性のある空き家（1981年5月31日以前に建築されたもの）やその敷地を譲渡した場合、最高3,000万円の控除を受けることができる制度です。

適用を受けるためには以下の要件を満たしていることが必要です。

・譲渡価額が1億円以下であること
・相続開始日から同日以後3年を経過する日の属する年の12月31日までに譲渡すること
・相続時に被相続人（亡くなった者）以外に居住者がいなかったこと（空き家のままであること）
・相続してから貸付用や事業用に使用されていないこと

2．不適切

上記の通り、譲渡価額が1億円以下であることが要件です。

3．適切

「空き家を譲渡した場合の3,000万円の特別控除」の適用を受けるためには、確定申告書に居住地の役所から交付を受けた被相続人居住用家屋等確認書を添付する必要があります。

※2024年1月1日以降に空き家を譲渡した場合で、相続人が3人以上いる場合は、控除額は1人あたり最高2,000万円になっています。

問12　3

1．不適切

問題文は等価交換方式の説明です。自己建設方式とは、土地所有者が土地を保有したまま、自ら土地の有効活用の企画や資金調達、建物の建築、運営管理などを行うことで貸付事業などを行う方法です。

2．不適切

甲土地が貸付事業用宅地等に該当する場合、『小規模宅地等についての相続税の課税価格の計算の特例』の適用を受けることで、200㎡までを対象に相続税評価額が50％減額されます。なお、貸付事業用宅地等とは、土地をそのまま第三者に貸付けたり、自分の土地の上に賃貸アパートなどを建てている土地のことをいいます。

3．適切

被相続人が金融機関から融資を受けて賃貸マンションを建築した場合、相続人がその賃貸マンションを相続し、その借入金（債務）を支払った場合、相続税額の計算上、その借入金の残高は債務控除の対象となります。

【第5問】

問13　1

1．適切

公正証書遺言は、証人2人以上の立会いのもと、遺言者が遺言の趣旨を公証人に口述し、公証人がこれを筆記して作成します。公正証書遺言は公証役場に保管されているため、相続が発生した場合、家庭裁判所の検認は不要です。

2．不適切

自筆証書遺言は、遺言者が、その遺言の全文、日付および氏名を自書し、これに押印して作成するものです。自筆証書に添付する財産目録については、パソコン等で作成することも認められています。なお、法務局に保管された自筆証書遺言は、相続開始時に家庭裁判所による検認は不要です。

3．不適切

遺留分とは、相続発生時に相続人が最低限受け取れる財産のことをいいます。遺留分が認められている者を遺留分権利者といい、配偶者、子、直系尊属（父母など）で、兄弟姉妹は遺留分権利者ではありません。相続人の遺留分を侵害していても、その遺言自体は有効です。

したがって、遺留分を侵害された相続人は遺留分侵害額請求をすることで、侵害された金額を請求できます。

問14　2

相続税の総額は、課税遺産総額を各相続人が法定相続分で相続したものとして各自の相続税を計算し、合計した金額になります。

●課税遺産総額

相続税の課税遺産総額＝相続税の課税価格の合計額−相続税の基礎控除額で算出します。

Aさんの相続に係る課税遺産総額は2億1,000万円です。相続税の総額は、法定相続人が法定相続分通りに相続したものとして計算します。

●法定相続人と法定相続分

Aさんの法定相続人は、妻Bさん（配偶者は常に相続人になる）と第1順位の子である長男Cさん、二男Dさんの3人です。配偶者と第1順位の子が相続人なので、相続分は妻Bさんが2分の1，残りの2分の1を長男Cさんと二男Dさんが均等に相続するので、各4分の1になります。以上より、

・妻Bさんの相続分　＝2億1,000万円（課税遺産総額）×2分の1

　　　　　　　　　　　　　　　　　　　　　　　　　　＝1億500万円

・長男Cさんの相続分＝2億1,000万円（課税遺産総額）×4分の1＝5,250万円

・二男Dさんの相続分＝2億1,000万円（課税遺産総額）×4分の1＝5,250万円

●相続税額

相続税額は上記の相続分に速算表の相続税率を乗じた金額になります。

妻Bさんの相続税額　＝1億500万円×40%−1,700万円＝2,500万円
長男Cさんの相続税額＝　5,250万円×30%−　700万円＝　875万円
二男Cさんの相続税額＝　5,250万円×30%−　700万円＝　875万円
　　　　　　相続税の総額＝　2,500万円＋875万円＋875万円＝4,250万円

問15　1

1．不適切

相続税の基礎控除額は、3,000万円＋（600万円×法定相続人の数）で算出します。

法定相続人は妻Bさんと長男Cさん、次男Dさんの3人です。

・相続税の基礎控除額は、3,000万円＋（600万円×3人）＝4,800万円です。

２．適切

「小規模宅地等の相続税の課税価格の特例」とは、相続等により取得した宅地等について、その宅地に被相続人の居住用や事業用の建物があった場合に、一定の面積まで相続税の評価額が減額される制度のことです。特定居住用宅地等と特定事業用宅地等、貸付事業用宅地等を同時に相続する場合、減額される対象面積は調整されます。対象面積の合計が減額される訳ではありません。

３．適切

「相続税の２割加算」とは、相続や遺贈によって財産を取得した者が、被相続人の配偶者および一親等内の血族（子または父母）以外の者である場合、相続税額が20％加算される制度のことです。孫Ｅさんは二親等なので、２割加算の対象になります。例外として、孫Ｅさんが二男Ｄさんの代襲相続人になっている場合は、２割加算の対象になりません。

18章

過去問

実技

金財・保険顧客資産相談業務
問題／解答・解説
（2023年9月試験）

【第1問】 次の設例に基づいて、下記の各問 問1 ～ 問3 に答えなさい。

────────── ≪ 設 例 ≫ ──────────

　　会社員のAさん（57歳）は、妻Bさん（58歳）との2人暮らしである。Aさん
は、大学卒業後から現在に至るまでX株式会社に勤務しており、60歳の定年後も
継続雇用制度を利用して、65歳まで勤務する予定である。Aさんは、老後の資金
計画を検討するにあたり、公的年金制度から支給される老齢給付について理解を
深めたいと思っている。

　　そこで、Aさんは、ファイナンシャル・プランナーのMさんに相談すること
にした。

〈Aさんとその家族に関する資料〉
（1）Aさん（1966年1月10日生まれ・会社員）
　　　・公的年金加入歴：下図のとおり（65歳までの見込みを含む）
　　　　　　　　　　　　20歳から大学生であった期間（27月）は国民年金に任
　　　　　　　　　　　　意加入していない。
　　　・全国健康保険協会管掌健康保険、雇用保険に加入している。

20歳	22歳		65歳
国民年金 未加入期間 （27月）	厚生年金保険 被保険者期間 （513月）		

（2）妻Bさん（1965年8月17日生まれ・パートタイマー）
　　　・公的年金加入歴：18歳からAさんと結婚するまでの10年間（120月）は、
　　　　　　　　　　　　厚生年金保険に加入。結婚後は、国民年金に第3号被
　　　　　　　　　　　　保険者として加入している。
　　　・全国健康保険協会管掌健康保険の被扶養者である。

※妻Bさんは、現在および将来においても、Aさんと同居し、Aさんと生計維持
　関係にあるものとする。
※Aさんおよび妻Bさんは、現在および将来においても、公的年金制度における
　障害等級に該当する障害の状態にないものとする。
※上記以外の条件は考慮せず、各問に従うこと。

問1 はじめに、Mさんは、《設例》の〈Aさんとその家族に関する資料〉に基づき、Aさんが老齢基礎年金の受給を65歳から開始した場合の年金額（2023年度価額）を試算した。Mさんが試算した老齢基礎年金の年金額の計算式として、次のうち最も適切なものはどれか。

1．$795{,}000円 \times \dfrac{453月}{480月}$

2．$795{,}000円 \times \dfrac{480月}{480月}$

3．$795{,}000円 \times \dfrac{513月}{480月}$

問2 次に、Mさんは、老齢基礎年金の繰上げ支給および繰下げ支給について説明した。Mさんが、Aさんに対して説明した以下の文章の空欄①〜③に入る語句の組合せとして、次のうち最も適切なものはどれか。

「老齢基礎年金の支給開始年齢は原則65歳ですが、Aさんが希望すれば、60歳以上65歳未満の間に老齢基礎年金の繰上げ支給を請求することができます。ただし、繰上げ支給を請求した場合は、（　①　）減額された年金が支給されることになります。仮に、Aさんが60歳0カ月で老齢基礎年金の繰上げ支給を請求した場合の年金の減額率は、（　②　）となります。

一方、Aさんが希望すれば、66歳以後、老齢基礎年金の繰下げ支給の申出をすることができます。繰下げ支給の申出をした場合は、繰り下げた月数に応じて年金額が増額されます。Aさんの場合、繰下げの上限年齢は（　③　）です」

1．①生涯　　　②24％　③75歳
2．①80歳まで　②30％　③75歳
3．①生涯　　　②30％　③70歳

問3 最後に、Mさんは、公的年金制度からの老齢給付について説明した。MさんのAさんに対する説明として、次のうち最も適切なものはどれか。

1．「Aさんおよび妻Bさんには、特別支給の老齢厚生年金は支給されません。原則として、65歳から老齢厚生年金を受給することになります」
2．「Aさんが老齢基礎年金の繰上げ支給の請求をする場合、その請求と同時に老齢厚生年金の繰上げ支給の請求をしなければなりません」
3．「Aさんが65歳から受給することができる老齢厚生年金の額には、配偶者の加給年金額が加算されます」

【第2問】 次の設例に基づいて、下記の各問 問4 ～ 問6 に答えなさい。

---- ≪ 設 例 ≫ ----

　　会社員のAさん（30歳）は、専業主婦の妻Bさん（28歳）および長女Cさん（0歳）の3人で賃貸マンションに暮らしている。Aさんは、長女Cさんの誕生を機に、生命保険の加入を検討していたところ、先日、生命保険会社の営業担当者から下記の生命保険の提案を受けた。

　　そこで、Aさんは、ファイナンシャル・プランナーのMさんに相談することにした。

〈Aさんが提案を受けた生命保険に関する資料〉

保険の種類	：5年ごと配当付特約組立型総合保険（注1）
月払保険料	：13,900円
保険料払込期間（更新限度）	：90歳満了
契約者（＝保険料負担者）・被保険者	：Aさん
死亡保険金受取人	：妻Bさん
指定代理請求人	：妻Bさん

特約の内容	保障金額	保険期間
終身保険特約	200万円	終身
定期保険特約	3,000万円	10年
三大疾病一時金特約（注2）	200万円	10年
総合医療特約（180日型）	1日目から日額10,000円	10年
先進医療特約	先進医療の技術費用と同額	10年
指定代理請求特約	－	－
リビング・ニーズ特約	－	－

（注1）複数の特約を組み合わせて加入することができる保険
（注2）がん（悪性新生物）と診断確定された場合、または急性心筋梗塞・脳卒中で所定の状態に該当した場合に一時金が支払われる（死亡保険金の支払はない）。

※上記以外の条件は考慮せず、各問に従うこと。

問4 はじめに、Mさんは、現時点の必要保障額を試算することにした。下記の〈算式〉および〈条件〉に基づき、Aさんが現時点で死亡した場合の必要保障額は、次のうちどれか。

1．1,970万円
2．3,520万円
3．7,370万円

〈算式〉

> 必要保障額＝遺族に必要な生活資金等の支出の総額－遺族の収入見込金額

〈条件〉

1．長女Cさんが独立する年齢は、22歳（大学卒業時）とする。
2．Aさんの死亡後から長女Cさんが独立するまで（22年間）の生活費は、現在の生活費（月額25万円）の70％とし、長女Cさんが独立した後の妻Bさんの生活費は、現在の生活費（月額25万円）の50％とする。
3．長女Cさん独立時の妻Bさんの平均余命は、39年とする。
4．Aさんの死亡整理資金（葬儀費用等）・緊急予備資金の総額は、500万円とする。
5．長女Cさんの教育資金および結婚援助資金の総額は、1,500万円とする。
6．Aさん死亡後の住居費（家賃）の総額は、5,400万円とする。
7．死亡退職金とその他金融資産の総額は、2,000万円とする。
8．Aさん死亡後に妻Bさんが受け取る公的年金等の総額は、8,500万円とする。

次に、Mさんは、必要保障額の考え方について説明した。MさんのAさんに対する説明として、次のうち最も適切なものはどれか。

1.「Aさんが将来、住宅ローン（団体信用生命保険に加入）を利用して自宅を購入した場合、必要保障額の計算上、住宅ローンの残債務を遺族に必要な生活資金等の支出の総額に含める必要があります」
2.「必要保障額を計算するうえで、公的年金の遺族給付について理解する必要があります。仮に、現時点でAさんが死亡した場合、妻Bさんに対して遺族基礎年金および遺族厚生年金が支給されますが、それらの給付はいずれも長女Cさんが18歳に到達した年度の3月末までとなります」
3.「必要保障額の算出は、Aさんが死亡したときに遺族に必要な生活資金等が不足する事態を回避するための判断材料となります。第2子の誕生など、節目となるライフイベントが発生するタイミングで、必要保障額を再計算することが大切です」

最後に、Mさんは、生命保険の加入等についてアドバイスした。MさんのAさんに対するアドバイスとして、次のうち最も不適切なものはどれか。

1.「必要保障額は、通常、子どもの成長とともに逓減していきますので、期間の経過に応じて年金受取総額が逓減する収入保障保険で死亡保障を準備することも検討事項の1つとなります」
2.「生命保険を契約する際には、傷病歴や現在の健康状態などについて、事実をありのままに正しく告知してください。生命保険募集人は告知受領権を有していますので、当該募集人に対して、口頭で告知されることをお勧めします」
3.「Aさんが病気やケガで就業不能状態となった場合、通常の生活費に加え、療養費等の出費もかさみ、支出が収入を上回る可能性があります。死亡保障だけでなく、就業不能保障の準備についてもご検討ください」

【第3問】次の設例に基づいて、下記の各問 問7 ～ 問9 に答えなさい。

------------------------ ≪ 設 例 ≫ ------------------------

　Aさん（65歳）は、X株式会社（以下、「X社」という）の創業社長である。
Aさんは今期限りで勇退する予定であり、X社が加入している生命保険の解約返
戻金を退職金の原資として活用したいと考えている。

　そこで、Aさんは、ファイナンシャル・プランナーのMさんに相談することに
した。

〈資料〉X社が加入している生命保険に関する資料

保険の種類	：長期平準定期保険（特約付加なし）
契約年月日	：2003年12月1日
契約者（＝保険料負担者）	：X社
被保険者	：Aさん
死亡保険金受取人	：X社
死亡・高度障害保険金額	：1億円
保険期間・保険料払込期間	：95歳満了
年払保険料	：260万円
現時点の解約返戻金額	：4,200万円
現時点の払込保険料累計額	：5,200万円
※保険料の払込みを中止し、払済終身保険に変更することができる。	

※上記以外の条件は考慮せず、各問に従うこと。

問7　仮に、X社がAさんに役員退職金5,000万円を支給した場合、Aさんが
受け取る役員退職金に係る退職所得の金額として、次のうち最も適切なものは
どれか。なお、Aさんの役員在任期間（勤続年数）を30年とし、これ以外に
退職手当等の収入はなく、障害者になったことが退職の直接の原因ではないも
のとする。

1．1,750万円
2．3,500万円
3．3,800万円

問8 Mさんは、《設例》の長期平準定期保険について説明した。MさんのAさんに対する説明として、次のうち最も適切なものはどれか。

1. 「当該生命保険の単純返戻率（解約返戻金額÷払込保険料累計額）は、保険期間の途中でピーク時期を迎え、その後は低下しますが、保険期間満了時に満期保険金が支払われます」
2. 「現時点で当該生命保険を払済終身保険に変更する場合、契約は継続するため、経理処理は必要ありません」
3. 「当該生命保険を払済終身保険に変更し、契約者をAさん、死亡保険金受取人をAさんの相続人に名義を変更することで、当該払済終身保険を役員退職金の一部としてAさんに現物支給することができます」

問9 X社が現在加入している《設例》の長期平準定期保険を下記〈条件〉にて解約した場合の経理処理（仕訳）として、次のうち最も適切なものはどれか。

〈条件〉
・X社が解約時までに支払った保険料の累計額は、5,200万円である。
・解約返戻金の額は、4,200万円である。
・配当等、上記以外の条件は考慮しないものとする。

1.

借　　方		貸　　方	
現金・預金	4,200万円	前払保険料	2,600万円
雑　損　失	1,000万円	定期保険料	2,600万円

2.

借　　方		貸　　方	
現金・預金	4,200万円	前払保険料	2,600万円
		雑　収　入	1,600万円

3.

借　　方		貸　　方	
前払保険料	2,100万円	現金・預金	4,200万円
定期保険料	2,100万円		

【第４問】 次の設例に基づいて、下記の各問 問10 ～ 問12 に答えなさい。

≪ 設 例 ≫

会社員のＡさんは、妻Ｂさん、長女Ｃさんとの３人家族である。Ａさんは、2023年中に一時払変額個人年金保険（10年確定年金）の解約返戻金を受け取っている。

〈Ａさんとその家族に関する資料〉
　Ａさん（50歳）　　　：会社員
　妻Ｂさん（45歳）　　：パートタイマー。2023年中に給与収入100万円を得ている。
　長女Ｃさん（17歳）：高校生。2023年中の収入はない。

〈Ａさんの2023年分の収入等に関する資料〉
　（１）　給与収入の金額　　　　　　　　　：650万円
　（２）　一時払変額個人年金保険（10年確定年金）の解約返戻金
　　　契約年月　　　　　　　　　　　　：2016年６月
　　　契約者（＝保険料負担者）・被保険者：Ａさん
　　　死亡保険金受取人　　　　　　　　：妻Ｂさん
　　　解約返戻金額　　　　　　　　　　：440万円
　　　正味払込保険料　　　　　　　　　：400万円

〈Ａさんが2023年中に支払った生命保険の保険料に関する資料〉
　（１）　終身保険（特約付加なし）
　　　契約年月　　　　　　　　　　　　：2013年５月
　　　契約者（＝保険料負担者）・被保険者：Ａさん
　　　年間正味払込保険料　　　　　　　：12万円（全額が一般の生命保険
　　　　　　　　　　　　　　　　　　　　料控除の対象）
　（２）　終身がん保険（死亡保障なし）
　　　契約年月　　　　　　　　　　　　：2023年６月
　　　契約者（＝保険料負担者）・被保険者：Ａさん
　　　年間正味払込保険料　　　　　　　：９万円（全額が介護医療保険料
　　　　　　　　　　　　　　　　　　　　控除の対象）

※妻Ｂさんおよび長女Ｃさんは、Ａさんと同居し、生計を一にしている。
※Ａさんとその家族は、いずれも障害者および特別障害者には該当しない。
※Ａさんとその家族の年齢は、いずれも2023年12月31日現在のものである。
※上記以外の条件は考慮せず、各問に従うこと。

Aさんの2023年分の所得税における総所得金額は、次のうちどれか。

1．476万円
2．496万円
3．516万円

〈資料〉給与所得控除額

給与収入金額		給与所得控除額
万円超	万円以下	
	～ 180	収入金額×40％ － 10万円（55万円に満たない場合は、55万円）
180	～ 360	収入金額×30％ ＋ 8万円
360	～ 660	収入金額×20％ ＋ 44万円
660	～ 850	収入金額×10％ ＋ 110万円
850	～	195万円

問11 Aさんの2023年分の所得税の課税に関する次の記述のうち、最も適切なものはどれか。

1．「Aさんは、2023年中に解約した一時払変額個人年金保険の解約差益が20万円を超えるため、所得税の確定申告をしなければなりません」
2．「Aさんが適用を受けることができる配偶者控除の控除額は、38万円です」
3．「Aさんが適用を受けることができる扶養控除の控除額は、63万円です」

問12 Aさんの2023年分の所得税における生命保険料控除の控除額は、次のうちどれか。

1．4万円
2．8万円
3．10万円

【第5問】次の設例に基づいて、下記の各問 問13 ～ 問15 に答えなさい。

------------------------------ ≪ 設 例 ≫ ------------------------------

　Aさん（79歳）は、妻Bさん（76歳）との2人暮らしである。Aさん夫妻には、2人の子がいるが、二男Dさんは既に他界している。Aさんは、孫Eさん（22歳）および孫Fさん（20歳）に対して、相応の資産を承継させたいと考えている。

〈Aさんの親族関係図〉

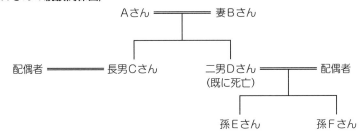

〈Aさんの主な所有財産（相続税評価額、下記の生命保険を除く）〉
　現預金　　　　　　　：1億9,000万円
　自宅（敷地330㎡）：　　7,000万円（注）
　自宅（建物）　　　　：　　1,000万円
　（注）「小規模宅地等についての相続税の課税価格の計算の特例」適用前の金額

〈Aさんが加入している一時払終身保険の内容〉
　契約者（＝保険料負担者）・被保険者：Aさん
　死亡保険金受取人　　　　　　　　　：妻Bさん
　死亡保険金額　　　　　　　　　　　：2,000万円

　※上記以外の条件は考慮せず、各問に従うこと。

Aさんの相続に関する次の記述のうち、最も適切なものはどれか。

1. 「妻Bさんが受け取る一時払終身保険の死亡保険金は、みなし相続財産として相続税の課税対象となりますが、死亡保険金の非課税金額の規定の適用を受けることで、相続税の課税価格には算入されません」
2. 「孫Eさんおよび孫Fさんが相続により財産を取得した場合、相続税額の2割加算の対象となります」
3. 「相続税の申告書は、原則として、相続の開始があったことを知った日の翌日から6カ月以内に被相続人であるAさんの死亡時の住所地を所轄する税務署長に提出しなければなりません」

Aさんの相続に関する以下の文章の空欄①～③に入る語句の組合せとして、次のうち最も適切なものはどれか。

> ⅰ）「円滑な遺産分割のため、遺言書の作成をお勧めします。公正証書遺言は、証人（ ① ）以上の立会いのもと、遺言者が遺言の趣旨を公証人に口授し、公証人がこれを筆記して作成します。推定相続人である妻Bさんや長男Cさんを証人にすること（ ② ）」
> ⅱ）「妻Bさんが自宅の敷地を相続により取得し、『小規模宅地等についての相続税の課税価格の計算の特例』の適用を受けた場合、自宅の敷地（相続税評価額7,000万円）について、相続税の課税価格に算入すべき価額を（ ③ ）とすることができます」

1. ①3人　②はできません　③5,600万円
2. ①3人　②ができます　③3,500万円
3. ①2人　②はできません　③1,400万円

問15　Aさんの相続が現時点（2023年9月10日）で開始し、Aさんの相続に係る課税遺産総額（課税価格の合計額－遺産に係る基礎控除額）が1億6,000万円であった場合の相続税の総額は、次のうちどれか。

1．2,800万円
2．4,000万円
3．4,700万円

〈資料〉相続税の速算表（一部抜粋）

法定相続分に応ずる取得金額		税率	控除額
万円超	万円以下		
	～　1,000	10%	―
1,000　～	3,000	15%	50万円
3,000　～	5,000	20%	200万円
5,000　～	10,000	30%	700万円
10,000　～	20,000	40%	1,700万円

【第1問】

問1　1

●老齢基礎年金の支給額

　2023年度の老齢基礎年金の満額支給額は、40年間（480月）加入した場合、79万5,000円です。保険料の免除期間がなく、加入期間が480月に足りない場合、支給額は保険料の納付済み期間に応じて以下の計算式で調整されます。

$$795{,}000円 \times \frac{保険料納付済み月数}{480月}$$

　老齢基礎年金の加入期間は20歳から60歳までの40年間（480月）です。Aさんは22歳から65歳まで老齢厚生年金に加入する見込みですが、老齢厚生年金に加入している場合、国民年金の第2号被保険者として、老齢基礎年金にも加入していることになります。20歳から22歳の未加入期間は保険料は支払っていないので、保険料納付済み期間にはカウントされません。なお、Aさんは65歳まで老齢厚生年金に加入見込みですが、老齢基礎年金の加入期間は60歳までなので、60歳以降の5年間（60月）は保険料も納付済み期間にはカウントされません。したがって、Aさんの老齢基礎年金の保険料納付済み期間は513月から60月を除いた453月になります。以上より、Aさんの老齢基礎年金額は次のようになります。

$$老齢基礎年金の額 = 795{,}000円 \times \frac{453月}{480月}$$

　※2024年度の老齢基礎年金の満額支給額は81万6,000円です。

$$老齢基礎年金の額 = 816{,}000円 \times \frac{453月}{480月}$$

問2 1

① 老齢基礎年金は原則65歳から支給されますが、請求することで60歳から64歳の間で受給を開始することもできます。これを繰上げ受給といいます。繰上げ受給をすると年金額は減額され、生涯、減額された年金が支給されます。

② 繰上げ受給した場合、繰上げた月当たり0.4％年金額が減額になります。したがって、５年繰り上げて60歳から繰上げ受給をした場合、60月（５年×12月）繰上げたことになるので、減額率は以下のようになります。

年金の減額割合＝60月×0.4％＝24％

③ 老齢基礎年金は繰下げ受給することもできます。繰り下げる場合、10年間（120月）、最大75歳まで繰下げることができます。なお、繰り下げた場合、年金額は増額になり、一生涯増額された年金が支給されます。増額率は繰り下げた月当たり0.7％になります。したがって、75歳まで繰り下げた場合、年金額は84％（120月×0.7％）増額されます。

問3 2

１．不適切

老齢厚生年金は原則65歳から支給されますが、生年月日によって60歳から64歳までの間に支給が開始されます。生年月日の要件は男女によって異なります。これを特別支給の老齢厚生年金といいます。受給要件は以下の要件を満たしていることです。

【特別支給の老齢厚生年金の受給要件】
・老齢基礎年金の受給資格期間（10年）を満たしていること（老齢基礎年金の加入期間が10年以上あること）
・厚生年金の加入期間が１年以上あること

なお、下記の者は特別支給の老齢厚生年金は受給できません。

（男性）1961年４月２日以後に生まれた者
（女性）1966年４月２日以後に生まれた者（男性の生年月日に５年を加える）

Ａさんは1966年生まれなので、特別支給の老齢厚生年金は支給されませんが、

妻Bさんは1965年8月生まれなので、特別支給の老齢厚生年金は支給されます。

2．適切

繰上げ受給をする場合、老齢基礎年金と老齢厚生年金は同時に繰上げしなければなりません。一方のみを繰上げ受給することはできません。なお、繰下げ受給する場合は、どちらか一方のみを繰下げて、一方を65歳から受給することも、同時に繰下げ受給することも可能です。

3．不適切

加給年金は厚生年金の加入期間が20年以上ある者に、要件を満たした配偶者または子がいる場合に、配偶者が65歳になるまで、または原則、子が18歳の末日を過ぎるまで支給されるもので、一種の扶養手当にあたります。配偶者の要件は65歳未満であることです。妻BさんはAさんより1つ年上なので、Aさんが65歳になったときには妻Bさんは66歳になるので、Aさんには加給年金は支給されません。

【第2問】

問4　3

生命保険の必要保障額は遺族に必要な生活費の総額－遺族の収入見込額になります。一般的に末子が生まれたときに最大になり、徐々に減少していきます。

〔遺族に必要な生活費の総額〕
●生活費
　（長女Cさんが22歳になるまで）25万円×0.7×12月×22年　　＝4,620万円
　（長女Cさんが独立した後）　　　25万円×0.5×12月×39年
　　　　　　　　　　　　　　　　　（妻Bさんの平均余命）＝5,850万円
●Aさんの死亡整理資金（葬儀費用等）・緊急予備資金　　　　　500万円
●長女Cさんの教育資金および結婚援助資金　　　　　　　　 1,500万円
●Aさん死亡後の住居費（家賃）　　　　　　　　　　　　　 5,400万円

　　　　　　　　　　　　　　　　　　計　　1億7,870万円…①

〔遺族の収入の見込み額〕

●死亡退職金とその他金融資産　　　　　　　　　　　　　2,000万円

●公的年金等　　　　　　　　　　　　　　　　　　　　　8,500万円

　　　　　　　　　　　　　　　　計　　　1億500万円…②

　生命保険の必要保障額＝①－②になるので、1億7,870万円－1億500万円＝7,370万円

問5　3

1．不適切

団体信用生命保険では、加入者が亡くなった場合、保険会社より住宅ローンを組んでいる金融機関等にローン残高が返済されるので、遺族が残りのローンを返済する必要はありません。したがって、遺族の必要な生活資金等の支出の総額に含める必要はありません。

2．不適切

遺族基礎年金は「子」が要件を満たさなくなった場合（18歳の年度末を過ぎた場合や結婚した場合など）には支給されなくなりますが、遺族厚生年金は原則、生涯支給されます。

3．適切

必要保障額は子どもが生まれたり、転職等によって所得が増減したり、子どもの進学の状況等のライフイベントの変化によって随時変化します。したがって、ライフイベントの変化に応じて見直すことが必要です。

問6　2

1．適切

収入（生活）保障保険は、被保険者が亡くなった場合や高度障害になった場合に、保険金が年金形式または一時金で支払われる保険です。通常、一時金で受取った方が受取総額は少なくなります。また、保険期間の経過に応じて保障額は減少していきますが保険金額が同じ定期保険より保険料は割安です。

2．不適切

保険募集人とは、保険会社のために保険契約の締結の代理を行う者です。保険契約の締結権や告知を受ける権利（告知受領権）はなく、保険会社に権利があ

ります。

3．適切
就業不能保障（就業不能保険）とは、病気やけがで働けなくなったことにより
収入が減ることに備えるものです。誰もが病気やけがで長期間働けなくなり、
収入が減ってしまう可能性がありますので、就業不能保障を準備することは重
要です。

【第3問】
問7　1
退職所得は退職金の総額から退職所得控除額を差引いて、2分の1をかけた金
額になります。
退職所得控除額は以下の通りです。
　・勤続年数が20年以下の場合　：　40万円×勤続年数（最低80万円）
　・勤続年数が20年超の場合　　：　800万円＋70万円×（勤続年数－20年）
　　※勤続年数に1年未満の端数がある場合、繰上げて1年とします

Aさんの勤続年数は30年なので、退職所得控除額は以下の通りです。
（退職所得控除額）　　800万円＋70万円×（30年－20年）＝1,500万円
（退職所得）　　　　（5,000万円－1,500万円）×2分の1＝1,750万円

問8　3
1．不適切
長期平準定期保険には満期保険金はありません。中途解約すると多額の解約返
戻金が支払われますが、一定期間経過後から解約返戻金は徐々に減少していき、
満期日にはゼロになります。なお、保険料は満期日まで一定です。

2．不適切
払済保険は保険料の払込みを中止し、その時の解約返戻金を保険料にして、保
証額を下げた保険に変更するものです。保険期間は変わりません。長期平準定
期保険を払済保険に変更した場合、その時点の解約返戻金相当額を資産計上
（保険料積立金）し、それまで資産計上していた保険料を期間に応じて取崩し
ます。その際、解約返戻金の方が積立てた保険料より多い場合、差額は雑収入

として、解約返戻金の方が積立てた保険料より少ない場合は差額を雑損失として計上します。

３．適切

長期平準定期保険のままでは、徐々に解約返戻金は減少し、満期保険金はゼロになってしまうのでＡさんの退職金として活用できません。契約者をＡさん、受取人をＡさんの相続人とする払済みの終身保険に変更することで、退職金として活用が可能になります。終身保険は満期保険金はありませんが、長期間加入後には解約返戻金が支払われます。

問9　2

長期平準定期保険の解約返戻金は、それまで資産計上していた保険料を取り崩し、解約返戻金の方がそれまで積立てた保険料より多い場合、差額は雑収入として、解約返戻金の方が少ない場合は差額を雑損失として計上します。この保険の契約日は2003年12月なので、現状の経理処理とは異なり、保険期間の前半の６割の期間は支払った保険料の２分の１を資産計上することになっていました。したがって経理処理は以下のようになります。

　（経理処理）
　・解約返戻金　　　　　　：4,200万円
　・払込保険料の資産計上額：2,600万円（払込保険料5,200万円の２分の１）

　収入である解約返戻金の4,200万円を借方に、払込保険料（前払保険料）の資産計上額2,600万円を貸方に、解約返戻金の方が取り崩す資産計上額（払込保険料）より1,600万円多いので、差額の1,600万円を雑収入として貸方に計上します。

【第４問】

問10　1

Ａさんの収入は給与収入の650万円と一時払変額個人年金保険の解約返戻金の440万円です。給与収入から給与所得控除額を差引いた金額が給与所得になります。
　給与所得控除額は、資料より、650万円×20％＋44万円＝174万円

（給与所得）　650万円 − 174万円 ＝ 476万円

一時払変額個人年金保険の解約返戻金の440万円は一時所得になります。一時所得は総収入金額からその収入を得るために支出した金額を差引き、更に特別控除額の50万円を差引いた金額になります。

（一時所得の金額）440万円 − 400万円 − 50万円 ＝ − 10万円
一時所得の金額がマイナスになる場合、一時所得はなかったものとなり、他の給与所得等と合算できません。したがって、一時所得は0円となります。

（Aさんの総所得金額）　476万円 ＋ 0円 ＝ 476万円
なお、一時所得の金額がプラス場合、その2分の1が他の給与所得等と合算されます。

問11　2

１．不適切
所得税法上、給与所得および退職所得以外の所得が年20万円を超えた場合、確定申告をしなければなりません。
上記の問10で計算した通り、Aさんの一時所得金額は、総収入金額からその収入を得るために支出した金額を差引き、更に特別控除額の50万円を差引いた金額になります。

（Aさんの一時所得）　440万円 − 400万円 − 50万円 ＝ − 10万円となり、この場合、一時所得は無かったものとされ、0円となるので、確定申告は不要です。

２．適切
配偶者控除を受けるための主な要件は、納税者本人の合計所得金額が1,000万円以下であること、配偶者の収入が103万円（所得金額で48万円以下であること）、配偶者が青色事業専従者給与の対象になっていないことです。

（Aさんの給与所得）　650万円 − 174万円 ＝ 476万円
（妻Bさんのパート収入）　100万円（給与所得は100万円から給与所得控除の55

万円を差引いた45万円）で、青色事業専従者給与の
対象でもありません。

※青色事業専従者給与とは、配偶者等の事業を手伝う者に支払う給与のことを
いいます。

３．不適切

扶養控除の対象となる長女Ｃさんは17歳なので、控除額は38万円です。

扶養親族	控除額
16歳未満	なし
16歳以上19歳未満	38万円
19歳以上23歳未満（特定扶養親族）	63万円
23歳以上70歳未満	38万円
70歳以上（老人扶養親族）	48万円（同居でない場合） 58万円（同居の場合）

問12　2

2012年１月１日以後に締結した保険契約については、各保険料の年間支払額が
８万円を超えた場合、最高で所得税４万円、住民税２万8,000円が控除されま
す。終身保険は一般の生命保険料控除の対象であり、がん保険は介護医療保険
料控除の対象です。

Ａさんの2023年中の終身保険の支払い保険料は12万円、終身がん保険の支払い
保険料は９万円なので、所得税では各４万円、合計して８万円が控除されます。

	所得税（控除の最高額）	住民税（控除の最高額）
一般の生命保険料控除	4万円	2万8,000円
個人年金保険料控除	4万円	2万8,000円
介護医療保険料控除	4万円	2万8,000円
計	12万円	7万円

【第５問】

問13　1

１．適切

死亡保険金の非課税枠は500万円×法定相続人の数で計算します。Ａさんが亡
くなった場合の法定相続人は、妻Ｂさん、長男Ｃさん、二男Ｄさんは既に亡く

なっているので、Dさんの子である孫Eさんと孫Fさんの2人が代襲相続し、法定相続人になります。したがって、法定相続人は4人となります。

（死亡保険金の非課税枠）500万円×4人＝2,000万円となります。
死亡保険金の額は2,000万円なので、相続税の課税価格に算入される金額はゼロとなります。

2．不適切
相続財産を取得した者で、相続税の2割加算の対象となるのは、被相続人の配偶者、子及び父母以外の者です。したがって、孫は本来であれば2割加算の対象ですが、代襲相続人となっている場合は、本来の相続人である二男Dさんの地位をそのまま引き継ぐので、2割加算の対象になりません。

3．不適切
相続税の申告書は、原則として、相続の開始があったことを知った日の翌日から10か月以内に被相続人であるAさんの死亡時の住所地を所轄する税務署長に提出しなければなりません。

問14　3
①公正証書遺言は、証人2人以上の立会いのもと、遺言者が遺言の趣旨を公証人に口授し、公証人がこれを筆記して作成します。
②証人には、推定相続人、相続に関係する者（利害関係者）や未成年などはなることができません。
③被相続人の配偶者が被相続人の住居（特定居住用宅地等）を相続した場合、小規模宅地等の課税価格の特例が適用され、330㎡までの面積について、相続税評価額が80％減額されます。Aさんの自宅の敷地面積は330㎡で、7,000万円なので、相続税評価額の減額金額は以下のようになります。

（減額される金額）　　$7{,}000万円 \times \dfrac{330㎡}{330㎡} \times 80\% = 5{,}600万円$

（相続税評価額）　　$7{,}000万円 - 5{,}600万円 = 1{,}400万円$

【少規模宅地等の減額割合】

宅地の区分	対象となる面積（上限）	減額割合
特定居住用宅地等	330㎡	80%
特定事業用宅地等	400㎡	80%
貸付事業用宅地等	200㎡	50%

問15　1

相続税の総額を計算する場合、各相続人が課税遺産総額（課税価格の合計額－遺産に係る基礎控除額を各法定相続人で相続したものとして、相続税を算出し合計します。

（法定相続人）

妻Bさん、長男Cさん、二男Dさんは既に亡くなっているので、Dさんの子である孫Eさんと孫Fさんの4人です。配偶者と子（この場合は代襲相続人も含む）が相続人なので、配偶者の法定相続分は2分の1、残りの2分の1を長男Cさんと孫EさんとFさんの3人で相続します。なお、孫EさんとFさんは本来二男Dさんが相続する予定であった相続財産を2人で均等に相続します。したがって、上より各相続人の法定相続分は以下のようになります。

（法定相続分）

- ・妻Bさん　　　　2分の1
- ・長男Cさん　　　4分の1（2分の1×2分の1）
- ・孫Eさん　　　　8分の1（4分の1×2分の1）
- ・孫Fさん　　　　8分の1（4分の1×2分の1）

（法定相続分で計算した相続財産の額）

課税遺産総額は1億6,000万円なので、各自の法定相続分を乗じて計算します。

- ・妻Bさん　　　　1億6,000万円×2分の1＝8,000万円
- ・長男Cさん　　　1億6,000万円×4分の1＝4,000万円
- ・孫Eさん　　　　1億6,000万円×8分の1＝2,000万円
- ・孫Fさん　　　　1億6,000万円×8分の1＝2,000万円

（各自の相続税額）

上記の相続財産の額に相続税額を乗じて算出します。（資料参照）

- 妻Bさん　　　8,000万円×30％－700万円＝1,700万円
- 長男Cさん　　4,000万円×20％－200万円＝　600万円
- 孫Eさん　　　2,000万円×15％－50万円　＝　250万円
- 孫Fさん　　　2,000万円×15％－50万円　＝　250万円

相続税の総額　　　　　2,800万円

19章

過去問

実技

FP協会・資産設計提案業務

問題／解答・解説

（2023年9月試験）

【第1問】下記の 問1 、 問2 について解答しなさい。

問1 　公表された他人の著作物を自分の著作物に引用する場合の注意事項に関する次の記述のうち、最も不適切なものはどれか。

1．自らが作成する部分が「主」で、引用する部分が「従」となる内容にした。
2．自らが作成する部分と引用する部分を区別できないようにまとめて表現した。
3．引用する著作物のタイトルと著作者名を明記した。

問2　下記は、小山家のキャッシュフロー表（一部抜粋）である。このキャッシュフロー表の空欄（ア）〜（ウ）にあてはまる数値として、誤っているものはどれか。なお、計算過程においては端数処理をせず計算し、計算結果については万円未満を四捨五入すること。

〔小山家のキャッシュフロー表〕　　　　　　　　　　　　　　　　（単位：万円）

経過年数			基準年	1年	2年	3年	4年
西暦（年）			2023	2024	2025	2026	2027
家族・年齢	小山　信介	本人	41歳	42歳	43歳	44歳	45歳
	美緒	妻	40歳	41歳	42歳	43歳	44歳
	健太郎	長男	9歳	10歳	11歳	12歳	13歳
	沙奈	長女	5歳	6歳	7歳	8歳	9歳
ライフイベント		変動率		自動車の買替え	沙奈小学校入学		健太郎中学校入学
収入	給与収入（本人）	1％	428	432	437	441	445
	給与収入（妻）	1％	402	406	410	414	418
	収入合計	—	830	838	847	855	863
支出	基本生活費	2％	287				（ア）
	住宅関連費	—	162	162	162	162	162
	教育費	—					
	保険料	—	48	48	48	48	48
	一時的支出	—		400			
	その他支出	—	60	60	60	60	60
	支出合計	—	627				
年間収支				（イ）		208	
金融資産残高		1％	823	627	（ウ）		

※年齢および金融資産残高は各年12月31日現在のものとし、2023年を基準年とする。
※給与収入は可処分所得で記載している。
※記載されている数値は正しいものとする。
※問題作成の都合上、一部を空欄にしてある。

1．（ア）310
2．（イ）203
3．（ウ）841

473

【第2問】下記の 問3 ～ 問5 について解答しなさい。

問3 下記〈資料〉に基づくHX株式会社の投資指標に関する次の記述のうち、最も不適切なものはどれか。なお、購入時の手数料および税金は考慮しないものとする。

〈資料〉

［株式市場に関するデータ］

◇投資指標（PERと配当利回りの太字は予想、カッコ内は前期基準、PBRは四半期末基準、連結ベース）

	PER（倍）	PBR（倍）	配当利回り（%）単純平均	加重平均
日経平均採用銘柄	**12.27**（13.10）	**1.11**	**2.37**（2.20）	
JPX日経400採用銘柄	**12.66**（13.16）	**1.24**	**2.20**（2.04）	**2.62**（2.45）
東証プライム全銘柄	**13.10**（13.85）	**1.12**	**2.45**（2.25）	**2.60**（2.42）
東証スタンダード全銘柄	**14.08**（16.92）	**0.90**	**2.27**（2.24）	**2.01**（1.94）

（出所：日本経済新聞 2023年1月13日朝刊 20面）

［HX株式会社に関するデータ］

株価	2,200円
1株当たり純利益（今期予想）	730円
1株当たり純資産	4,280円
1株当たり年間配当金（今期予想）	200円

1．株価収益率（PER）で比較した場合、HX株式会社の株価は日経平均採用銘柄の平均（予想ベース）より割安である。
2．株価純資産倍率（PBR）で比較した場合、HX株式会社の株価は東証プライム全銘柄の平均より割安である。
3．配当利回り（単純平均）で比較した場合、HX株式会社の配当利回りは東証スタンダード全銘柄の平均（予想ベース）より低い。

問4　東京証券取引所に上場されている国内株式の買い付け等に関する次の記述のうち、最も適切なものはどれか。なお、解答に当たっては、下記のカレンダーを使用すること。

2023年9月／10月						
日	月	火	水	木	金	土
9/24	25	26	27	28	29	30
10/1	2	3	4	5	6	7

※網掛け部分は、市場休業日である。

1．9月29日に国内上場株式を買い付けた場合、受渡日は10月3日である。
2．配当金の権利確定日が9月29日である国内上場株式を9月28日に買い付けた場合、配当金を受け取ることができる。
3．権利確定日が9月29日である国内上場株式の権利落ち日は、10月2日である。

問5　金投資に関する次の記述の空欄（ア）〜（ウ）にあてはまる語句の組み合わせとして、最も適切なものはどれか。なお、金の取引は継続的な売買でないものとする。

- 金地金の売買において、海外の金価格（米ドル建て）が一定の場合、円高（米ドル／円相場）は国内金価格の（　ア　）要因となる。
- 個人が金地金を売却した場合の所得については、保有期間が（　イ　）以内の場合、短期譲渡所得として課税される。
- 純金積立てにより購入した場合、積み立てた金を現物で受け取ることが（　ウ　）。

1．（ア）上昇　（イ）10年　（ウ）できない
2．（ア）上昇　（イ）5年　（ウ）できない
3．（ア）下落　（イ）5年　（ウ）できる

【第3問】 下記の 問6 、 問7 について解答しなさい。

問6 下表は、定期借地権についてまとめた表である。下表の空欄（ア）～（ウ）にあてはまる数値または語句の組み合わせとして、最も適切なものはどれか。

種類	一般定期借地権	（ イ ）定期借地権等	建物譲渡特約付借地権
借地借家法	第22条	第23条	第24条
存続期間	（ ア ）年以上	10年以上50年未満	30年以上
契約方式	公正証書等の書面	公正証書	指定なし
契約終了時の建物	原則として借地人は建物を取り壊して土地を返還する	原則として借地人は建物を取り壊して土地を返還する	（ ウ ）が建物を買い取る

1. （ア）30　（イ）居住用　（ウ）借地人
2. （ア）50　（イ）事業用　（ウ）土地所有者
3. （ア）50　（イ）居住用　（ウ）土地所有者

問7 下表は、宅地建物の売買・交換において、宅地建物取引業者と交わす媒介契約の種類とその概要についてまとめた表である。下表の空欄（ア）～（ウ）にあてはまる語句または数値の組み合わせとして、最も適切なものはどれか。なお、自己発見取引とは、自ら発見した相手方と売買または交換の契約を締結する行為を指すものとする。

	一般媒介契約	専任媒介契約	専属専任媒介契約
複数業者への重複依頼	可	不可	不可
自己発見取引	可	（ イ ）	不可
依頼者への業務処理状況報告義務	（ ア ）	2週間に1回以上	1週間に1回以上
指定流通機構への登録義務	なし	媒介契約締結日の翌日から7営業日以内	媒介契約締結日の翌日から（ ウ ）営業日以内

1. （ア）なし　　　　　　　（イ）可　　（ウ）5
2. （ア）3週間に1回以上　（イ）不可　（ウ）5
3. （ア）3週間に1回以上　（イ）可　　（ウ）3

【第4問】 下記の 問8 ～ 問10 について解答しなさい。

問8 飯田雅彦さんが加入している定期保険特約付終身保険（下記〈資料〉参照）の保障内容に関する次の記述の空欄（ア）にあてはまる金額として、正しいものはどれか。なお、保険契約は有効に継続しており、特約は自動更新されているものとする。また、雅彦さんはこれまでに〈資料〉の保険から保険金および給付金を一度も受け取っていないものとする。

〈資料〉

定期保険特約付終身保険		保険証券記号番号○○△△×× □□	
保険契約者	飯田　雅彦　様	保険契約者印	◇契約日（保険期間の始期） 　2006年10月1日 ◇主契約の保険期間 　終身 ◇主契約の保険料払込期間 　60歳払込満了
被保険者	飯田　雅彦　様　契約年齢　30歳 1976年8月10日生まれ　男性	飯田	
受取人	（死亡保険金） 飯田　光子　様（妻）	（受取割合） 10割	

◆ご契約内容

終身保険金額（主契約保険金額）	500万円
定期保険特約保険金額	3,000万円
特定疾病保障定期保険特約保険金額	400万円
傷害特約保険金額	300万円
災害入院特約［本人・妻型］入院5日目から	日額5,000円
疾病入院特約［本人・妻型］入院5日目から	日額5,000円

※不慮の事故や疾病により所定の手術を受けた場合、手術の種類に応じて手術給付金（入院給付金日額の10倍・20倍・40倍）を支払います。
※妻の場合は、本人の給付金の6割の日額となります。

リビング・ニーズ特約

◆お払い込みいただく合計保険料

毎回	××,×××円

［保険料払込方法(回数)］
　団体月払い

◇社員配当金支払方法
　利息をつけて積立て

◇特約の払込期間および保険期間
　15年

飯田雅彦さんが、2023年中に交通事故により死亡（入院・手術なし）した場合に支払われる死亡保険金は、合計（ ア ）である。

1．3,500万円

2．3,900万円

3．4,200万円

問9 大垣正臣さんが2023年中に支払った生命保険の保険料は下記〈資料〉のとおりである。この場合の正臣さんの2023年分の所得税の計算における生命保険料控除の金額として、正しいものはどれか。なお、下記〈資料〉の保険について、これまでに契約内容の変更はないものとする。また、2023年分の生命保険料控除額が最も多くなるように計算すること。

〈資料〉

［定期保険（無配当、新生命保険料）］
契約日：2019年5月1日
保険契約者：大垣　正臣
被保険者：大垣　正臣
死亡保険金受取人：大垣　悦子（妻）
2023年の年間支払保険料：65,040円

［医療保険（無配当、介護医療保険料）］
契約日：2012年8月10日
保険契約者：大垣　正臣
被保険者：大垣　正臣
死亡保険金受取人：大垣　悦子（妻）
2023年の年間支払保険料：50,400円

〈所得税の生命保険料控除額の速算表〉
［2012年1月1日以後に締結した保険契約（新契約）等に係る控除額］

年間の支払保険料の合計		控除額
	20,000円以下	支払保険料の全額
20,000円超	40,000円以下	支払保険料×1/2＋10,000円
40,000円超	80,000円以下	支払保険料×1/4＋20,000円
80,000円超		40,000円

（注）支払保険料とは、その年に支払った金額から、その年に受けた剰余金や割戻金を差し引いた残りの金額をいう。

1．36,260円
2．40,000円
3．68,860円

問10 損害保険の用語についてFPの青山さんが説明した次の記述のうち、最も適切なものはどれか。

1．「通知義務とは、契約の締結に際し、危険に関する『重要な事項』のうち保険会社が求めた事項について事実を正確に通知する義務のことです。」
2．「一部保険とは、保険金額が保険の対象の価額（保険価額）を超えている保険のことです。」
3．「再調達価額とは、保険の対象と同等のものを新たに建築または購入するのに必要な金額のことです。」

【第5問】 下記の 問11 、 問12 について解答しなさい。

問11 大津さん（66歳）の2023年分の収入は下記〈資料〉のとおりである。大津さんの2023年分の所得税における総所得金額として、正しいものはどれか。なお、記載のない事項については一切考慮しないものとする。

〈資料〉

内容	金額
アルバイト収入	200万円
老齢基礎年金	78万円

※アルバイト収入は給与所得控除額を控除する前の金額である。
※老齢基礎年金は公的年金等控除額を控除する前の金額である。

〈給与所得控除額の速算表〉

給与等の収入金額		給与所得控除額
	162.5万円以下	55万円
162.5万円超	180万円以下	収入金額×40％－ 10万円
180万円超	360万円以下	収入金額×30％＋ 8万円
360万円超	660万円以下	収入金額×20％＋ 44万円
660万円超	850万円以下	収入金額×10％＋110万円
850万円超		195万円（上限）

〈公的年金等控除額の速算表〉

納税者区分	公的年金等の収入金額（A）		公的年金等控除額
			公的年金等に係る雑所得以外の所得に係る合計所得金額　1,000万円以下
65歳未満の者		130万円以下	60万円
	130万円超	410万円以下	（A）×25％＋ 27.5万円
	410万円超	770万円以下	（A）×15％＋ 68.5万円
	770万円超	1,000万円以下	（A）× 5％＋145.5万円
	1,000万円超		195.5万円
65歳以上の者		330万円以下	110万円
	330万円超	410万円以下	（A）×25％＋ 27.5万円
	410万円超	770万円以下	（A）×15％＋ 68.5万円
	770万円超	1,000万円以下	（A）× 5％＋145.5万円
	1,000万円超		195.5万円

1．132万円　2．150万円　3．200万円

問12 会社員の井上大輝さんが2023年中に支払った医療費等が下記〈資料〉のとおりである場合、大輝さんの2023年分の所得税の確定申告における医療費控除の金額として、正しいものはどれか。なお、大輝さんの2023年中の所得は、給与所得800万円のみであり、支払った医療費等はすべて大輝さんおよび生計を一にする妻のために支払ったものである。また、医療費控除の金額が最も大きくなるよう計算することとし、セルフメディケーション税制（特定一般用医薬品等購入費を支払った場合の医療費控除の特例）については、考慮しないものとする。

〈資料〉

支払年月	医療等を受けた人	内容	支払金額
2023年1月	大輝さん	人間ドック代（※1）	8万円
2023年5月～6月		入院費用（※2）	30万円
2023年8月	妻	健康増進のためのビタミン剤の購入代	3万円
2023年9月		骨折の治療のために整形外科へ支払った治療費	5万円

（※1）人間ドックの結果、重大な疾病は発見されていない。
（※2）この入院について、加入中の生命保険から入院給付金が6万円支給された。

1．19万円
2．25万円
3．27万円

【第6問】下記の 問13 ～ 問15 について解答しなさい。

問13　2023年9月2日に相続が開始された鶴見和之さん（被相続人）の〈親族関係図〉が下記のとおりである場合、民法上の相続人および法定相続分の組み合わせとして、最も適切なものはどれか。なお、記載のない条件については一切考慮しないものとする。

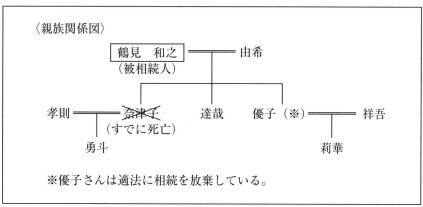

1．由希　1/2　　達哉　1/2
2．由希　1/2　　達哉　1/4　　勇斗　1/4
3．由希　1/2　　達哉　1/6　　勇斗　1/6　　莉華　1/6

問14 落合さん（65歳）は、相続税の計算における生命保険金等の非課税限度額について、FPで税理士でもある佐野さんに質問をした。下記の空欄（ア）、（イ）にあてはまる数値または語句の組み合わせとして、最も適切なものはどれか。

〈佐野さんの回答〉
「被相続人の死亡によって相続人等が取得した生命保険金や損害保険金で、その保険料の全部または一部を被相続人が負担していたものは、相続税の課税対象となります。
この死亡保険金の受取人が相続人である場合、すべての相続人が受け取った保険金の合計額が次の算式によって計算した非課税限度額を超えるとき、その超える部分が相続税の課税対象になります。非課税限度額は『（ ア ）万円×（ イ ）の数』で求められます。」

1．（ア）300 　（イ）法定相続人
2．（ア）300 　（イ）生命保険契約
3．（ア）500 　（イ）法定相続人

問15 長岡さん（35歳）が2023年中に贈与を受けた財産の価額および贈与者は以下のとおりである。長岡さんの2023年分の贈与税額として、正しいものはどれか。なお、2023年中において、長岡さんはこれ以外の財産の贈与を受けておらず、相続時精算課税制度は選択していないものとする。

- 長岡さんの父からの贈与　　現金180万円
- 長岡さんの祖父からの贈与　現金 50万円
- 長岡さんの祖母からの贈与　現金200万円

※上記の贈与は、住宅取得等資金や教育資金、結婚・子育てに係る資金の贈与ではない。

〈贈与税の速算表〉

（イ）18歳以上の者が直系尊属から贈与を受けた財産の場合（特例贈与財産、特例税率）

基礎控除後の課税価格		税率	控除額
	200万円 以下	10%	―
200万円 超	400万円 以下	15%	10万円
400万円 超	600万円 以下	20%	30万円
600万円 超	1,000万円 以下	30%	90万円
1,000万円 超	1,500万円 以下	40%	190万円
1,500万円 超	3,000万円 以下	45%	265万円
3,000万円 超	4,500万円 以下	50%	415万円
4,500万円 超		55%	640万円

（注）「18歳以上の者」とあるのは、2022年3月31日以前の贈与により財産を取得した者の場合、「20歳以上の者」と読み替えるものとする。

（ロ）上記（イ）以外の場合（一般贈与財産、一般税率）

基礎控除後の課税価格		税率	控除額
	200万円 以下	10%	―
200万円 超	300万円 以下	15%	10万円
300万円 超	400万円 以下	20%	25万円
400万円 超	600万円 以下	30%	65万円
600万円 超	1,000万円 以下	40%	125万円
1,000万円 超	1,500万円 以下	45%	175万円
1,500万円 超	3,000万円 以下	50%	250万円
3,000万円 超		55%	400万円

1．16万円　2．38万円　3．56万円

【第7問】 下記の 問16 ～ 問20 について解答しなさい。

≪ 設 例 ≫

安藤貴博さんは株式会社SKに勤務する会社員である。貴博さんは今後の生活設計についてFPで税理士でもある浅見さんに相談をした。なお、下記のデータはいずれも2023年9月1日現在のものである。

[家族構成（同居家族）]

氏名	続柄	生年月日	年齢	備考
安藤　貴博	本人	1978年7月4日	45歳	会社員
明子	妻	1981年5月31日	42歳	専業主婦
大輔	長男	2007年8月17日	16歳	高校生
裕美	長女	2009年7月29日	14歳	中学生

[保有財産（時価）] （単位：万円）

金融資産	
普通預金	230
定期預金	200
投資信託	180
財形年金貯蓄	150
上場株式	270
生命保険（解約返戻金相当額）	35
不動産（自宅マンション）	3,200

[負債残高]
住宅ローン（自宅マンション）：2,800万円（債務者は貴博さん、団体信用生命保険付き）

[その他]
上記以外については、各設問において特に指定のない限り一切考慮しないものとする。

問16　FPの浅見さんは、安藤家のバランスシートを作成した。下表の空欄（ ア ）にあてはまる金額として、正しいものはどれか。なお、〈設例〉に記載のあるデータに基づいて解答するものとする。

〈安藤家のバランスシート〉　　　　　　　　　　　　　　　（単位：万円）

[資産]　　　　　　　　×××	[負債]　　　　　　　　×××
	負債合計　　　　　　　×××
	[純資産]　　　　　　（ ア ）
資産合計　　　　　　　×××	負債・純資産合計　　　×××

1．1,195（万円）
2．1,430（万円）
3．1,465（万円）

問17　貴博さんは、60歳で定年を迎えた後、公的年金の支給が始まる65歳までの5年間の生活資金に退職一時金の一部を充てようと考えている。退職一時金のうち600万円を年利2.0％で複利運用しながら5年間で均等に取り崩すこととした場合、年間で取り崩すことができる最大金額として、正しいものはどれか。なお、下記〈資料〉の係数の中から最も適切な係数を選択して計算し、円単位で解答すること。また、税金や記載のない事項については一切考慮しないものとする。

〈資料：係数早見表（5年）〉

年利	減債基金係数	現価係数	資本回収係数	終価係数
1.0％	0.19604	0.9515	0.20604	1.051
2.0％	0.19216	0.9057	0.21216	1.104

＊記載されている数値は正しいものとする。

1．1,152,960円
2．1,236,240円
3．1,272,960円

問18　貴博さんは、通常65歳から支給される老齢基礎年金を繰り上げて受給することができることを知り、FPの浅見さんに質問をした。貴博さんの老齢基礎年金および老齢厚生年金の繰上げ受給に関する次の記述のうち、最も不適切なものはどれか。なお、老齢基礎年金および老齢厚生年金の受給要件は満たしているものとする。

1．老齢基礎年金を60歳から繰上げ受給した場合、原則として、老齢厚生年金も60歳から繰上げ受給することになる。
2．老齢基礎年金を繰上げ受給した場合の年金額は、繰上げ月数１月当たり、0.4％の割合で減額される。
3．老齢基礎年金を繰上げ受給した場合、65歳になるまでであれば、繰上げ受給を取り消し、65歳からの受給に変更することができる。

問19　明子さんは、現在、専業主婦であり国民年金の第３号被保険者であるが、パートタイマーとして、株式会社SXにて2023年10月１日より「週25時間、月給12万円、雇用期間の定めなし」という労働条件で働く予定である。この条件で働き始めた場合の明子さんの国民年金の被保険者種別に関する次の記述のうち、最も適切なものはどれか。なお、株式会社SXは特定適用事業所である。

1．国民年金の第１号被保険者である。
2．国民年金の第２号被保険者である。
3．国民年金の第３号被保険者である。

問20　貴博さんと明子さんは、個人型確定拠出年金（以下「iDeCo」という）について、FPの浅見さんに質問をした。iDeCoに関する浅見さんの次の説明のうち、最も不適切なものはどれか。

1．「iDeCoに加入した場合、拠出した掛金全額は、小規模企業共済等掛金控除として税額控除の対象となり、所得税や住民税の負担が軽減されます。」
2．「老齢給付金は年金として受け取ることができるほか、一時金として受け取ることもできます。」
3．「国民年金の第３号被保険者である明子さんは、iDeCoに加入することができます。」

実技　FP協会・資産設計提案業務（解答・解説）

【第1問】

問1　2

1．適切

公表された他人の著作物を自分の著作物に引用する場合、自らが作成する部分が「主」で、引用する部分が「従」となる内容にすることが必要です。

2．不適切

公表された他人の著作物を自分の著作物に引用する場合、どこが引用部分であるのかがわかるよう、区別して表記する必要があります。

3．適切

公表された他人の著作物を自分の著作物に引用する場合、引用元を明記する必要があります。引用する著作物の「著者の名前」「タイトル」、「発行年」などを明記する必要があります。

問2　1

（ア）　誤り

4年後の基本生活費を計算する問題です。基準年の基本生活費は287万円、変動率は2％になっています。変動率が2％とは、毎年生活費が2％ずつ増えていくことを表しています。つまり、複利計算で生活費が増えていくことになりますので、計算式は以下のようになります。

$$4年後の基本生活費 = 287万円 \times （1 + 2\%）^4 = 310万6580.29\cdots\cdots$$
$$= 311万円　（万円未満四捨五入）$$

※（1 + 2％）を4乗する場合の電卓の使い方

　（1 + 0.02）×を押した後に、＝を3回続けて押すことで（1 + 2％）の4乗になります。この値に287万円を乗じます。

（イ）　正しい

基準年の年間収支を計算する問題です。年間収支はその年の収入の合計額から支出の合計額を差し引いた金額です。基準年の年間収入の合計は830万円、支出の合計は627万円です。したがって、年間収支は830万円－627万円＝203万円です。

（ウ）　正しい

2年後の金融資産残高を計算する問題です。

金融資産残高は前年末の金融資産残高に変動率の増加分を加えて、更にその年の年間収支を加えた金額になります。前年末の金融資産残高は627万円、変動率1％、2年後の年間収支は208万円となっています。

・2年後の金融資産残高＝627万円×（1＋1％）＋208万円
$$＝841万2,700円$$
$$＝841万円（万未満四捨五入）$$

【第2問】

問3　3

1. 適切

株価収益率（PER）は株価÷1株当たり（当期）純利益で計算します。

HX社の株価は2,200円、1株当たり純利益（今期予想）は730円なので、

HX社のPER＝2,200÷730円＝3.013……3.01倍

日経平均採用銘柄の平均（予想ベース）のPERは12.27倍です。

PERは大きいほど株価は割高、小さいほど割安なので、HX株式会社の株価は日経平均採用銘柄の平均（予想ベース）より割安です。

2. 適切

株価純資産倍率（PBR）は株価÷1株当たりの純資産で計算します。

HX社の株価は2,200円、1株当たり純資産は4,280円なので、

HX社のPBR＝2,200円÷4,280円≒0.514倍

東証プライム全銘柄のPBRは1.12倍です。

PBRは大きいほど株価は割高、小さいほど割安なので、HX株式会社の株価は東証プライム全銘柄の平均に比べて割安です。

3. 不適切

配当利回りは1株当たりの年配当金額÷株価×100で計算します。

HX社の1株当たり年間配当金（今期予想）は200円、株価は2,200円なので、

HX社の配当利回り＝200円÷2,200円×100＝9.09％

東証スタンダード全銘柄の配当利回り（単純平均）は2.27％なので、HX社の配当利回りは東証スタンダード全銘柄の平均（予想ベース）より高いです。

問4　1

1. 適切

国内上場株式を売買した場合、受渡日は3営業日目（土日や休日は含まない）になります。

3営業日目とは売買した当日を含めて（当日から起算して）3営業日となるので、9月29日（金）に国内上場株式を買った場合、受渡日（代金の支払い日）

は翌週の10月3日（火)」になります。

2．不適切

株式の配当金を受け取るためには権利確定日の2営業日前までに、その株式を購入する必要があります。9月29日（金）が権利確定日なので、その2営業日前の9月27日（水）までに購入しておく必要があります。9月27日を権利付き最終日といいます。なお、この場合の2営業日前には権利確定日当日は含みません。

3．不適切

権利落ち日とは、配当を受取る権利や株式の分割の権利がなくなる日のことで、一般的に配当金の分だけ、株価が安くなる日のことです。権利確定日が9月29日である国内上場株式の権利落ち日は、権利付き最終日（9月27日）の翌営業日（9月28日）になります。

問5　3

（ア）　金地金の価格は米ドル建てが基準なので、為替の影響を受けます。したがって、海外の金価格（米ドル建て）が一定の場合、円高・ドル安になると、円に換算した場合の国内金価格は下落します。

（イ）　個人が金地金を売却した場合の所得については、保有期間が5年以内の場合、短期譲渡所得として課税されます。なお、土地建物の場合、譲渡した年の1月1日において、所有期間が5年以下の場合、短期譲渡所得になります。

（ウ）　純金積立てにより購入した場合、積み立てた金を現物で受け取ることができます。

【第3問】

問6　2

定期借地権には、一般定期借地権、建物譲渡特約付借地権、事業用定期借地権等があります。

（ア）　一般定期借地権の存続期間は50年以上です。

（イ）　存続期間が10年以上50年未満の借地権は事業用定期借地権等です。

（ウ）　建物譲渡特約付借地権では、契約終了時点で、借地上に建物がある場合、土地所有者（地主）が建物を時価で買い取ることが定められています。

問7　1

宅地建物取引業者に不動産売買の仲介を依頼する場合、媒介契約を結ぶことが

必要です。媒介契約には、一般媒介契約、専任媒介契約、専属専任媒介契約の3種類があります。

（ア）　一般媒介契約では、宅地建物取引業者は依頼者に対して、業務の処理状況を報告する義務はありません。

（イ）　専任媒介契約では、複数の業者に仲介を依頼することはできませんが、自己発見取引は可能です。

（ウ）　専属専任媒介契約では、指定流通機構への物件情報の登録は、媒介契約締結日の翌日から5営業日以内に行う必要があります。

【第4問】

問8　3

飯田雅彦さんが、2023年中に交通事故により死亡（入院・手術なし）した場合に支払われる死亡保険金は以下の通りです。

終身保険金額（主契約保険金額）	500万円
定期保険特約保険金額	3,000万円
特定疾病保障定期保険特約保険金額	400万円
傷害特約保険金額	300万円
合計	4,200万円

なお、特定疾病保障定期保険特約保険の金額（400万円）は、交通事故などの特定疾病以外の原因で死亡した場合も、保険金額全額が支払われます。

問9　3

生命保険料控除において、2012年1月1日以後に契約した保険については、新生命保険料の対象となっています。一般の生命保険料控除、個人年金保険料控除、介護医療保険料控除の3つに分かれており、控除額の上限は、それぞれ所得税4万円、住民税2万8,000円になっています。また、3つの控除額の合計は所得税12万円が上限ですが、住民税については7万円が上限です。

なお、2011年12月31日以前に契約した生命保険契約については、旧生命保険料控除とされ、一般の生命保険料控除、個人年金保険料控除の2つです。控除額の上限は2つを合計して、所得税10万円、住民税7万円となっています。

大垣さんの生命保険については、定期保険の契約日が2019年5月1日、介護医療保険の契約日は2012年8月10日なので、どちらも新生命保険料控除の対象です。

定期保険の保険料は、一般の生命保険料控除の対象で、年間支払保険料は6万5,040円、介護医療保険は介護医療保険料控除の対象で、2023年の年間支払保険料は5万400円です。

●控除額
速算表より控除額は以下のようになります。
・一般の生命保険料控除 = 6万5,040円×1／4 + 20,000円 = 3万6,260円
・介護医療保険料控除 = 5万400円×1／4 + 20,000円 = 3万2,600円
・控除額合計 = 3万6,260円 + 3万2,600円 = 6万8,860円

問10　3

1．不適切

「通知義務」とは、保険の契約者または被保険者が契約した契約内容に変更が生じた場合に、保険会社にその内容を報告しなければならないことをいいます。

2．不適切

問題文は「超過保険」の説明です。「一部保険」とは、保険金額が保険価額を下回っている保険のことをいいます。

3．適切

再調達価額とは、保険の対象となっているものと同等のものを新たに建築または購入するのに必要な金額のことです。なお、再調達価額から使用した期間に応じた消耗分を差し引いた金額が時価額になります。

【第5問】

問11　1

総所得金額は、一般的には総合課税の対象となる所得を合計し、損益通算した金額になります。大津さんの総所得金額はアルバイト収入から給与所得控除額を差し引いた金額（給与所得）と老齢基礎年金から公的年金等控除額を差し引いた金額の合計額になります。
給与所得控除額は速算表より、200万円×30% + 8万円 = 68万円
したがって、給与所得 = 200万円 − 68万円
　　　　　　　　　　 = 132万円

大津さんは65歳以上で、老齢基礎年金は78万円、公的年金等以外の合計所得金額は、上記の通り132万円なので、公的年金等控除額は110万円（速算表より）です。したがって、年金所得はゼロ（78万円 − 110万円 = −32万円：年金所得は雑所得になりますが、雑所得がマイナスになる場合、所得はないもの（ゼ

ロ）と見なされます）。

以上より、総所得金額＝132万円（給与所得）＋0円（年金所得）

$$＝132万円$$

問12　1

医療費控除は、納税者本人や生計を一にする配偶者や親族のために納税者が支払った医療費が対象になります。医療費控除額は以下の算式で計算します（上限額は200万円）。

> ・医療費控除額＝（医療費合計－保険等で払い戻される金額）－（総所得金額の5％と10万円のどちらか低い方の金額）

（医療費控除の対象となる医療費）
- 入院費用（30万円）は医療費控除の対象になりますが、保険より入院給付金を6万円受取っているので、対象となる金額は24万円
- 骨折の治療のために整形外科へ支払った治療の5万円

（医療費控除の対象とならない医療費）
- 人間ドックの費用は、その結果、重大な疾病は発見されていないので対象になりません。
- 健康増進のためのビタミン剤の購入代やトレーニングジムの費用は対象になりません。

したがって、医療費控除の対象となる金額は24万円＋5万円＝29万円

井上さんの給与所得（総所得）は800万円なので、800万円×5％＝40万円
10万円の方が低い金額となり、引かれる金額は10万円

以上より、医療費控除額＝29万円－10万円＝19万円

【第6問】

問13　2

鶴見さんの法定相続人は、妻の由希さん（配偶者は常に相続人になる）、子の達哉さん、奈津子さんはすでに亡くなっているので、孫の勇斗さんが代襲相続人として法定相続人になります。代襲相続人である孫の勇斗さんは、本来の相続人である奈津子さんの地位をそのまま引き継ぎ、子が相続するのと同じ条件になります。なお、優子さんは相続放棄しているので、最初から相続人でなかったことになります。したがって、孫の莉華さんは代襲相続人にはなりません。

以上より、配偶者と子1人と孫1人が相続人となるので、妻由希さん2分の1、

残りの2分の1を達哉さんと代襲相続人である孫の勇斗さんが等分で相続するので、各4分の1（2分の1×2分の1）ずつ相続します。

●法定相続分　妻由希さん2分の1、孫の勇斗さん4分の1、達哉さん4分の1

問14　3

生命保険の非課税限度額は500万円×法定相続人の数で計算します。

なお、法定相続人の数には、相続放棄した人の数も加えます。また、被相続人に養子がいる場合、養子2人までを法定相続人とします。被相続人に実子と養子がいる場合は、養子1人までを法定相続人とします。

問15　2

贈与税率には、特例税率と一般税率があります。特例税率は、贈与を受けた年の1月1日現在、18歳以上の者が、直系尊属（父母や祖父母等）から贈与があった場合に適用されます。長岡さん（35歳）は18歳以上であり、贈与はすべて父や祖父母から贈与されているので、特例税率が適用されます。

長岡さんは相続時精算課税を選択していないので、暦年課税が適用されます。暦年課税では、受贈者（贈与された者）1人あたり、1年間の贈与額が110万円（基礎控除額）までであれば、贈与税が課税されません。110万円を超える贈与額について、贈与税が課税されます。

（贈与額の合計）

長岡さんの父からの贈与　現金180万円、長岡さんの祖父からの贈与　現金50万円、長岡さんの祖母からの贈与　現金200万円の合計430万円です。

長岡さんの贈与税額は速算表より、（430万円－110万円）×15％－10万円＝38万円

【第7問】

問16　3

純資産額は総資産額と総負債額の差額です。

●総負債額

住宅ローン（自宅マンション）の2,800万円

●資産額

普通預金	：	230万円
定期預金	：	200万円
投資信託	：	180万円
財形年金貯蓄	：	150万円

上場株式	:	270万円
生命保険（解約返戻金相当額）	:	35万円
不動産（自宅マンション）	:	3,200万円
		4,265万円

※生命保険の場合、保険金額ではなく、解約返戻金（その時点で解約した場合に払い戻される金額）が資産額になります。

● 純資産額

4,265万円 − 2,800万円 = 1,465万円

問17　3

600万円を年利2％で複利運用しながら5年間で均等に取り崩した場合、毎年いくら受け取ることができるかを算出する場合、資本回収係数を用います。

係数早見表（年利1.0％・5年）より、資本回収係数は0.21216

毎年受け取ることができる金額 = 600万円 × 0.21216 = 127万2,960円

※減債基金係数は、一定期間後に目標額を受け取るには、毎年いくら積み立てればよいかを計算するときに使用します。

※現価係数は、一定期間後に目標額を受け取るためには、現在いくら持っていればいいかを計算するときに使用します。

※終価係数は、現在の元本を一定期間複利運用した場合、元利合計でいくらになっているかを計算するときに使用します。

問18　3

1．適切

老齢基礎年金を繰上げ受給する場合、老齢厚生年金も同時に繰上げ受給しなければなりません。なお、繰下げ受給する場合は、同時に繰下げする必要はなく、どちらか一方のみを繰下げ受給することは可能です。

2．適切

老齢基礎年金を繰上げ受給した場合の年金額は、繰上げ月数1月あたり、0.4％の割合で減額されます。したがって60歳から繰上げ受給した場合、最大で24％（5年×12月×0.4％）減額になります。繰下げ受給した場合、繰り下げた月あたり、0.7％の割合で増額されます。75歳まで繰り下げた場合、最大で84％（10年×12月×0.7％）増額されます。

3．不適切

老齢基礎年金および老齢厚生年金を繰上げた場合には、一生涯減額された年金

を受給することになり、取り消しや変更はできません。繰下げ受給を選択した場合も同じく、取り消しや変更はできません。

問19　2

明子さんは「週25時間、月給12万円、雇用期間の定めなし」という労働条件で働く予定です。明子さんが被扶養者でなくなり、自身が厚生年金や健康保険に加入する要件は、以下のどちらかに該当した場合です。

　①１週間の労働時間と１か月の労働日数が、一般社員の４分の３以上ある

　②以下の５つをすべて満たしている（月収が８万8,000円以上ある／２か月以上雇用の見込みがある／週の労働時間が20時間以上ある／従業員数が101人以上の企業（2024年10月以後は51人以上）の企業で働いている／学生でない）

なお、株式会社SXは特定適用事業所となっています。特定適用事業所とは、一般的に厚生年金の加入者数が101人以上いると見込まれる企業等のことです。明子さんは上記の②の５つの要件をすべて満たしていますので、国民年金の第２号被保険者として、自ら厚生年金に加入することになります。明子さんは健康保険についても被扶養者ではなくなり、自ら健康保険に加入することになります。

問20　1

１．不適切

iDeCoに加入した場合、拠出した掛金は全額、所得控除の１つである小規模企業共済等掛金控除の対象になります。税額控除の対象ではありません。所得控除とは所得税の対象となる所得金額が減額になることで、代表的なものに配偶者控除や扶養控除等があります。

税額控除は所得税額から直接差し引くことができるもので、住宅ローン控除や配当控除などがあります。

２．適切

iDeCoを老齢給付金として年金受け取りした場合、雑所得になり、公的年金等控除が適用されます。一時金として受け取った場合、退職所得となり、退職所得控除が適用されます。

３．適切

国民年金の第３号被保険者（いわゆる専業主婦）もiDeCoに加入できます。掛金の上限は月額２万3,000円（年額27万6,000円）です。その他、自営業者（国民年金の第１号保険者や公務員、その他、要件を満たしていれば企業型確定拠出年金の加入者も加入できます。

■ ▪ 編者紹介

フィナンシャル バンク インスティチュート 株式会社

日本唯一の金融・証券関連ノウハウ・コンサルティング集団。全国の証券会社・金融機関において、金融商品販売研修および金融関連資格取得研修（証券外務員およびFP）なども行う。合格に必要な知識をわかりやすく、ポイントをついた講義には定評があり、高い合格率を誇る。「難しいことをわかりやすく、わかりやすいことをより楽しく、楽しいことをより深く伝える」ことをモットーに活動中。
http://www.f-bank.co.jp/

うかる！ FP3級 速攻問題集 2024−2025年版

2024年5月24日 1刷

編 者	フィナンシャル バンク インスティチュート株式会社	
	© Financial Bank Institute, 2024	
発行者	中川ヒロミ	
発 行	株式会社日経BP	
	日本経済新聞出版	
発 売	株式会社日経BPマーケティング	
	〒105-8308　東京都港区虎ノ門4-3-12	
装 幀	斉藤よしのぶ	
ＤＴＰ	朝日メディアインターナショナル	
印刷・製本	シナノ印刷	

ISBN978-4-296-12009-3

本書の無断複写・複製（コピー等）は著作権法上の例外を除き，禁じられています。

購入者以外の第三者による電子データ化および電子書籍化は，

私的使用を含め一切認められておりません。

正誤に関するお問い合わせは、弊社ウェブサイトのカタログ［https://bookplus.nikkei.com/catalog/］で本書名を入力・検索いただき、正誤情報を確認の上、ご連絡は下記にて承ります。
https://nkbp.jp/booksQA
※本書についてのお問い合わせは、次の改訂版の発行日までとさせていただきます。

Printed in Japan